애자일 컴퍼니

변화에 민첩한 기업이 되는 5가지 원칙

애자일 컴퍼니

AGILE COMPANY ——————— 정재상 지음

클라우드나인
CLOUD 9

들어가며

  우리가 사는 오늘날의 세상은 변화가 무척 빠르고 방향을 예측하기가 어려워서 과거와는 확실히 차원이 다르게 느껴진다. 자고 일어나면 생각지도 못했던 사건들이 일어난다. 이제는 하루하루가 새롭다고 해도 과언이 아닐 정도이다. 불과 몇 년 전부터 드론이나 전기자동차가 본격적으로 보급되기 시작하고 무인 상점이 현실화되는 등 과거 공상과학 영화에서 우리의 상상력을 자극했던 것들이 이미 우리의 삶 가까이 다가와버렸다.

  기업들의 경쟁 환경에서도 이러한 변화의 체감 수준은 놀랄 정도이다. 전에는 직접 경쟁하지 않았던 산업 간에 서로 고객을 차지하기 위한 경쟁이 치열하고 영원할 것 같던 우량기업들이 새로운 경쟁자에게 맥없이 무너지기도 한다. 기업 입장에서도 과거에는 비교적 큰 조직 변화로 여겨졌던 사업 구조조정, 인수합병, 비즈니스 모델의 혁신 등도 이제는 일상적 현실이 되었다. 이러한 빠르고 불확실한 경영 환경의 변화 속에서 최근 애자일agile 조직, 즉 변화에 민첩하게 대응할 수 있는 조직에 대한 기업들의 관심이 높아지고 있다. 경영 환경의 변화를 신속하게 감지하고 고객의 니즈를 충족시키는 제품이나 서비스를 적기에 내놓을 수 있는 조직능력이 더욱 중요해지고 있다. 하지만 애자일 조직에 대한 높은 관심에 비해서 애자일 조직을 어떻게 갖출 것인가에 대한 논의는 다소 부족한 듯하다. 애자일 방법론이 소프트웨어 개발 방법론에서 시작된 만큼 소프트웨어 개발 분야에서 논의가 가장 활발하다. 하지만 소프트웨어 개발 분야에서조차도 실제 애자일을 일하는 방식으로 도입했을 때 조직이나 구성원 측면에서 필요한 변화를 어떻게 시도해야 하는지에 대한 논의는 그리 많지 않다.

이 책을 통해서 변화에 잘 적응할 뿐만 아니라 그러한 변화를 잘 리딩할 수 있는 조직은 어떠한 특성이 있는지 설명하고자 한다. 그래서 우리나라의 많은 조직이 변화하는 환경 속에서도 생존을 넘어서 한 단계 더 도약할 수 있는 근본적 역량을 갖출 수 있기를 기대한다. 필자는 변화에 민첩한 조직이 가진 특성을 찾기 위해서 컨설팅 경험뿐만 아니라 변화에 민첩한 조직과 관련된 최신 이론과 사례를 종합적으로 참고했다. 그러는 과정에서 애자일이라는 것이 아주 새로운 개념은 아니라는 깨달음도 있었다. 변화에 민첩하게 대응하고자 하는 조직의 필요성은 이미 기업 경쟁이 치열해지기 시작하던 1980년대부터 본격화되었다. 고객이 원하는 새로운 제품을 다른 경쟁기업에 비해서 신속하고 유연하게 개발해서 출시하는 것이 중요했던 시기이다. 특히 인터넷 기술 붐이 일었던 2000년을 전후로도 변화에 대응하지 못하는 관료제의 문제점이나 환경 변화에 신속하게 대응하는 감지-반응 조직의 필요성 등 변화에 민첩한 조직과 관련된 새로운 시각과 연구들이 많이 나왔다.

그런데 새삼스럽게 지금 왜 다시 애자일 조직일까? 애자일 조직이 다시금 관심을 받는 이유는 환경 변화의 폭, 깊이, 그리고 속도가 과거와는 확실히 다르다는 것을 많은 사람이 체감하기 때문이다. 국내에서는 제조업체들이 주로 기업 순위의 상위를 차지하고 있다. 반면에 미국은 구글, 페이스북, 넷플릭스, 그리고 아마존과 같은 인터넷 플랫폼 기업들이 기업 순위의 상위에 랭크되어 있다. 이들 기업들은 기존과는 완전히 새로운 게임의 규칙으로 경쟁하고 있다. 이제까지 우리가 생각해온 기존의 상식을 뛰어넘는 조직 운영원칙을 과감하게 적용하고 있는 것이다. 변화에 민첩한 애자일 조직을 만들기 위해서는 어느 한 부분의 임시변통적인 변화가 아니라 조직의 전반적이고 총체적인 변화가 필요하다. 기업들은 경영철학이나 리더십이나 인재관리 프로그램은 그대로 둔 채 애자일 방식이나 애자일팀만을 도입해서 시행하는 경우가 많다. 변화를 성공적으로 이끌기 위해서는 조직구조나 프로세스뿐만 아니라 리더십, 조직문화, 그리고 인재관리 프로그램 등이 함께 변화해야 한다.

변화의 지향점 측면에서 변화에 민첩한 조직이 달성해야 할 최종 목표는 애자일팀과 같은 특정한 외형적 모습을 갖추는 것이 아니라 언제든지 조직을 변화시킬 수 있는 능력을 조직 내부에 내재화하는 것이다. 환경 변화가 불확실한 오늘날과 미래에는 어떤 변화를 이루느냐보다는 그때그때 필요한 조직의 변화를 어떻게 신속하고 시의 적절하게 할 수 있는지가 더 중요해질 것이다. 앞으로의 시대는 조직 변화가 특별한 케이스가 되는 시대가 결코 아니다. 변화는 우리의 일상이 될 것이다. 이러한 세계에서 살아남기 위해서는 조직과 구성원 모두가 끊임없이 변화할 수 있는 역량을 내재화해야 한다. 그때그때 변화를 어떻게 이룰지를 고민하는 조직이 아니라 상황에 맞게 유연하게 변화할 수 있는 조직이 되어야 한다.

결국 애자일 조직으로 변화하는 것도 애자일 방식으로 시도해야 한다. 다른 기업들의 벤치마킹에 몰두하거나 장기적이고 철저한 계획을 세워서 실행하기보다는 우리 조직에 맞는 방식을 구성원들과 함께 찾고 부딪혀보고 실행해보면서 신속하게 조정해가는 것이 필요하다. 애자일 조직에 대한 정답은 없다. 조직마다 스스로에게 적합한 방식을 찾아서 시도해보는 것이 중요하다. 이렇게 새로운 시도를 통해 시행착오를 거치면서 경험을 쌓고 학습을 해나가는 것이 진정한 애자일 조직의 능력이다. 필자는 이러한 애자일 조직에 대한 기업들의 관심이 또 다른 경영 유행으로 지나가버리지 않을까 걱정스럽다. 글로벌 선두 기업들은 변화에 민첩한 조직을 갖추기 위해서 전사적인 변화를 먼저 시도했고 꾸준하게 조직의 체질을 바꾸는 노력을 해왔다. 그러한 의미에서 우리 기업들도 애자일 조직이라는 유행에 휩쓸리기보다는 변화를 신속하게 감지하고 대응하는 조직 능력을 갖추는 것이 왜 더 중요한지 근본적 질문에서 출발했으면 한다.

이 책은 1장에서 오늘날과 같은 불확실성의 시대에 경영은 어떠한 모습이어야 하는지에 대해 살펴보았다. 2장에서는 변화에 민첩한 조직이 왜 중요한지 설명하고 그러한 조직의 특징을 조직 전체적인 관점에서 변화에 민첩한 애자일 조직 모델AGILE organizing Model로 제시한다. 그리고 3장부터 7장까지는 변화에 민첩한 조직에 필요한 다섯 가지 요소들인 자율구조, 집단지성, 혁신문화, 전원 리더 체계, 그리고 몰입형 인재관리에 대해 각각의 개념과 사례를 설명했다. 그리고 8장에서는 변화에 민첩한 조직으로 어떻게 이행해나갈 것인지에 대해서 살펴보면서 끝을 맺는다.

이 책은 주위 많은 분의 격려와 응원이 있었기에 빛을 볼 수 있었다. 우선 필자에게 많은 힘이 되어주시는 어머니와 형님께 감사드린다. 그리고 대학원 재학 시절 함께 수학했고 조직설계에 관련된 책도 같이 번역했던 수자원공사 김현주 리더십 센터장님께 감사드린다. 필자가 컨설팅을 수행하는 과정에서 어려울 때마다 많은 도움을 주시고 격려해주시는 머서Mercer의 윤훈상 전무님께도 감사드린다. 필자와 조직개발 분야에서 함께 일하고 있는 직장인 행복연구소의 서강석 소장님은 본서를 한 줄 한 줄 꼼꼼하게 읽어주시고 건설적인 피드백을 제시해주셨다. 그밖에도 많은 분이 이 책이 출간될 수 있도록 많은 관심과 격려를 해주셨다.

아무쪼록 이 책이 변화에 민첩한 조직을 구축하고자 하는 우리 기업들의 여정에 조금이나마 도움이 되었으면 한다.

2019년 9월
정재상

1장

어떻게 불확실성 시대에 경영을 할 것인가

살아남는 종은 가장 강하거나 가장 영리한 종이 아니라 변화에 가
장 잘 반응하는 종이다.

-찰스 다윈

1990년대 후반에서 2000년대 초반, 많은 글로벌 선두 기업들이 빠른 추격자들에 의해 사멸하거나 쇠퇴했다. 모토로라, 소니, 블록버스터, 그리고 코닥 등 한때 업계에서 경쟁자가 없을 만큼 독주하던 시장의 리더 기업들이 새로운 추격자들에게 맥없이 무너져버렸다. 그들에게 기술이 부족해서도 아니고 시장의 리더 자리를 보장해주던 핵심역량의 문제도 아니었다. 그들은 자신들의 성공을 계속 지켜나가기 위해서 고객의 새로운 니즈를 파악하거나 경쟁자들의 움직임에 대응하지 못했을 뿐이다. 이 기업들은 새로운 게임의 규칙을 가지고 시장에 뛰어든 후발 주자들에게 마치 온몸이 마비된 것처럼 꼼짝없이 당할 수밖에 없었다.

기존의 선두기업들이 무너지고 새로운 추격자들이 시장의 새로

운 지배자가 되는 현상은 오늘날도 마찬가지이다. 수많은 혁신이 시장 지배자들의 경계 밖에서 이루어지고 있다.[1] 기존 시장의 지배자들이 자신의 성공에 매몰되어 눈길조차 주지 않는 바로 그 영역에서 말이다. 애플은 아이팟으로 MP3 시장의 강자들을 물리쳤고 아이폰으로 당시 휴대폰 시장을 지배하던 노키아와 블랙베리를 따돌렸다. 넷플릭스는 우편을 통한 대여방식과 온라인 스트리밍 방식의 혁신으로 당시 영화 렌탈 사업을 지배하던 블록버스터를 파산시켰다. 시장의 지배자들이 자사의 핵심 비즈니스에 집중하면서 새로운 기회를 보지 못하는 동안 경계 바깥에 있는 추격자들이 혁신을 통해 새로운 시장의 지배자로 등장하고 있는 것이다.

조직은 생존과 성공을 위해서 끊임없이 환경에 적응해야 하고 스스로를 파괴하는 혁신을 과감하게 단행해야 한다. 자사의 핵심 사업이 성공 가도에 있을 때 오히려 기존의 사업을 새로운 방식으로 혁신하면서 동시에 새로운 시장기회를 포착해서 새로운 비즈니스 모델을 창출해야만 한다. 문제는 오늘날의 환경이 갈수록 더 복잡해지고 불확실해지고 있다는 것이다.

불확실성과 속도가 커지고 빨라졌다

조직이 환경 변화에 적응하지 못하고 사멸하거나 쇠퇴하는 것은 인류의 역사 속에서 찾아볼 수 있는 보편적 현상이다. 오늘날의 경영 환경은 과거보다 불확실성이 더 커지고 있다. 뷰카VUCA란 용어에서 알 수 있듯이, 우리가 직면하고 있는 경영 환경은 변동성이 높고 volatile 불확실하며uncertain 복잡하고complex 모호ambiguous하다. 과거와 달리 예측 자체가 어려운 것이다. 필자가 보는 최근의 경영 환경은 여기에 두 가지 특징이 더 나타나고 있다. 하나는 바로 변화의 불연속성 discontinuity이고 또 다른 특징은 변화의 빠른 속도rapidity이다. 우선 변화의 불연속성 측면에서는 디지털 혁신이 산업 전반에 큰 영향을 주고 있다.[2] 상품, 서비스, 그리고 경영 방식의 디지털화는 고객에 대한 가치제안, 기업의 수익 원천, 업무 방식 전반에 근본적인 변화를 주고 있다. 미국의 경우 제조업 중심의 전통적 기업들의 순위가 하락하고 있다. 이제는 그 자리를 구글이나 페이스북 등 인터넷 플랫폼 기업들이 차지하고 있다.

산업과 시장의 구도도 과거와 달리 크게 변화하고 있다. 소프트웨어도 기존에는 물리적 형태의 제품을 소유하는 개념이었는데 이제는 서비스를 사용하는 개념으로 바뀌었다. 자동차 산업에서는 전통적인 내연기관 자동차가 전기차로 점차 대체되면서 테슬라와 같은 새로운 경쟁자가 등장했다. 자동차도 서비스 상품과 마찬가지로 소유가 아닌 이동 서비스의 개념으로 새롭게 자리잡고 있다. 필요할 때만 차를 이용할 수 있는 우버 등이 등장하면서 산업이 확장되고 이종 산업 간에 새로운 경쟁구도가 나타나고 있다. 불과 10년 전만 해도 전통적인 제조 회사와 서비스 회사가 동일한 고객의 니즈를 두고 직접적으로 경쟁하게 될지는 아무도 예상하지 못했다. 경쟁의 범위가 넓어지면서 현재의 주어진 상황에 매몰되어 다른 산업에 있는 잠재적 경쟁자를 인식조차 못 하는 마케팅 근시marketing myopia 현상은 오늘날에도 여전히 유효한 것 같다.

비즈니스 사이클이나 제품의 라이프 사이클도 갈수록 짧아지고 있다. 결국 기업의 입장에서 차별적 경쟁우위를 확립하더라도 그것을 향유할 수 있는 시간이 과거에 비해 크게 짧아졌다는 것을 의미한다. 이는 기업이 현재 가지는 경쟁우위는 일시적이며 지속적으로 생존하고 성공하기 위해서는 현재의 경쟁우위에 안주하는 것이 아니라 새로운 경쟁우위를 지속적으로 구축할 수 있는 능력을 갖추어야 한다는 의미이기도 하다.[3]

이처럼 환경의 불확실성이 높아지고 예측 가능성이 점점 낮아지면서 경영 환경의 변화에 어떻게 대응할 수 있을지가 최근 기업의 가장 큰 화두가 되고 있다. 그렇다면 불확실성이란 과연 무엇인가? 불확실성은 알려지지 않는 미지Unknown Unknowns, 즉 무엇이 일어날지조차도 모르는 상태를 의미한다. 2000년대 초반 미국은 테러리스트들에게 대량학살 무기를 제공하는 배후라며 이라크를 침공했다. 당시 미국의 국방장관이었던 도널드 럼스펠드Donald Rumsfeld는 대량 살상무기와 관련한 뉴스 브리핑에서 기자들로부터 이라크 정부가 테러집단에 대량살상 무기를 제공했다는 증거가 있느냐는 질문을 받자 이렇게 얘기

지식의 세 가지 개념

	앎	미지
알려진	**사실** 알고 있다는 것을 아는 것	**위험** 모르고 있는 것을 아는 것
알려지지 않은		**불확실성** 모르고 있다는 것을 모르는 것

했다. "이 세상에는 인지하고 있지 못하는 것조차 인지하지 못하는 것들unknown unknowns이 있다."[4] 말하자면 증거를 찾지 못한 것이 증거가 없다는 것을 단정적으로 의미하는 것은 아니라는 뜻이다.

세상에는 세 가지의 지식이 있다.[5] 첫 번째 지식이 바로 '알려진 앎Known Knowns'이다. 예를 들면 '해는 동쪽에서 뜬다'와 같이 누가 보아도 확실히 알고 있는 지식이다. 두 번째 지식은 '알려진 미지Known Unknowns'로 지진이나 태풍과 같은 자연재해와 같이 과거에 여러 차례 발생한 적이 있으며 그러한 사건이 발생한 당시의 환경에 대한 주요 정보들을 통해 아주 정확히 예측할 수는 없지만 확률적으로 추정해볼 수 있는 지식을 의미한다. 우리가 통상적으로 고려하는 경영 환경적 요소들은 대부분 이 '알려진 미지Known Unknowns'의 영역에 있다. 세 번째 지식인 '알려지지 않은 미지Unknown Unknowns'는 9·11 테러나 2008년의 금융위기, 사스의 출현, 영국의 유럽연합EU 탈퇴 결정이 일어나기 전의 상황처럼 우리가 모르는 것조차 모르는 것을 의미한다. 이렇게 보면 '불확실성'이란 말이 그야말로 얼마나 불확실한 것인지 새삼 깨닫게 된다.

우리가 과거에 일어났던 정보나 데이터를 가지고 그나마 사전에 추정해볼 수 있는 지식의 수준이 바로 위험이라고 말할 수 있는 '알려진 미지' 정도이다. 반면 알려지지 않은 미지는 과거에 발생한 적이 없어서 앞으로 일어날 수 있을 것이란 것을 모르는 것조차도 모르는 '전례가 없는 불확실성unprecedented uncertainty'이다. 과학기술이 발전한 미국도 매년 토네이도의 진로 방향을 제대로 예측하지 못해서 많은 인명피해를 당하고 있다. 지금껏 한 번도 지나가지 않은 경로로 지나가는 토네이도는 진로에 영향을 주는 주변 환경 데이터가 있어도 쉽게 예측하지 못한다.

그렇다면 이러한 불확실성에 대비한 기업 조직의 전략은 어떠해야 하는가? 지금까지와는 어떻게 달라져야 하는가?

시나리오 플래닝으로는 예측이 어렵다

기업 조직들은 앞으로 일어날 일을 예측하고 대비하기 위해 많은 노력을 기울여왔다. 대표적인 방법이 시나리오 플래닝이다. 시나리오 플래닝은 과거에 일어난 사건이나 데이터에 기반해서 미래의 여러 가지 가능성을 감지할 수 있도록 도와주는 복수의 시나리오를 개발하는 것이다. 이 방법은 특히 미래에 영향을 줄 수 있는 아주 중요한 몇 가지 발생 가능한 사건에 초점을 두고 사전 준비를 도와준다.

하지만 시나리오 플래닝은 불확실성의 수준이 전에 없이 높아서 예측 자체가 갈수록 어려워지는 오늘날의 세계에서 그 힘을 점점 잃어가고 있다. 한두 가지 주요 사건에만 의존하는 시나리오 플래닝은 우리를 잘못된 길로 이끌 수도 있다. 시나리오 플래닝은 미래에 적극적으로 대응하는 방법이라기보다는 얼마나 좋지 않은 사건들이 우리에게 영향을 미칠 것인지를 살펴보는 방어적이고 수동적인 관리 방법이라는 한계를 가지고 있다. 경영 사상가인 게리 하멜Gary Hamel의 표현을 빌자면 시나리오 플래닝은 기회에 초점을 두기보다는 바로 위협에 초점을 두고 있다.[6]

특히 시나리오 플래닝은 환경의 불확실성이 커질수록 작동시키기가 더욱 어렵다. 시나리오 플래닝은 기본적으로 과거의 데이터에 의존하는 방법이기 때문이다. 그러다 보니 과거에 한 번도 일어나지 않은 사건은 시나리오 플래닝으로 예측하기 어려운 것이다. 가령, 지금으로부터 30여 년 전으로 되돌아가 보면 우리는 시나리오 플래닝을 통해서 오늘날과 같은 높은 스마트폰의 보급률을 과연 예측할 수 있었을까? 불과 10여 년 전만 해도 생각조차 할 수 없던 일이다.

환경이 복잡해지고 불확실성이 높아질수록 시나리오 플래닝은 더 이상 과학이 아니라 예술의 성격이 더욱 강해진다. 시나리오 플래닝 전문가인 듀크 대학교의 휴 코트니Hugh Courtney 교수는 과거의 데이터가 부족할 경우에는 과거 데이터를 활용하는 바텀업 방식의 분석을 사용하기보다는 예측하고자 하는 사례와 완전히 동일하지는 않더라도 과거의 유사한 사례를 적용해보는 유추 방식을 활용해볼 것을 추천한다.[7] 하지만 이 방법도 역시 결국에는 과거에 이미 발생했던 사건으로 다시 거슬러 올라가는 방식일 뿐이다.

경영학자인 이브 도즈Yves Doz 역시 시장에서의 기회를 능동적으로 탐색하는 데 있어서 전략기획이나 시나리오 플래닝은 더 이상 통하지 않는다고 본다.[8] 대신에 전략 상황을 복합적으로 인식하고 분석하여 이해한 후에 이를 즉시 활용할 수 있는 전략적 통찰력이 필요하다는 것이다. 그에 따르면 전략적 통찰력을 발휘하기 위해서는 몇 개의 정보 조각들에 주목하기보다는 그러한 정보 조각들로 전체의 큰 그림과 패턴을 인식하여 퍼즐을 맞추는 패턴 인식 능력이 가장 중요하다.

적응하거나 새로운 기회를 창출해야 한다

그렇다면 불확실한 경영 환경에서의 전략은 어떠해야 할까? 결론부터 말하자면 경영 환경의 변화에 신속하게 대응하거나 새로운 기회

불확실성 시대의 전략

	미래에 대한 범위적 예측 : 신속 적응 전략	진정한 애매성 : 신규 기회 창출 전략
알 수 있는 것	• 나타날 수 있는 가능한 결과의 범위 • 자연적 시나리오는 알 수 없음	• 미래를 예측할 수 있는 기초가 없음
분석 도구	• 잠재 수요 조사 • 기술 예측 • 시나리오 플래닝	• 유추 • 패턴 인식 • 비선형적인 역동적 분석
사례	• 이머징 마켓 진출 • 소비재 전자제품에서 혁신기술을 개발하거나 도입	• 기존에 존재하지 않는 신규산업 진입 • 누구도 진출하지 않은 신흥시장 진출
전략	• 민첩하게 기회를 포착하는 적응 전략 • 소규모 투자를 통한 현상유지 전략	• 시장 형성 전략

(출처: Courtney, H., 1997, Strategy Under Uncertainty. Harvard Business Review)

를 창출하는 창의적인 전략이 필요하다. 위 그림 왼쪽의 경우와 같이 어느 정도의 범위에서 미래가 예측될 수 있다면 예상되는 결과에 영향을 주는 몇 가지의 핵심 변수나 동인들을 파악하고 적용하여 그 해당 범위를 어느 정도 정의해볼 수 있다. 잠재 수요를 정확하게 예측할 수 없는 신규시장에 진출하거나 기존 산업이더라도 새로운 기술혁신이 일어나는 산업에 속한 기업들의 경우가 이에 해당된다. 이 경우에는 넓은 범위에서 앞으로의 환경 변화에 대해서 어느 정도 추정은 할 수 있겠지만 여전히 설명되지 않는 불확실성을 안고 가야 한다. 이러한 경우에는 변화를 민첩하게 감지하여 신속하게 적응하거나 대규모 투자보다는 소규모 투자를 하면서 시장을 탐색하는 전략이 필요하다. 기회를 모색함에서 초기 투자를 적게 하고 나중에 성공할 가능성이 높아지면 확실하게 투자하는 옵션 지향적 전략이 바로 그러하다.[9]

한편 오른쪽에 있는 그림은 환경의 속성에 대한 이해가 완전히 모호한 상태로 예측이 거의 불가능하다. 과거에 존재하지 않았던 완전히 새로운 산업의 초기 단계나 신약개발처럼 산업 내 기술 전망이나 고객 수요 등 미래를 예측하는 데 필요한 핵심 변수를 파악하는 것 자체가 상당히 어려운 경우이다. 이처럼 환경에 대한 이해가 완전히 모호한 경우라도 어떤 정보를 알고 있고, 또 어떻게 알 수 있으며, 어떠한 정보가 필요한지에 대해 적극 인식하려는 노력이 필요하다. 아주 정확하지는 않더라도 다른 산업에서 있었던 유사한 사례를 비교하고 유추하여 불확실성을 감소시키는 데 활용해볼 수 있다.

이처럼 환경이 불확실할수록 민첩하게 기회를 포착해서 적응하거나 아예 새로운 게임의 규칙을 먼저 시도해서 새로운 기회를 창출하는 창의적인 전략이 필요하다. 그렇다면 우리가 알고 있는 시장의 선도기업들은 어떻게 이러한 환경의 불확실성을 돌파하고 있을까?

선도기업들은 자기 파괴적인 혁신을 한다

오늘날과 같은 불확실한 환경 속에서도 미래에 대한 기회를 능동적으로 창출하면서 경쟁우위를 지속하고 있는 기업들이 있다. 대표적인 기업으로 아마존, 애플, 그리고 넷플릭스 등을 들 수 있다. 먼저 애플을 생각해보자. 컴퓨터 제조업체였던 애플은 아이팟, 아이폰, 아이패드로 새로운 시장을 성장시켰다. 아이팟은 당시 MP3 플레이어가 주

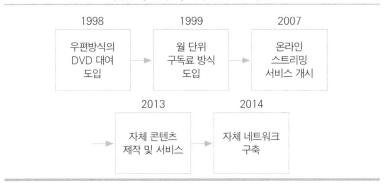

넷플릭스의 비즈니스 모델 혁신

1998	1999	2007
우편방식의 DVD 대여 도입	월 단위 구독료 방식 도입	온라인 스트리밍 서비스 개시

2013	2014
자체 콘텐츠 제작 및 서비스	자체 네트워크 구축

도하던 휴대용 음악기기 시장의 판도를 바꾸었고 아이폰은 통신사업자가 가지고 있던 통신시장의 권력을 단말기 제조업체로 이동시키는 대전환을 이루어냈다.

애플과 같은 또 다른 게임 체인저 기업은 바로 넷플릭스이다. 넷플릭스는 영화 렌탈사업 업계에서 통상적으로 청구되던 반납 지연 연체료가 없는 월 정기구독 방식의 비즈니스 모델을 처음으로 시도했다. 또한 경쟁자들보다 가장 먼저 온라인 스트리밍 서비스로 전환함으로써 스스로의 비즈니스 모델을 파괴하고 혁신했다. 넷플릭스는 여기서 한 걸음 더 나아가 넷플릭스 오리지널이라는 자체 콘텐츠를 직접 제작하여 영화제작, 방송산업 등 여러 산업을 넘나들며 경쟁자들과 끊임없이 차별화하고 있다.

온라인 유통 산업에서 이제는 비교적 전통적인 기업에 속하는 아마존은 오늘날에도 여전히 가장 혁신적인 기업의 위치를 유지하고 있다. 아마존은 온라인 서점으로 시작해서 전자책용의 킨들을 출시하며 자기 파괴적인 혁신을 시도했다. 그리고 점차 유통 품목을 늘려나가며 현재는 거의 모든 품목의 제품을 취급하는 온라인 백화점으로 발전했다. 블루 오리진이라는 우주관광사업을 시작하였을 뿐만 아니라 최근에는 첨단기술을 활용한 무인상점인 아마존고를 오픈하면서 혁신적인 시도를 멈추지 않고 있다. 아마존 웹서비스는 클라우드 컴퓨팅 분야에서 최고의 강자로 자리잡고 있어서 아마존의 도전은 과연 어디까지 계속될지 궁금하기만 하다.

이 기업들의 공통적인 특징은 바로 시장과 산업의 변화를 선도한다는 것이다. 이 기업들은 경쟁자의 행동을 관찰하면서 움직이지 않는다. 이들은 자사의 비즈니스 모델, 제품, 서비스를 근본적이고 지속적으로 혁신하면서 새로운 게임의 규칙을 만들어내고 있다. 심지어 과거에 성공했던 방식을 스스로 부정하면서까지 자기 파괴적인 혁신을 시도한다. 이들은 경쟁자들과 싸우는 것이 아니라 바로 스스로와 싸우는 것이다. 그렇다면 이 기업들이 끊임없는 혁신을 통해 시장을 선도해나갈 수 있는 경쟁우위의 원천은 어디에 있는가? 그것은 바로 고객의 니즈를 끊임없이 감지하고 신속하고 유연하게 새로운 제품이나 서비스를 창출해내는 조직의 역량에 있다. 이렇게 환경을 능동적으로 감지하고 신속하게 고객이 원하는 제품과 서비스를 창출하는 방법이 바로 애자일 방식이다.

애자일 방식이 재조명되고 있다

애자일 방식은 사전에 모든 것에 대해서 치밀하게 계획을 수립하여 실행하는 방식이 아니다. 실행하면서 학습하고 방향을 재조정하여 고객이 원하는 산출물을 신속하게 전달하는 방식이다. 이러한 특징 때문에 최근 애자일 방식은 불확실한 환경에서 전통적인 경영 방식의 대안으로 많은 관심을 얻고 있다.

그러나 애자일 방식은 아주 새로운 개념은 아니다. 1980년대에 신제품 개발의 새로운 접근방식으로 시작했고 1990년대에 들어오면서 새로운 소프트웨어 개발 방식으로 인기를 끌었다. 그리고 최근에는 스타트업처럼 신속하게 움직이고 싶어하는 기업들이 많은 관심을 두고 있다.

애자일 방식의 기본 개념은 1990년대에 지식경영으로 유명했던 일본의 히로타카 다케우치Hirotaka Takeuchi와 이쿠지로 노나카Ikujiro Nonaka 교수가 1986년에 『하버드 비즈니스 리뷰』에 발표한 논문인 「아주 새로운 제품 개발 게임New New Product Development Game」에서 유래했다.[10] 당시는 일본 기업들의 전체 매출에서 신제품이 차지하는 비중이 높아지면서 고객이 원하는 신제품을 경쟁자보다 더 신속하고 효과적으로 출시하는 제품개발 능력이 중요하게 떠오르던 시기였다.

1980년대 당시만 해도 제품개발 프로세스는 선형적이고 단계적인 방식이었다. 즉 제품 콘셉트 개발에서부터 타당성 검증, 제품설계, 개발, 시제품 생산, 양산에 이르는 개발 프로세스가 마치 이어달리기처럼 앞단계에서 다음 단계로 바통을 넘겨주는 릴레이 방식으로 진행된 것이다. 하지만 당시 캐논이나 후지제록스와 같은 기업들은 개발의 앞단계와 뒷단계가 중복되어 진행되는 동시개발 방식을 채택하고 있었다. 모든 팀원이 신제품 개발의 처음부터 끝까지 전체에 대한 책임end-to-end responsibility을 가지면서 시행착오와 학습을 통해 일하는 방식이었다. 다케우치와 노나카는 이러한 기능횡단적인 개발팀을 묘사하면서 마치 럭비경기에서 볼 수 있는 스크럼과 같다는 비유를 사용했다. 럭비에서 스크럼은 다양한 포지션을 담당하는 선수들 모두가

럭비의 스크럼

선수들 모두가 한 방향으로 결집되어 있다.

하나의 목표를 향해 함께 움직이는 모습이다. 다양한 전문가들이 신제품 개발이라는 하나의 목표를 달성하기 위해서 함께 움직이는 모습이 마치 럭비 경기의 스크럼과 비슷하다는 데서 착안한 것이다.

1990년대에 이르러 소프트웨어 개발 전문가인 제프 서덜랜드Jeff Sutherland 등이 기존의 전통적인 소프트웨어 개발 방법론의 문제점을 지적하면서 스크럼scrum이라는 새로운 방법론을 수립했다. 기존의 전통적인 소프트웨어 개발 방법은 사전에 정해진 계획에 따라 단계별로 진행하는 선형적인 접근 방식이 대부분이었다. 반면 새로운 스크럼 방식에서는 과제를 수행하거나 문제를 해결하기 위해서 10명 이하의 소규모 팀이 만들어진다. 이 팀은 과제 수행에 필요한 모든 스킬을 가진 다양한 전문 분야의 사람들로 꾸려진다. 그리고 업무의 전반적 방향, 방법, 속도 등을 이 팀원들이 함께 자율적으로 정해서 업무를 진행한다.

스크럼 방식의 또 다른 특징은 바로 스프린트sprint인데 2~3주 정도의 주기로 업무 목표를 정하고 그 주기마다 고객으로부터 피드백을 받아 신속하게 오류를 수정해가면서 고객의 니즈를 지속적으로 충족시켜 나가는 방식이다. 프로젝트를 완성한 후에 고객에게 피드백을 받는 것이 아니라 구현할 수 있는 최소 수준의 조건이 완성되는 대로 즉각적으로 고객의 피드백을 받는 형식이다.[11] 이러한 방식을 통해 얻을 수 있는 가장 큰 기대효과는 더욱 적은 인력, 짧은 시간, 그리고 낮은 비용으로 큰 성과를 낼 수 있다는 점이다.

스크럼 방식은 도요타 생산방식을 창시한 오노 다이이치의 영향을 많이 받았다.[12] 따라서 계획은 변경되기 위해서 존재한다는 개념과 지속적인 개선을 통해 낭비 없이 고품질의 산출물을 만들어내는 것을 목표로 하는 사상이 스크럼 방식에 그대로 반영되어 있다. 또한 도요타 생산 방식에서는 기계에 인간의 지혜를 부여하는 자동화自働化 방식을 강조해 작업에 이상이 생겼을 때 작업자가 기계를 멈추고 문제를 해결하도록 하고 있다. 스크럼 방식에서도 프로세스나 시스템이 아닌 인간의 능동적 참여와 문제해결을 스크럼 운영의 핵심 요소로 보고 있다.

2001년에는 제프 서덜랜드와 뜻을 같이하는 소프트웨어 개발 전문가들이 미국 유타주의 스노우보드 스키 리조트에 모여 새로운 프로젝트 방법론이 추구하는 가치와 원칙을 정하고 이를 발표했다. 이것이 바로 애자일 성명Agile Manifesto이다.[13] 이 애자일 성명에서도 스크럼 방식과 마찬가지로 프로세스보다는 사람이 중요하다는 것을 강조했다. 이러한 선언 이후부터 스크럼 방식보다는 애자일 방식이라는 용어가 널리 보편적으로 사용되었다. 이처럼 애자일 방식은 처음에 IT와 소프트웨어 개발 분야에서 시작되었지만 점차 하이테크 기업의 일하는 방식으로 적용되었다. 이제는 금융업이나 제조업과 같은 전통

프로젝트 관리의 두 가지 방법

	워터폴 방식	애자일 방식
모델	프로젝트 시작 ··· 프로젝트 종료 요구사항 → 설계 → 실행 → 검증 → 유지보수	프로젝트 시작 ··· 프로젝트 종료 스프린트 1 / 스프린트 2 / 스프린트 3 요구사항 → 설계 → 실행 → 검증 → 유지보수 (각 스프린트 반복)
내용	• 요구사항→설계→실행→검증→유지보수가 순차적으로 진행 • 개념적 단계에서 산출 단계까지 방해 없이 순차적으로 진행되는 선형적 방식	• 요구사항→설계→실행→검증→유지가 하나의 스프린트로 신속하게 최소한의 산출물을 만들어내고 이러한 스프린트를 반복하면서 수정 • 유연하게 팀을 기반으로 하는 반복적인 린 방식
장점	• 이해하기 쉽고 실행하기 간단한 개발 모델 • 사전에 요구사항이 명확할 경우 높은 품질의 산출물 전달 가능 • 개발 중 변화 사항이 없을 경우 특히 적합	• 변화 사항에 적응적이고 조정이 가능 • 신속성이 고객의 니즈 충족에 중요할 경우 효과적 • 고객의 지속적인 의견을 반영할 수 있음 • 요구사항이 프로세스상에서 변화할 수 있음
단점	• 개발 프로세스 도중에 변화가 어렵고 고비용 소요 • 산출물 테스트는 프로젝트 완료 시에만 가능 • 최초 요구사항이 명확히 정의되지 않으면 실패 가능성이 높음	• 프로젝트 산출물에 대한 예측이 어려움 • 프로젝트 관리자가 많은 부담을 받을 수 있음 • 추가나 변경 작업이 증가할 수 있음

적 산업으로까지 확산되고 있는 추세다.

위 그림은 전통적인 방식과 애자일 방식의 차이를 비교하고 있다. 전통적인 워터폴Waterfall 방식은 폭포수가 떨어지듯이 아이디어 개념화 단계부터 개발 및 생산 단계까지 순차적이고 단계적으로 이루어진다. 계획 단계부터 간트 차트 등을 활용해서 업무 진행 단계와 일정을 정하고 실행에서도 앞단계의 프로세스가 완료되지 않으면 다음 단계로 넘어가지 않는 방식이다. 워터폴 방식에서는 모든 단계가 완료된 후에만 최종 산출물을 볼 수 있다. 위에서 아래로만 떨어지는 폭포수처럼 중간에 예상치 못한 문제가 발생하더라도 다시 앞단계로 거슬러 올라가지 않는다.

반면 애자일 방식에서는 소위 스프린트라 불리는 작은 단위의 반복적 프로세스로 나뉘어 프로젝트가 진행된다. 즉 장거리 달리기가 아니라 전력을 다해서 뛰는 단거리 달리기를 여러 차례 해서 목적지에 빨리 도달하는 방식이다. 스프린트는 전체 프로세스의 축소판이라 할 수 있다. 각 스프린트 안에는 워터폴 방식과 마찬가지로 아이디어 개념화, 시작, 분석, 설계, 구성, 시험 등의 프로세스가 포함된다. 워터폴 방식과 달리 계획, 시험, 통합, 평가 등을 프로젝트 과정에서 지속적으로 하기 때문에 스프린트 단계가 끝날 때마다 고객의 니즈를 지속적으로 확인하면서 프로젝트를 진행할 수 있고 그만큼 프로젝트의 실패 가능성이 낮아진다.

지금까지 살펴본 것처럼 애자일은 완전히 새로운 방식이 아니다. 환경의 불확실성이 더욱 커지면서 불확실성에 대처하는 방법으로 그 중요성이 크게 대두되고 있는 것이다. 이제는 계획에 따른 실행이라는 전통적인 경영에 대해 다시 생각해봐야 할 때이다.

우선 준비하고 실행하고 조정하라

그렇다면 환경의 불확실성과 애자일 방식을 고려할 때 앞으로의 경영은 어떻게 달라져야 할까? 전통적인 접근 방식은 전략을 먼저 수립하고 실행을 다음에 하는 선형적 방식이다. 준비하고Ready 목표에 조준하고Aim 실행하는Fire 모델이 가장 일반적이다. 준비는 잘 정의된 전략과 목표를 수립하고 목표 달성에 필요한 인력, 자원, 자본 등을 계획하는 과정이다. 준비 과정에는 전략을 추진할 때 어떤 리스크를 대비해야 하는지 검토하는 사전 분석도 포함된다. 다음 단계인 조준은 목표시장이나 목표고객에게 어떠한 제품이나 서비스로 성과를 달성할 것인지를 정하는 과정이다. 마지막으로 실행은 계획한 대로 준비된 자원을 활용해 실행하는 과정이다. 안정적 경영 환경에서는 조직운영이 이러한 준비, 조준, 실행의 순차적인 과정으로 실행되는 것이 실제로 잘 작동했다.

그러나 불확실하고 변화가 빠른 환경에서는 앞으로의 미래를 당장 예측할 수 없기 때문에 정확하지 않은 계획과 준비에 자원을 집중하는 것은 곤란하다. 과거에는 예측한 수요에 맞추어 자원과 핵심역량을 활용해 실행하는 데만 집중했다. 하지만 앞으로의 환경에서 조직은 시장의 반응에 신속하게 반응하면서 조직 내외부의 폭넓은 자원 포트폴리오를 활용해 새로운 시장 기회를 창출하는 것이 더 중요하다. 변화하는 경영 환경에서 비즈니스 모델의 혁신은 기존의 핵심역량이 아니라 바로 고객의 니즈 혹은 기회에 의해 주도되어야 하기 때문이다.

불확실한 경영 환경에서는 이제 준비, 실행, 그리고 조준하는 프로세스가 필요하다. 이러한 접근 방식에서는 비즈니스를 성장시킬 아이디어가 있으면 준비가 되는 대로 신속하게 최소한의 제품이나 서비스를 만들어 고객이나 시장에 테스트하고 그 결과를 보면서 아이디어를 조금씩 조정한다. 여기서 준비는 실행을 위해 완전히 준비된 상태가 아니다. 그저 아이디어를 테스트해볼 수 있는 정도 수준의 준비만 되면 된다. 준비 단계에는 비즈니스 아이디어의 성공 가능성을 평가해보고 그러한 아이디어를 테스트해볼 수 있는 최소한의 비용이나 사람 등의 자원이 있는지, 그리고 혹시나 그 아이디어가 실패할 경우, 대안

클레이 사격

클레이 사격 선수는 움직이는 과녁에 정확히 조준할 수 없다. 하지만 총을 장전하고 견착 자세로 준비하면서 과녁이 지나가리라 생각되는 곳에 미리 초점을 맞춘다. 그리고 과녁이 날아오면 발사를 하고 다시 준비 상태로 돌입해서 예상되는 다음 과녁의 경로에 초점을 맞춘다.

〈플랜 B〉이 있는지 살펴본다.

조준을 마지막에 한다고 해서 아무 데나 대고 무작정 사격을 하는 것은 아니다. 스타트업 컨설턴트인 마이클 매스터슨Michael Masterson에 따르면 준비, 실행, 조준의 과정은 고정된 과녁을 겨냥해서 하는 사격이 아니라 움직이는 과녁을 겨냥해서 사격하는 클레이 사격과 같다.[14] 클레이 사격 선수는 움직이는 과녁에 정확히 조준할 수 없다. 하지만 총을 장전하고 견착 자세로 준비하면서 과녁이 지나가리라 생각되는 곳에 미리 초점을 맞춘다. 그리고 과녁이 날아오면 발사를 하고 다시 준비 상태로 돌입해서 예상되는 다음 과녁의 경로에 초점을 맞춘다.

결국 준비, 실행, 조준 방식의 목적은 새로운 비즈니스 아이디어를 테스트하는 속도를 보다 신속하게 하는 데 있다. 사업 초기 단계에서 테스트를 통해서 아이디어를 검증하고 다시 이를 통해 올바른 방향으로 효과적으로 조정할 수 있다면 혹시라도 실패할 때 발생할 수 있는 비용을 줄이고 성공 가능성을 높일 수 있다. 이런 방식은 결과적으로 비용절감에도 도움이 된다. 준비, 조준, 실행의 접근법과 같이 완벽한 계획을 세우는 데 치중하지 않고 우선 신속하게 아이디어를 테스트해보는 것이다. 이것이 바로 스타트업 기업이 시장의 기회에 신속하게 움직이는 비결이다.

물론 이러한 준비, 실행, 조준의 순서로 이루어지는 과정 자체가 위험할 수도 있다. 전통적인 관점에서는 이렇게 접근하면 필연적으로 실패한다고 간주되었다. 하지만 지금은 우리가 목표시장을 정확히 파악하여 스위트 스팟sweet spot을 확실히 알 수 있는 환경이 아니다. 오히려 이러한 준비, 실행, 조준의 과정을 반복하면서 조직은 그 과정에서 학습할 수 있고 시장에 신속하게 대응하는 조직의 민첩성을 키울 수 있다. 스티븐 해켈Stephan Haeckel에 따르면 환경의 니즈를 신속히 감지하고 반응하는 프로세스를 실행하는 것은 바로 기회를 감지하고 반응하는 능력 그 자체를 강화시킨다고 한다.[15] 그 중심에는 바로 조직의 학습organizational learning이 있다. 일단 기업이 역동적인 사고방식으로 전환되면 학습을 하게 되고 그에 따라 점점 발전하게 된다는 것이다. 이러한 학습을 통해 축적되는 노하우는 단순히 고정된 표적을 맞히는 차원을 넘어서서 마치 클레이 사격처럼 이동표적을 맞히는 정도까지 확장되는 것이다.

이제는 경영에 대한 접근이 새롭게 달라져야 할 때다. 2장에서는 불확실한 환경에서 조직이 민첩하게 대응하기 위해서 전략적 측면이나 조직적 측면에서 어떠한 접근과 노력이 필요한지에 대해서 살펴본다.

생각해볼 질문
• 여러분의 조직은 어떠한 경영 환경의 변화에 직면하고 있는가? 조직이 경쟁우위를 확보하거나 지속시키기 위해서는 어떠한 다른 대처가 필요한가? • 시장의 기회를 발견하고 이를 먼저 신속하게 테스트하고 고객의 니즈를 반영하여 제품과 서비스를 개발하는 프로세스가 제대로 작동하고 있는가? • 현재 성공하고 있는 비즈니스 모델과 조직을 파괴적으로 혁신해야 한다고 생각해본 적이 있는가? 어떠한 새로운 기회를 발견하고 있는가?

2장

왜 변화에 민첩한 조직이
중요한가

경쟁업체에 초점을 맞추면 경쟁업체가 무언가를 할 때까지 기다려야만 한다. 하지만 고객에 초점을 맞추면 더욱 선도적인 행동으로 앞서 갈 수 있다.

-제프 베조스

2000년에 작은 스타트업 기업인 넷플릭스의 CEO였던 리드 헤이스팅스Reed Hastings는 블록버스터의 본사가 있는 댈러스로 향했다.[1] 당시 영화와 게임 렌탈 시장을 지배하고 있던 블록버스터와 공동 파트너십을 맺기 위함이었다. 블록버스터가 넷플릭스 지분의 49%를 인수하고 넷플릭스가 블록버스터닷컴의 온라인 서비스 제공자가 되겠다는 내용이었다.[2] 블록버스터는 오프라인 매장을 통한 비디오 렌탈 운영에서 탁월한 운영 노하우를 가지고 있었고 시장을 지배하고 있었다. 그러다 보니 이 작은 스타트업 기업이 당장 위협이 되지 않을 뿐만 아니라 온라인이라는 채널도 기존의 오프라인 채널을 보완하는 정도의 개념 정도로만 생각했다. 블록버스터의 CEO였던 존 안티오코

John Antioco는 넷플릭스의 제안을 거절했다.

하지만 넷플릭스는 이미 그 당시부터 블록버스터를 위협할 수 있는 잠재적 경쟁자로 성장하고 있었다. 블록버스터는 고객들의 수요가 높은 최신 영화 타이틀의 대여를 효율적으로 관리하기 위해서 고객들이 반납 날짜를 넘기면 연체료를 부과했다. 블록버스터 입장에서는 연체료 매출도 상당해서 쉽게 포기할 수 없었다. 넷플릭스는 고객들이 최신 영화를 빌리기 위해 장시간 대기하는 불편과 반납 연체료가 높다는 바로 그 점을 파고들었다. 넷플릭스는 월 정기구독 방식을 도입해서 연체료를 없앴다. 또 우편으로 전달하는 방식을 새롭게 도입해서 고객이 직접 매장을 방문해서 대여해야 하는 불편도 없앴다. 우편 방식에 익숙하지 않던 소비자들도 연체료가 없는 점에 크게 설득되어 새로운 행동 습관을 만들어나갔고 점차 넷플릭스의 매출도 성장해갔다.

당시 블록버스터의 CEO인 안티오코는 2004년에 이르러서야 넷플릭스가 자사에 심각한 위협이 될 것을 직감했다.[3] 사실 2004년은 블록버스터가 매출의 정점을 찍었던 해이기도 했다. 안티오코는 그제야 소비자들의 불만을 가져왔던 연체료 정책을 중단하는 결정을 내렸다. 넷플릭스와 마찬가지로 온라인 비즈니스에 새롭게 뛰어들기 위해 디지털 플랫폼에 큰 투자를 집행하는 변화에 착수했다. 온라인 비즈니스 투자에 200만 달러가 소요될 예정이었는데 연체료 정책 중단으로 인한 매출 손실도 200만 달러에 달했다. 당시 블록버스터의 지분 80%를 소유하고 있던 비아컴Viacom은 이러한 투자가 자사의 전략에 맞지 않는다고 판단하고 블록버스터의 주식을 시장에 매도했다. 그 여파로 블록버스터의 주가는 하락했다. 엎친 데 덮친 격으로 당시 행동주의 투자가인 칼 아이칸Carl Icahn이 블록버스터의 지분을 인수하면서 이사회에서 영향력을 행사하기 시작했다. 칼 아이칸이 주도한 이사회는 당장의 수익성 악화를 이유로 안티오코가 추진하던 변화에 반대했다. 안티오코는 2007년에 해고되었다. 이사회는 안티오코가 생각해오던 내부 승계자들을 모두 제치고 짐 케이스Jim Keyes를 새로운 CEO로 임명했다. 케이스는 안티오코가 추진하던 변화를 다시 원점으로 되돌리는 계획을 발표했다. 오프라인 매장 중심의 전략을 더욱 강화함과 동시에 온라인 고객들을 대상으로 가격을 인상할 것이라는 전략이었다.

그로부터 3년 뒤인 2010년 블록버스터는 파산했다. 만약 2004년에 블록버스터가 고객에게 큰 불만을 야기하던 연체료 정책을 폐지하고 온라인 스트리밍 서비스 채널에 투자했다면 지금의 경쟁구도는 과연 어떻게 변했을까?

능동적 감지와 신속한 실행이 더욱 중요하다

기업이 시장의 위험 신호를 인식조차 못 하는 이유는 무엇일까? 기업이 환경의 위험을 감지하고도 신속하게 대응하지 못하는 이유는 무엇일까? 2002년에 넷플릭스가 기업공개 되었을 때도 당시 블록버스터의 대변인은 "넷플릭스는 틈새시장에서 서비스를 제공하고 있을 뿐이다. 우리는 우편 주문에 충분한 수요가 있다고 믿지 않는다."라고 말했다. 또한 넷플릭스가 온라인 스트리밍 서비스로 옮겨가기 시작했을 때도 블록버스터의 최고재무책임자CFO는 "스트리밍 방식은 성공하지 못할 것이다."라고 말했다.[4] 당시 블록버스터가 시장의 위험신호.

를 얼마나 무시했는지를 엿볼 수 있는 대목이다.

  기업이 환경의 신호를 제대로 인식하지 못하거나 신속하게 대응하지 못하는 것은 기본적인 조직 운영 모델이 새로운 환경의 특성과 맞지 않기 때문이다. 인터넷 기술 붐이 일던 20여 년 전에 이미 스티븐 해켈은 기업의 운영 모델이 제품을 만들어서 파는make & sell 전통적 모델에서 벗어나 고객의 니즈를 감지하고 즉시 반응sense & respond하는 모델로 변화해야 한다고 주장했다.[5] 감지-반응 모델을 통해서 기업 외부의 고객에게 눈을 돌리고 2~3년 앞을 내다보는 시각이 필요하다는 주장이었다.

  감지-반응 조직 모델은 오늘날에도 여전히 유효할 뿐만 아니라 불확실성이 고조되는 환경에서 더욱 절실히 필요한 조직운영의 방향이다. 이러한 감지-반응 모델의 관점에서는 전통적 관점의 전략기획 및 실행에 대한 근본적 변화가 요구된다. 수요를 예측하고 기존의 핵심역량을 활용해 제품과 서비스를 개발하고 고객에게 판매하는 방식은 더 이상 유효하지 않다. 변화하는 환경에서는 고객의 니즈에서 출발해 새로운 요구를 신속하게 충족시킬 수 있는 조직역량을 확보하는 운영 모델이 더 중요하기 때문이다.

  미래를 예측할 수 없다는 사실은 계획에 따른 전략수립과 실행이 더 이상 작동하지 않는다는 것을 의미한다. 감지-반응 조직은 사전에 수립한 계획에 의해서 움직이는 것이 아니라 고객의 니즈에 따라 움직인다. 변화하는 고객의 요구와 환경으로부터의 새로운 도전을 즉시 감지하여 신속하게 대응하는 것이다. 우선 감지 측면에서는 핵심적인 불확실성이나 트렌드를 파악하여 추적한다. 그리고 당장 관련이 없어 보이는 정보들을 큰 그림의 시각에서 보면서 의미를 부여해보는 패턴

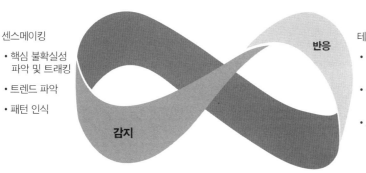

감지와 반응: 조직의 불확실성 관리

센스메이킹
- 핵심 불확실성 파악 및 트래킹
- 트렌드 파악
- 패턴 인식

감지

반응

테스트 및 조정
- 빠른 실험: 가설 검증 및 불확실성 학습
- 신속한 시제품 개발 및 시장 테스트
- 소규모 투자로 단계적 접근

인식을 해야 한다. 스티븐 해켈은 이와 같은 감지능력을 쓸모없는 소음과 의미 있는 신호를 구분하고 외견상으로는 소음으로 보이는 신호를 의미로 전환시키는 능력이라고 이야기한다.

이렇게 시장의 새로운 기회나 고객의 니즈가 의미 있게 해석되면 기업은 신속한 행동에 나선다. 이때 가장 필요한 것은 바로 조직의 유연성이다. 감지-반응 조직은 전통적인 기능 조직처럼 사전에 모든 과업이나 작업의 요건이 정해져서 일사불란하게 움직이는 조직이 아니다. 고객의 니즈나 시장의 기회에 맞추어 내부 가용 역량을 빠르게 결합해서 신속하게 움직이는 일종의 모듈 조직에 가깝다. 사전 계획에 많은 시간을 투자하는 대신 감지 활동을 통해 의미가 부여된 가설을 빠르게 실험하기 위해 시안이나 시제품을 신속하게 만들어서 시장과 고객의 반응을 보면서 방향을 수정해나가는 것이다. 따라서 이러한 감지-반응 프로세스는 일회성이 아니라 순환적이다. 기업은 이러한 감지-반응 사이클을 반복하는 과정에서 학습하게 되고 기업이 외부의 환경 변화를 감지하고 반응하는 조직의 능력이 향상되게 된다.

이처럼 예측이 어려운 환경에서는 과거의 전통적인 계획수립과 효율적인 운영에 집중하는 방식이 작동하기 어렵다. 전략의 수립과 실행 측면 모두에서 유연한 조직체계를 갖추는 것이 핵심이다.

먼저 전통적인 전략에서 벗어나 민첩해져라

불과 수년 전만 하더라도 마이클 포터Michael Porter의 파이브 포스5Forces 분석, 스왓SWOT 분석, 그리고 가치사슬 분석을 이용해서 외부 환경과 내부역량을 분석하고 장기적인 전략을 수립할 수 있었다. 또한 이러한 접근방식이 비교적 잘 작동했다. 그러나 최근의 경영 환경은 과거보다 더 복잡해지고 그 속도도 더 빨라지고 있다. 산업의 경계도 모호해지고 기술 발전도 과거와 비교할 수 없을 만큼 빠르고 예측이 불가능하다. 이러한 환경에서는 그동안 경영 현장을 지배했던 장기적이고 정태적이며 선형적 방식의 전략수립이 힘을 발휘하지 못한다.

환경의 불확실성은 기존의 전략적 사고에 대한 시각을 바꾸고 있다. 마이클 포터의 파이브 포스와 같은 전략 분석 틀로는 시장의 판도를 바꾸거나 기존의 비즈니스를 혁신할 수 없다는 목소리가 갈수록 높아지고 있다. 최근의 비즈니스 모델 혁신 사례를 보면 현 산업의 기본 가정에 도전하거나 서로 관련 없어 보이는 아이디어를 결합해 새로운 비즈니스 모델을 창출하는 것을 볼 수 있다. 일론 머스크의 민간 우주개발 사업인 스페이스엑스는 로켓은 한 번만 사용할 수 있다는 기본가정에 도전해서 로켓이 재사용될 수 있는 방식을 채택했다. 넷플릭스는 영화 렌탈 비즈니스에 소매점이 반드시 있어야 한다는 기본가정을 바꾸어서 우편방식을 도입했다.

경영학자인 아담 브란덴버거Adam Brandenburger는 과거의 스왓 분석은 내부의 약점weakness을 완화시켜야 하는 한계로 보았지 기회로는 보지 않았다고 이야기한다.[6] 전기차 업체인 테슬라는 전기차를 판매하는 딜러 네트워크가 없는 한계와 약점을 온라인 판매라는 새로운 방식으로 돌파했다. 경영 저술가인 스티븐 데닝Stephen Denning도 전통적인 전략적 접근에 대해서 비판을 제기한다.[7] 일반적인 전략적 계획은 미래를 예측하기 위해서 엄청난 데이터를 수집하고 분석하는데 이렇게 분석되는 데이터의 대부분이 과거의 데이터이다. 이 과정에서 인식하고 있지 않은 것unknown은 제외되고 인식하고 있는 것known의 데이터를 수집한다. 그 결과 현재의 산업에서 인식하지 못한 기회나 가능성은 분석 결과에 나타나지 않는다. 또한 견고하고 광범위한 데이터 분석이 보여주는 환상 때문에 소규모 경쟁자나 다른 산업에 있는 잠재적 경쟁자의 움직임은 분석에서 배제되는 것이다.

기업들은 변화에 민첩하게 대응하기 위해서 단기적이고 역동적이며 비선형적으로 전략을 수립하고 실행할 수 있어야 한다. 이브 도즈Yves Doz에 따르면 전략적 민첩성은 다른 방식으로 생각하고 행동함으로써 새로운 비즈니스 모델 혁신을 이끌어내는 능력이다.[8] 즉 어떻게 새로운 사업 기회를 상상해서 발견하고 얼마나 비즈니스 모델을 적기에 쉽게 변경할 수 있느냐가 중요하다. 기획과 실행 측면 모두에서 전략적 유연성strategic flexibility이 요구되는 것이다. 앞서 설명했던 준비, 실행, 조준의 관점은 전략수립의 근본적인 변화를 요구한다. 전통적인 전략수립은 1년에 한 차례 조직이 속한 산업의 환경 정보에 기초해서 소수의 경영진과 기획부서가 주도했다. 그러나 새로운 전략수립은 월이나 분기 단위로 연중 지속적으로 진행되며 고객의 잠재적

전통적 전략수립과 변화에 민첩한 전략수립

	전통적 전략수립	변화에 민첩한 전략수립
전략의 주기	• 연중 1회	• 연중 계속 (분기 또는 월)
전략수립의 기본가정	• 경쟁 전략 • 핵심역량에 기반한 경쟁우위의 추구 및 보호	• 고객 가치 창출 전략 • 다수의 변화하는 일시적 우위의 추구
전략수립 기초자료	• 산업 환경에 대한 예측 • 경쟁자들의 움직임	• 산업의 경계를 넘어서는 넓고 깊은 환경 정보 탐색 • 고객의 잠재적 니즈
수립 주체	• 전략기획 부서 및 경영진 • 톱다운 방향	• 전 구성원이 참여하는 집단 지성 • 톱다운과 바텀업 양방향
전략수립과 실행	• 선 수립 후 실행	• 전략수립과 실행의 긴밀한 연계 또는 동시 진행

니즈와 산업의 경계를 벗어난 넓고 깊은 정보 탐색에 기초한다. 또한 조직의 소수 엘리트들만 전략수립에 참여하는 것이 아니라 여러 구성원의 폭넓은 참여에 의해서 이루어진다. 경쟁우위 역시 기존의 핵심역량에만 의존하는 것이 아니라 환경에 따라 변화할 수 있는 다수의 경쟁우위를 동시에 추구하는 형태가 된다.

특히 중요한 것은 전략의 수립과 실행인데 전통적인 관점처럼 전략을 먼저 수립한 후 실행하는 것이 아니라 전략 수립과 실행이 상호 연계되어 먼저 실행해보고 전략이 수정되거나 조정된다. 넷플릭스는 1년 단위 연간 계획을 수립하지 않고 분기별 계획을 실행하면서 소비자의 피드백에 민첩하게 반응하면서 계획을 수정하고 발전시키고 있다. 전기차 업체인 테슬라는 고객 대응력을 높이기 위해서 자동차 산업에서는 마치 규범과 같은 매년 출시 방식을 포기했다.

결국 계획과 실행의 균형을 잘 잡는 것이 중요한데 많은 기업은 이에 필요한 민첩하고 유연한 조직을 갖추는 데 큰 어려움을 겪고 있다.

성공 신드롬을 버려라

시장의 선도기업들이 빠르게 추격하는 후발주자들에게 속수무책으로 무너질 수밖에 없는 이유는 무엇일까? 도대체 무엇이 조직이 새로운 변화를 시도하거나 민첩성을 발휘하는 데 걸림돌이 되는 것일까? 주로 세 가지 이유 때문이다.

첫째, 조직의 변화를 가로막는 가장 큰 이유는 성공 신드롬Success Syndrome이다.[9] 기업은 자연스럽게 과거에 이뤘던 성공의 제물이 된다. 현재 운영하는 비즈니스 모델에 이미 상당히 많은 노력과 비용을 투자했다. 또한 현재의 조직은 기존 비즈니스 모델에 가장 최적화된 모습으로 정렬되어 효율적으로 작동하고 있다. 가령, 블록버스터는 자사의 사업전략에 최적화된 운영의 탁월성을 발휘하고 있었다. 하지만 바로 그것이 블록버스터가 변화하지 못하도록 발목을 잡았다. 많은 성공적 비즈니스 모델들은 고도의 전문화를 통해 현재의 비즈니스 환경에 가장 최적화되어 설계되어 있다. 기존의 성공 모델을 벗어나서 사고할 수 있는 유연성을 잃는 것이다. 성공 신드롬을 겪는 조직들은 모르는 것에 대한 무지를 인정하지 않고 과거에 성공했던 방식과 기본가정을 고수하는 방어적 성향을 나타낸다. 이것을 조직의 과신편향overconfidence bias이라고 한다. 과신편향이 강한 기업들은 앞서 설명했던 '인식하지 않고 있는 것unknown'을 모른다는 것을 그냥 지나쳐버리기 쉽다.

둘째, 조직이 변화에 저항하는 구조적인 관성structural inertia 때문이다.[10] 조직의 구조적인 관성에는 두 가지가 있다. 하나는 자원 배분의 경직성resource rigidity이다. 현재 자사가 차지한 시장 지배력을 잃지 않으려고 하기 때문에 자원을 투자하는 기존의 패턴을 새롭게 변화시키는 데 실패하는 것이다. 게다가 자본 시장과 같은 외부의 영향은 기업이 새롭고 파괴적인 혁신 기술에 대한 투자를 꺼리게 한다. 블록버스터 이사회에는 당시 행동주의 투자가인 칼 아이칸이 영향력을 행사하고 있었다. 그는 온라인 방식의 서비스보다는 전통적인 오프라인 매장 중심의 기존 비즈니스 모델을 고수하고자 했다. 그래서 당시 CEO가 새롭게 시도하고자 했던 온라인 비즈니스의 추진을 반대했다. 또 하나는 기존의 운영 프로세스를 변화시키는 데 실패하는 루틴 경직성 routine rigidity이다. 블록버스터는 전통적인 렌탈 방식으로 미국 전역에 수천 개의 오프라인 매장을 운영하고 있었다. 이러한 운영 프로세스의 경직성은 새로운 기회의 탐색을 방해하고 기존의 업무방식에 안주하게 만든다.

셋째, 기업 내부의 권력구조와 사일로가 자유로운 토론의 흐름을 방해한다. 대부분의 비즈니스 리더들은 본인이 담당하는 사업부 또는 기능 영역을 중심으로 자신만의 영역을 구축하려는 경향이 있다. 그들은 자원을 독점하고 새로운 기회를 위해 자기조직의 자원을 다른 조직과 공유하는 것을 꺼리는 경우가 많다. 사일로에 의한 협력의 저하, 건전한 갈등 상태의 부재, 그리고 솔직하고 개방적인 토론의 부재는 조직이 민첩성을 발휘하는 데 중요한 장애물이다. 블록버스터의 경영진들은 온라인 채널을 통한 성장과 연체료 폐지의 필요성에 대해서 이사회를 설득하려고 시도했다. 연체료를 폐지한 매장이 그렇지 않은 매장보다 더 높은 성과를 내고 있다는 근거 데이터도 이사회에 제시했다.[11] 하지만 이사회는 연체료 정책을 유지하고 온라인에 대한 투자를 중단하는 의사결정을 고수했다. 변화가 필요한 시기에도 대부분의 조직은 경쟁자들의 위협이나 고객의 변화를 알아차리고도 꿈쩍

하지 않는다. 변화에 실패하는 이유는 변화가 필요없다고 생각하는 리더의 오만함이거나 현재 효과적으로 작동하고 있는 투자와 루틴의 경직성 때문이기도 한다. 기업이 변화하는 환경에서 지속가능한 경쟁우위를 갖추고자 한다면 변화에 대한 스스로의 관성을 극복해야 하며 지속적인 자기 혁신이 가능한 조직을 갖춰야 한다.

지속가능한 경쟁우위를 창출하라

오늘날의 경영 환경에서 조직은 기존에 경쟁우위를 영위하는 활동에서 지속적인 혁신을 함으로써 잠재적인 경쟁자들로부터 기존사업을 방어해야 함과 동시에 고객의 니즈가 미처 충족되지 않은 영역을 신속히 파악해서 경쟁자보다 먼저 새로운 사업기회를 선점하는 두 가지 활동에 모두 능숙해야 한다.[12]

새로운 환경에서는 새로운 전략적 접근이 필요하고 새로운 조직도 필요하다. 하지만 현재의 조직은 현재의 전략에 가장 잘 정렬된 구조적 관성을 가지고 있어서 쉽게 변화하기 어렵다. 구조적으로 경직성을 가지고 있는 시장 지배자들과 비교해 소규모의 추격자들은 새로운 전략에 적합한 새로운 조직을 구축할 수 있는 유연성이 있기 때문에 오히려 새로운 사업 기회에서 덩치가 큰 시장지배 기업보다 우위를 선점할 수 있다. 즉 새로운 조직을 갖출 수 있는 능력이 제공해주는 경쟁우위가 있는 것이다. 물론 이러한 추격자들도 한때 시장을 지배한다고 하더라도 지속적으로 변화할 수 있는 능력을 갖춘 조직을 구축하지 못한다면 조직의 규모가 비대해지고 경직되면서 결국 다음의 경쟁우위를 확보하는 데 실패하게 되는 구조적 관성의 제물이 될 수밖에 없다. 조직이 변화에 민첩하게 대응할 수 있기 위해서는 현재의 전략과 경쟁우위에 정렬된 조직을 쉽게 해체할 수 있고 다시 다음의 일시적인 경쟁우위에 적합한 조직을 쉽게 만들 수 있어야 한다. 그리고 이 과정은 환경의 변화가 지속되는 한 계속 반복된다. 또한 기업은 과거처럼 하나의 경쟁우위에만 집중해서는 안 되고 일시적이면서도 다수의 경쟁우위를 동시에 개발해야 한다. 따라서 변화에 민첩한 조직은 어떠한 면에서는 스타트업 조직과 같은 사업 초기 단계부터 성장 단계와 성숙 단계에 해당하는 다수의 사업조직들이 네트워크로 연결되는 형태로 운영될 수 있다.

결국 변화에 민첩한 조직이란 환경의 변화를 능동적으로 감지하고 필요한 역량을 신속하고 유연하게 동원해서 기존사업을 혁신하고 새로운 사업기회를 선점할 수 있는 조직임을 알 수 있다. 중요한 것은 변화는 지속되기 때문에 변화하는 환경에 신속하게 적응하거나 새로운 사업기회를 창출하는 혁신 능력을 조직 자체적으로 내재화해야 한다는 것이다. 즉 신생 조직과 추격자 기업이 가질 수 있는 새로운 조직의 우위new organization advantage를 지속적으로 창출할 수 있는 조직을 갖추어야 한다.[13] 하지만 이렇게 민첩하고 유연하게 변화할 수 있는 능력을 갖춘 조직을 구축하기란 쉽지 않다. 그래서 변화에 민첩한 조직을 구축하는 것 자체가 근본적인 경쟁우위가 될 수 있다.

변화에 민첩한 조직이 보여주는 조직능력은 다음과 같다.

- 새로운 기회를 끊임없이 탐색
- 신속하고 자율적인 의사결정
- 조직 내 자원 및 인력을 유연하게 조직화

- 경쟁자보다 전략을 더욱 신속하게 실행
- 새로운 방식의 비즈니스 모델이나 제품·서비스 혁신 실행
- 고객 중심의 다기능 간 협력으로 고객 솔루션 제공

그러면 변화에 민첩한 조직은 어떠한 특성을 가지는지 자세히 살펴보도록 하자.

변화에 민첩한 조직은 어떠한 조직인가

오늘날 경영 환경 변화의 속도는 현재의 조직구조, 시스템, 프로세스, 조직문화가 따라가기 어려울 정도로 빠르다. 점진적 변화를 추구하거나 기존의 전통적인 조직구조와 골격을 그대로 유지한 채 임시방편적인 태스크포스를 통해서 환경 변화의 도전을 극복할 수 있는 시대는 지났다.

그렇다면 변화에 민첩한 조직 특성을 어떻게 정의할 수 있을까? 변화에 민첩한 조직은 조직운영에 필요한 요소들인 조직구조, 프로세스, 리더십과 조직문화, 인재관리 프로그램 등 모든 면에서 변화 역량을 체화하고 있다. 즉 한 번의 일시적 변화가 아니라 지속적인 변화를 할 수 있는 역량을 가지고 있다. 변화에 민첩한 조직에 관한 여러 문헌 연구 자료와 기업사례 등을 종합한 결과 다음의 다섯 가지 특징을 찾아낼 수 있었다.

자율구조: 스스로 생각하고 행동한다

변화에 민첩한 조직은 조직구조 측면에서 기존의 위계조직처럼 권

애자일AGILE 조직 모델

자율구조 Autonomous Structure
: 스스로 생각하고 행동한다

몰입형 인재관리 Engaging
Talent
: 인간 중심의 철학으로
몰입을 이끈다

**전략적
민첩성**

집단지성 Group Genius
: 리더 한 명이 아니라 모두가
지혜를 모은다

전원 리더 체계 Leadership
by Everyone
: 모두가 리더가 된다

혁신문화 Innovative Culture
: 실패를 통해 학습한다

한과 자원이 상부에 집중되어 있지 않다. 대신에 고객과 가장 밀접하게 맞닿아 있는 일선 현장조직에 계획과 실행의 권한을 대부분 위임하고 있다. 시장 변화를 가장 잘 알고 있는 현장의 실무자들이 신속하게 의사결정하면서 움직이는 구조이다. 기본적으로 조직계층이 많지 않고 평평한 수평구조flat organization의 형태를 띠며 자율구조로 운영하는 경우가 많다.

변화에 민첩하게 움직이는 조직의 구조는 조직이 자율적으로 구성되고 운영되는 자기조직화의 수준과 조직이 기능적 사일로를 넘어서 기능횡단적으로 생성되고 해체되는 유연성의 정도에 따라서 여러 유형이 있다.

첫 번째는 기존의 조직구조에 프로젝트팀을 추가해 운영하는 형태이다. 주로 새로운 경영 환경의 변화에 대응하거나 조직 내 복잡한 문제를 해결하기 위해서 별도의 팀을 만들어서 단기적으로 운영하는 경우가 많다. 국내에서도 최근 금융기업들이 핀테크 등 산업의 디지털화에 대응하기 위해서 기존의 전통적 조직구조는 그대로 유지한 채

스쿼드squad, 셀cell, 랩lab 등의 다양한 이름으로 프로젝트팀을 구성하여 운영하는 사례가 있다. 또한 신사업개발을 위해서 사내 벤처팀을 운영하는 사례도 있다. 하지만 팀 조직의 구성부터 팀원의 선발까지를 상부에서 결정하는 등 조직의 운영원칙은 여전히 수직적이고 위계적이어서 프로젝트팀이 독립적이고 자율적으로 운영되기는 그리 쉽지 않다.

두 번째는 양손잡이 조직ambidextrous organization으로 기존사업과 신사업, 단기적 성과와 장기적 성과, 효율과 혁신 사이의 균형을 잡기 위한 조직구조이다. 양손잡이 조직의 가장 큰 특징은 한 지붕 두 가족처럼 신규사업 조직과 기존사업 조직을 각각 다른 원칙으로 운영하면서 필요한 자원은 공유한다는 점이다. CEO는 두 조직이 각각의 사업에 필요한 다양한 조직문화를 유지하면서 핵심 자원을 공유하는 것을 균형 있게 조율한다. 이 양손잡이 조직에서 기존사업은 제품이나 서비스를 점진적으로 개선하며 시장을 수성하고 신규사업은 기존 조직의 자원을 공유하면서 새로운 사업 기회를 창출해내는 파괴적 혁신을 시도할 수 있다.[14]

세 번째는 모듈구조module structure로 하나의 조직 안에 소규모의 사업조직이 유연하게 생성되거나 해체될 수 있는 조직이다. 모듈구조는 필요에 따라서 변형이 언제나 가능한 조직이다. 마케팅, 영업, 생산, 연구개발 및 경영지원 기능이 모듈화되어 있어서 제품이나 고객 세그먼트를 중심으로 하나의 이익센터와 같은 미니 사업부를 유연하게 구성하거나 해체할 수 있다. 모듈조직은 사업 기회에 더 빠르게 움직일 수 있고 고객과 제품에 더 세밀하게 집중할 수 있는 장점이 있다. 하지만 다수 단위조직이 동시에 운영되면서 발생할 수밖에 없는 복잡성을 해결하기 위한 조정기능이 필요하다. 이를 위해 공동의 목적이나 핵심가치를 공유하거나 조직별 정보를 투명하게 공유하고 내부 조직 간 거래에 시장과 가격의 메커니즘을 도입하는 노력을 할 수 있다.

네 번째는 자율관리팀의 현대적 형태인 애자일팀 조직이다. 애자일팀은 다양한 전문성을 지닌 10명 내외의 팀원들로 구성된 고객 중심의 다기능 팀이다. 애자일팀에서 비로소 전통적인 관리자나 보스의 역할이 사라지고 조직의 자율성은 극대화된다. 대신에 애자일팀에서는 팀원들이 팀의 구성부터 시작해서 업무의 내용, 일정, 수행 방식 등을 함께 자율적으로 결정하고 실행하는 것이 가장 큰 특징이다. 애자일팀의 업무진행을 담당하는 프로덕트 오너product owner는 지시하고 감독하는 전통적인 관리자의 역할이 아니라 팀 업무 수행의 지원자이자 팀을 대표하는 조정자의 역할이다. 애자일팀의 구성원들은 새로운 시도를 하면서 실패를 통해 학습하고 고객에게 피드백을 받아 방향을 조정하면서 고객이 원하는 산출물을 만들어낸다. 애자일팀의 보스는 바로 고객인 셈이다. 이 애자일팀 구조에 이르게 되면 조직 운영의 제1원칙은 바로 역할이다. 과제나 업무 수행에 필요한 역할을 중심으로 팀이 구성되어 자율적으로 운영된다. 요즘 관심을 많이 받고 있는 스포티파이의 애자일팀은 가장 자율적인 형태의 조직을 보여준다.

물론 변화에 민첩한 조직구조를 구축하는 데 정답은 없다. 조직이 고객 중심의 경영으로 얼마나 신속하게 경쟁우위를 구축할 것인지에 따라 다양한 접근이 가능하다.

집단지성: 리더 한 명이 아니라 모두의 지혜를 모은다

전통적인 조직에서는 조직의 방향을 소수의 리더들이 주로 결정한다. 구성원들은 이러한 상부의 방향에 따라서 정해진 절차를 준수하면서 본인의 업무책임에 해당되는 부분을 효율적으로 완수하는 것이 중요했다. 하지만 변화에 민첩한 조직에서 구성원의 역할은 전통적 조직과는 확연히 다르다. 구성원들은 상사의 지시를 정해진 절차나 규칙에 따라 실행하는 수동적인 입장이 아니다. 팀원들 스스로가 최상의 성과를 위해 개인 한 명만으로는 생각할 수 없는 창의적 아이디어를 집단적으로 생각해낼 수 있어야 한다. 또한 어렵고 힘든 의사결정일수록 여러 구성원의 힘과 지혜를 모아야 한다.

넷플릭스나 픽사 같은 기업들은 혁신을 바라보는 시각도 다르다. 완전히 새로운 아이디어가 갑자기 '아하!' 하는 순간에 나타나는 것으로 보지 않는다. 그보다는 구성원들의 작은 지혜를 모아서 혁신을 만들어가는 것으로 본다. 픽사가 더 좋은 애니메이션을 만들기 위해서 구성원들의 아이디어를 하나씩 더해가는 플러싱plussing이란 기법을 사용하는 것도 바로 그런 이유다. 팀이 집단지성을 발휘하기 위해서는 팀의 지적 다양성을 높이는 것이 중요하다. 다양한 사람들이 모여 대화와 토론을 통해서 이루어지는 창의적 마찰이 중요하기 때문이다. 팀을 기능횡단적으로 구성하거나 내부 인력들과는 다른 관점과 경험을 가진 외부인재나 전문가를 참여시키는 방식으로 팀의 지적 다양성을 높일 수 있다.

변화에 민첩한 조직의 집단 의사결정 과정을 보면 크게 두 단계로 구분되어 운영하는 것을 볼 수 있다. 다양한 해결책에 대한 아이디어를 자유롭게 낼 수 있도록 하는 단계와 최종 해결책을 통합적으로 결정하는 단계로 나뉘어 있다. 새롭고 창의적인 아이디어가 더욱 발휘되도록 하면서 성급한 의사결정도 피하기 위해서다.

팀이 문제해결을 위한 아이디어를 도출하는 단계에서는 모든 다양한 의견들이 수용되는 개방적인 분위기가 필수다. 이 과정에서 다양한 의견을 수렴하기 위해 브레인스토밍 방법을 많이 사용하는데 상대방이 내는 의견에 대해서는 비판을 하지 않는다. 이 단계에서 리더는 어떠한 의견도 수용될 수 있는 개방적인 분위기를 만들고 구성원들이 새로운 시각에서 사고할 수 있도록 자극하는 질문을 하는 것도 필요하다.

최종 해결책을 선정하는 의사결정 단계는 조금 다르다. 팀 구성원들이 함께 의사결정을 하는 과정에서는 의견충돌이 일어나거나 갈등이 일어날 수 있다. 물론 그렇다고 해서 다수결로 합의에 이르거나 타협적인 안에 만족하지 않는다. 그보다는 의견 차이를 수렴하고 통합해서 가장 최적의 해결책을 만들어낸다. 변화에 민첩한 조직들은 바로 여기서 자율과 협력을 균형 있게 잘 활용한다. 의사결정을 위해 필요한 전문 분야의 이해관계자들로부터 최대한 많은 의견과 조언을 듣되 의사결정은 실무자가 자율적으로 결정하도록 하는 것이다.

구성원들의 다양한 의견을 수렴하고 창의성을 위해 필요한 건전한 갈등을 유지하면서 집단 의사결정을 효과적으로 수행하기 위해서는 다양한 방법을 활용할 수 있다. 대화나 토론에 참여하는 구성원들이 의사결정을 위한 명확한 기준을 가질 수 있도록 조직의 미션이나 목적을 지속적으로 강조한다. 또한 각기 전문 분야가 다른 팀구성원들이 같은 눈높이에서 생산적인 토론을 할 수 있도록 시제품이나 시안을 놓고 토론을 벌이도록 이끌기도 한다. 서로의 입장을 이해할 수 있도록 상대방의 입장이 되어보는 토론방법도 있다.

의사결정 사안이 불확실하고 복잡할수록 리더 개인이 혼자 의사결정하는 것보다는 여러 사람의 지혜를 모으는 것이 더욱 중요하다. 집단지성을 효과적으로 발휘하기 위해서는 공동의 목표의식을 가지고 구성원들이 협력하려는 의지와 자신의 의견을 자유롭게 전달할 수 있는 자율성이 함께 필요하다. 그런 측면에서 강한 팀워크를 구축하는 것이 집단지성을 발휘하는 데 필수요소라고 할 수 있다.

:: 혁신문화: 실패를 통해 학습한다

한 기업의 조직문화는 사업을 바라보는 시각, 의사결정의 기준, 그리고 구성원들이 상호작용하는 집단 규범을 의미한다. 조직의 구성원들이 일상적으로 일하는 방식이 바로 조직문화인 것이다. 새로운 기술이 지속적으로 발전하고 고객의 선호가 빠르게 변화하는 환경에서는 일하는 방식도 변화되어야 한다. 과거의 안정적 환경에서는 기존의 정해진 프로세스를 잘 수행하는 명령과 통제의 조직문화가 지배적이었다. 하지만 변화하는 환경에 유연하게 대응하기 위해서는 새로운 시도를 하고 때로는 실패를 통해 학습하는 문화가 필요하다.

그러한 측면에서 애자일 방법론이 최근 관심을 끌고 있다. 애자일 방법론에서는 일단 시도하고 중간에 검토하고 조정해가는 단계가 반복된다. 즉 과제를 담당하는 팀 구성원들이 계획이나 기존의 틀에 얽매이지 않고 다양한 아이디어를 실험해보면서 학습을 하고 중간에 고객의 피드백을 통해서 방향을 조정하면서 최종적으로 고객의 니즈를 충족할 수 있는 제품이나 서비스를 만들어내는 것이다. 따라서 애자일 방식은 일하면서 학습하고 학습하면서 일하는 방식이다. 이렇게 애자일 방식으로 일하려면 실패를 통해 학습하는 문화가 필요하다.

구성원들은 모르는 것에 대해서 편안하게 질문하고 필요한 정보를 공유하며 서로 도움을 요청할 수 있어야 한다. 또한 이전에 경험하지 않은 것들도 새롭게 시도할 수 있고 실패를 비난하기보다는 실패를 통해 학습하고 동료들과 함께 문제를 해결해나갈 수 있어야 한다.

하지만 이처럼 실패를 통해서 학습하는 문화를 정착시키는 것은 무척 어렵다. 이를 위해서는 학습하는 문화의 기반이 되는 다섯 가지의 문화를 조성할 필요가 있는데 공동체 의식, 성과책임의 문화, 심리적 안전감, 솔직하고 투명한 문화, 그리고 고객 중심의 문화가 바로 그것이다. 이러한 기반 문화가 갖추어지지 않으면 구성원들이 새로운 것을 시도하고 실패를 통해 학습하는 행동을 기대하기 어렵다. 변화에 민첩한 조직은 개인주의보다는 공동체 의식을 강조하고 보통의 성과가 아닌 최고의 성과를 낼 수 있는 성과책임을 모든 직원에게 강조하고 있다. 또한 어떠한 의견을 내더라도 두려움이 없는, 그리고 실패를 통해서도 학습할 수 있는 심리적 안전감을 촉진한다. 구성원들이 불안감이나 두려움이 없이 전에 없던 새로운 시도를 하고 성과를 극대화하는 데 도움이 되는 어떠한 의견도 스스럼없이 낼 수 있도록 하는 편안한 분위기를 만드는 것이다. 이러한 심리적 안전감에 기초해서 구성원들은 업무 관련 정보를 투명하게 공유하고 필요하다면 서로에게 솔직한 피드백을 주고받는다.

또 하나의 기반문화의 특징은 바로 고객 중심 문화이다. 고객 중심 문화는 애자일 방식의 지향점과도 상통하는데 고객이 원하는 산출물을 내는 것이 최종적인 목적이라는 점에서 특히 그렇다. 아마존 같은 기업들은 현재 자신들이 무엇을 잘하는지는 그리 중요하지 않다. 그보다는 고객이 어떠한 니즈를 가지고 있고 그것을 충족시키기 위해서는 아무리 어렵더라도 필요한 새로운 역량을 갖추어야 한다는 입장이다. 고객 중심 기업의 구성원들은 고객이 무엇을 원한다고 말하기 전에 고객보다 먼저 무엇을 원하는지 생각할 수 있어야 한다.

기존의 전통적인 조직이 변화에 민첩한 조직으로 변화하는 데 필요한 혁신문화를 갖추기 위해서는 리더의 역할이 가장 중요하다. 공동의 목적을 강조하고 중요한 정보를 투명하게 공개해야 한다. 특히 실패를 통한 학습문화가 조성될 수 있도록 구성원들을 안전한 대화의 장으로 초대하고 구성원들의 목소리를 경청하고 의견제시에 감사하는 자세를 보여주어야 한다. 조직의 리더들은 구성원들에게 이러한 가치와 문화의 실천을 강조하면서 스스로 롤모델이 되어야 한다.

:: 전원 리더 체계: 모두가 리더가 된다

변화에 민첩한 조직에서는 리더의 역할도 과거와는 다르게 새롭게 정립되어야 한다. 전통적 조직에서 리더십은 소수의 리더들에게 집중되었으며 리더들은 조직이 부여한 공식적 권한에 의존해서 리더십을 발휘했다. 반면 변화에 민첩한 조직에서는 리더십이 고객과 현장을 가장 잘 알고 있는 조직의 일선으로 분배되고 업무의 성격과 요구되는 전문성에 따라 그 업무나 프로젝트를 가장 잘 리드할 수 있는 사람이 리더의 역할을 담당하게 된다. 변화에 민첩한 조직에서는 중간관리자들이 상부로부터 임명되는 것이 아니라 프로젝트마다 동료들에 의해 추천되거나 스스로 자원할 수도 있다. 여기서 중요한 것은 이렇게 리더십이 현장으로 분배된다고 해서 리더십의 총량이 줄어드는 것이 아니라 조직 전체적으로는 오히려 증가한다는 것이다.

변화에 민첩한 조직에서는 경영진과 중간관리자가 발휘해야 할 리더십이 새롭게 정립될 필요가 있다. 우선 경영진은 일선 현장의 세세한 부분까지 개입하고 의사결정하는 역할보다는 조직이 추구해야 할 더 크고 원대한 목적과 가치를 제시하고 혁신이 촉진될 수 있는 맥락을 조성해야 한다. 경영진은 목적과 가치가 왜 중요한지를 구성원 한 명 한 명과 정렬시키고 구성원들은 이러한 목적과 가치를 가이드로 해서 자율적으로 혁신을 주도한다. 한편, 중간관리자의 역할도 달라져야 한다. 프로젝트 리더 혹은 프로덕트 오너는 본인 스스로 실무자이면서 업무의 진행을 지원하고 이해관계자를 조정하는 역할을 한다. 사실 애자일팀 조직에서 이들을 부를 때는 관리자라는 표현보다는 조정자나 코치라는 표현이 더 적합하다. 이들은 팀원 전체가 업무 로드맵과 추진 계획을 함께 수립하고 공유하도록 촉진하고 주요 이해관계자인 고객, 경영진, 사업 리더 등과 소통하고 조율하는 역할도 담당한다.

변화에 민첩한 조직에서 리더들은 새로운 역할을 하기 위해서 새로운 역량도 필요하다. 특히 불확실하고 복잡한 환경에서는 한두 가지의 장점에 의존한 리더십보다는 그때그때의 상황이 요구하는 리더십을 균형적이고 유연하게 발휘할 수 있어야 한다. 이를 위해서 머리Head 리더십 차원에서는 환경 변화를 신속하게 감지하고 기회를 창출할 수 있는 학습 민첩성과 통찰력을 발휘해야 한다. 가슴Heart 리더십 차원에서는 구성원들과 함께 소통하고 협력하면서 함께 성과를 창출할 수 있는 공감능력과 구성원의 잠재력 실현을 돕는 코칭 능력이 요구된다. 배짱Gut 리더십 차원에서는 자신의 의사결정과 판단에 대한 자신감을 가지고 과감하게 새로운 시도를 하면서 용기를 발휘하고 실패하더라도 역경을 딛고 일어서서 다시 도전하는 회복력을 갖추어야 한다.

::몰입형 인재관리: 사람 중심의 철학으로 몰입을 이끈다

결국 변화에 민첩한 조직을 움직이는 것은 바로 사람이다. 앞서 설명했던 조직구조는 구성원의 마인드와 행동을 지속적으로 강화하는 인프라이지 그 자체가 핵심 원동력은 아니다. 집단지성을 위한 팀워크, 공유 리더십, 그리고 실패를 통해 학습하는 문화는 모두 구성원의 마인드와 행동에서 비롯된다.

사람 중심의 인재관리를 하기 위해서는 예측과 통제 중심의 인사관리에서 구성원의 몰입을 이끌어낼 수 있는 인재관리로 변화할 필요가 있다. 특히 몰입을 이끌어내기 위해서는 기본적으로 구성원들의 ABC, 즉 자율성autonomy, 소속감belonging, 그리고 역량competence 향상과 같은 기본적인 심리동기를 충족시킬 수 있어야 한다. 또한 더 높은 목적의식higher purpose을 공유하면서 구성원들이 개인의 꿈과 조직의 꿈을 일치시키며 스스로 동기부여될 수 있도록 해야 한다.

역량을 갖추고 자신의 역할을 자율적으로 수행할 수 있는 팀원들로 최고의 팀을 구성하기 위해서는 무엇보다 선발이 가장 중요하다. 현재의 전문성뿐만 아니라 변화능력을 함께 고려해서 선발해야 한다. 후보자들이 새로운 것을 학습할 수 있는 민첩성을 갖추고 있는지, 다양한 배경을 가진 사람들과 함께 팀을 이루어서 일할 수 있는지, 그리고 다양한 시각을 포용할 수 있는 다기능을 보유했는지를 확인해보아야 한다.

직원의 성장과 개발 측면에서는 일을 통한 육성이 중요하다. 육성의 주체도 회사나 조직이 아니라 본인 스스로 주도하면서 동료들이 서로의 학습을 돕는 방식employee to employee learning이어야 한다. 교육 자체도 외부 교육보다는 내부 전문가들을 서로 연계해서 하는 실시간 학습이 중요하다. 성과관리제도는 더 이상 등급산정 방식이 아니라 그때 그때 수행한 업무와 구체적 행동에 대해서 서로에게 실시간으로 피드백을 해주고 코칭하는 방식으로 바뀌어야 한다. 동료들의 솔직한 피드백은 스스로를 개발하는 데 더없이 좋은 자원이 된다.

또한 조직 바깥에서 개인적으로 일하는 프리랜서나 전문임시직이 늘어나면서 이러한 외부 노동시장의 인력을 유연하게 활용하는 것도 조직이 변화에 민첩하게 대응하는 방법이다. 실제 PwC와 같은 기업들은 탤런트 익스체인지Talent Exchange라는 이름의 자체적인 외부인재 플랫폼을 운영하면서 회사 내부의 프로젝트팀들과 외부의 프리랜서 전문인력이 장기적 관계를 발전시키면서 협업할 수 있도록 하고 있다.

조직 요소 간에 역동적 안정성을 달성하라

일찍이 조직설계의 세계적 전문가인 제이 갤브레이스Jay Galbraith는 조직설계를 위한 스타모델Star Model을 제시했다.[15] 직원이 몰입하고 조직이 성과를 달성하려면 전략, 조직구조, 프로세스, 인력관리, 그리고 보상 시스템이 상호 정합성을 이루면서 효과적으로 설계되어야 한다는 것이다. 환경 변화가 비교적 안정적인 경우에는 조직이 이러한 정합성을 유지하기가 비교적 쉽고 정합성을 통해 향유할 수 있는 경쟁우위의 지속기간도 길었다. 하지만 환경 변화가 불확실하고 빠르게 진행된다면 조직은 신속하게 변화하면서 새로운 경쟁우위를 지속적으로 창출해야 한다. 변화에 민첩하게 대응하고자 하는 조직에 있어서는 조직을 구성하는 각 요소를 변화시키는 것뿐만 아니라 그러한 모든 요소를 서로 정렬시키는 것도 크나큰 도전이 된다.

특히 조직설계 요소 간의 정합성은 조직을 효과적으로 운영하는 데 핵심이다. 가령 조직구조만 애자일팀의 모습을 갖춘다고 해서 시장이나 고객의 요구를 감지하고 신속하게 대응할 수 있는 조직능력이 저절로 생기지 않는다. 조직을 구성하는 요소들, 즉 조직구조, 조직문화, 리더십, 인재관리 프로그램 간의 정합성이 담보되어야만 비로소 변화에 대한 대응력이 극대화된다. 자율적인 조직구조에 더해서 구성원 모두의 지혜를 활용하는 집단지성도 발휘할 수 있어야 하며 새로운 것을 시도하고 실패를 통해 학습할 수 있는 조직문화도 필요하다. 구성원들이 자율적으로 일할 수 있는 분위기를 형성하는 리더십도 중요하며 인재관리 프로그램은 직원들의 자율성과 몰입을 촉진할 수 있어야 한다.

그러나 정합성은 한편으로는 조직이 변화를 시도하는 데 가장 큰 장애물로 작용하기도 한다. 현재 상태가 바로 조직이 가장 최적화된 정렬일 수 있다. 바로 그 때문에 새로운 변화가 어려워지는 것이다. 이렇듯 정합성은 양면적인 특성이 있다. 현재에는 가장 최적의 효과성을 보장해주지만 미래에는 조직이 변화에 저항하도록 하는 구조적 관성과도 같은 역할을 하게 된다. 해결책은 조직을 이루는 구성 요소를 새로운 경영 환경의 요구나 새로운 비즈니스 모델의 탄생에 따라서 새롭게 정렬하는 '역동적 안정성dynamic stability'을 확보하는 것이다. 변화에 민첩한 조직의 변화 능력은 정태적인 조직을 일회성으로 변화시키는 것이 아니라 지속적으로 조직화하는 것이다.

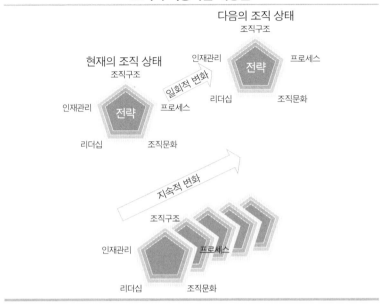

조직의 역동적인 재정렬

변화에 민첩한 조직의 핵심은 바로 '사람'이다

그렇다면 변화에 민첩한 조직은 어떻게 일회적 변화가 아닌 지속적 변화를 이어나갈 수 있을까? 어떻게 해서 조직 능력을 통해 경쟁우위를 지속적으로 창출할 수 있을까? 변화에 민첩한 조직의 가장 큰 특징은 변화에 적응하거나 변화를 주도하는 능력이 조직에 내재되어 있다는 것이다. 즉 과거의 전통적인 조직에서처럼 마치 인간의 뇌와 같은 중앙부에서 변화의 방향을 지시하고 이끌어가는 것이 아니라 구성원들이 마치 자율신경계처럼 자율적으로 필요한 변화를 지속적으로 이끌어 나가는 것이 중요한 것이다. 그러한 측면에서 구성원의 자발적이고 적극적인 참여를 통한 변화가 필수적이다.

사실 애자일 방식이 주장하는 핵심적 철학을 이해하기 위해서는

<h1 align="center">애자일 성명</h1>

우리는 소프트웨어를 개발하고 다른 사람들이 그렇게 하도록 도와줌으로써 소프트웨어 개발의 더 나은 방법을 발견하고 있다.

사람들과 그들의 상호작용이 프로세스나 도구에 우선한다.
작업중인 소프트웨어가 소프트웨어에 대한 완전한 문서보다 우선한다.
고객과의 협업이 계약 협상에 우선한다.
변화에 대응하는 것이 계획을 따르는 것 보다 우선한다.

애자일 소프트웨어의 12가지 원칙

1. 우리의 가장 높은 우선순위는 가치 있는 소프트웨어를 조기에 그리고 지속적으로 고객에 전달함으로써 고객을 만족시키는 것이다.
2. 개발이 막바지에 있을지라도 요구사항의 변화를 환영한다. 애자일 프로세스는 고객의 경쟁우위를 위해서 변화를 적극 활용한다.
3. 작업중인 소프트웨어를 몇 주나 몇 달이든 더 짧은 기간마다 더 자주 고객에게 전달한다.
4. 프로젝트 전체 동안 사업담당자와 개발자는 매일 함께 작업해야 한다.
5. 동기 부여된 개인들을 중심으로 프로젝트를 구축한다. 이러한 개인들에게 그들이 원하는 환경과 지원을 제공하고, 이들이 일을 완수하는 것을 신뢰한다.
6. 개발팀으로 또는 개발팀 내에서 정보를 전달하는 가장 효율적이고 효과적인 방법은 얼굴을 직접 맞대고 이루어지는 대화이다.
7. 작업중인 소프트웨어가 진행상황을 측정하는 가장 중요한 지표이다.
8. 애자일 프로세스는 지속 가능한 개발을 촉진한다. 후원자들, 개발자들, 그리고 사용자들은 정해진 기간 없이 계속 함께 일정한 속도로 보조를 맞추어야 한다.
9. 기술적 우위와 좋은 디자인에 대한 지속적인 관심이 민첩성을 향상시킨다.
10. 완료되지 않은 작업의 양을 극대화하는 기술인 단순성이 필수적이다.
11. 가장 최상의 아키텍처와 요구사항, 그리고 디자인은 자기 조직화팀에서 발현된다.
12. 정기적 간격으로 팀은 어떻게 하면 더 효과적일 수 있는지 성찰하고, 팀 행동을 그러한 방향에 맞게 조정한다.

(출처: https://agilemanifesto.org)

「애자일 성명」을 자세히 살펴볼 필요가 있다.[16] 이것은 2001년에 제프 서덜랜드Jeff Sutherland 등 스크럼 방식의 옹호자들 17명이 미국 유타주의 스노우보드 스키 리조트에 모여 애자일 방식의 가치와 원칙을 정해서 발표한 것이다. 이 성명의 내용을 읽어보면 프로젝트 개발에서 사람과 사람 간의 상호작용이 프로세스나 도구에 우선하며 고객과의 협력과 변화에 대한 대응을 가장 중요하게 생각하고 있음을 알 수 있다. 애자일 성명의 첫 번째 가치에서도 나타나듯이 애자일의 핵심은 사람과 사람들 간의 상호작용이다. 결국 애자일 방식은 공동의 목적을 가진 팀 구성원들이 상호작용을 통해 최상의 목표를 달성하는 팀 스포츠라고 할 수 있다.

기업들이 이러한 방식을 채택하는 것은 점점 더 불확실하고 복잡해지는 환경 변화에 신속하게 대응하려는 목적도 있지만 다양한 지식과 경험을 가진 구성원들의 상호작용을 통해 팀 차원에서 창의성을 발휘하여 고객이 진정으로 원하는 제품과 서비스를 개발하기 위한 것이다. 따라서 빅데이터나 인공지능을 활용한 예측기법이나 다른 기업들이 운영하는 애자일팀의 구조를 도입한다고 해도 통찰력을 가진 리더와 참여적이고 열정적인 구성원을 결코 대체할 수는 없다. 변화에 민첩한 조직의 중심에는 바로 사람이 있다.

생각해볼 질문

- 조직의 전략 수립과 실행 프로세스는 환경의 변화를 반영하고 있는가? 어떠한 새로운 접근이 필요하다고 생각하는가?
- 애자일 조직을 도입하면서 애자일팀이나 애자일 방법론 외에 리더십, 조직문화, 인재관리 프로그램에 대한 변화도 함께 진행하고 있는가?
- 애자일 조직을 도입하면서 궁극적으로 달성하고자 하는 모습은 무엇인가? 특정 조직의 모습인가 아니면 지속적으로 혁신할 수 있는 능력인가?

3장

자율구조
: 스스로 생각하고 행동한다

기업 조직은 모든 직원이 스스로를 '관리자'로 간주하고 자신의 업무와 팀에 대한 책임, 그리고 전체 회사의 성과에 기여하는 모든 책임과 공동체에 대한 사회적 책임을 포함해서 기본적인 관리적 책임을 스스로 받아들일 수 있는 조직을 구축해야 한다.

-피터 드러커

관료제는 인류의 가장 성공적인 발명품 중 하나이다. 관료제의 특징인 위계조직, 공식적 권한, 그리고 일원화된 명령체계 등은 100년이 넘은 현재에도 조직운영의 원칙으로 작동하고 있다. 관료제가 본격적인 도전을 맞은 것은 인터넷 비즈니스와 기술 붐이 일었던 2000년을 전후한 시기이다. 당시 게리 하멜을 필두로 한 많은 경영 사상가들이 관료제의 종말을 예언했다. 하지만 관료제 조직은 그 후로 20여 년이 지난 오늘날에도 여전히 그 건재함을 과시하고 있다.

관료제 조직은 나름의 강점이 있다. 관료제는 조직을 효율적으로 운영할 수 있고 예측가능성이 높으며 기능의 전문성을 유지할 수 있다. 하지만 관료제라는 전통적인 조직구조는 불확실성이 커지고 변화가 빨라질수록 점차 조직의 성공에서 강점보다는 약점으로 작용할 가능성이 높다. 여기서 중요한 근본적 물음은 만약에 변화가 앞으로도 계속 지속된다고 가정했을 때 어떻게 신속하고 유연하게 변화할 수 있는 조직을 갖출 수 있는가이다.

최근 기존의 관료제와 대비되는 홀라크라시Holacracy가 새롭고 대안적인 조직 모델로 많은 관심을 끌고 있다. 온라인으로 신발을 판매하는 기업인 자포스가 운영 중인 홀라크라시는 관료제와는 정반대의 개념으로 보스가 없는 조직이다. 조직의 생성, 소멸, 그리고 업무의 기획부터 실행까지의 모든 의사결정을 팀이 자율적으로 수행한다. 홀라크라시는 여러 수많은 자율관리팀이 느슨하게 연결된 네트워크 조직으로 운영된다. 이러한 자율관리팀 자체는 완전히 새로운 개념은 아니다. 이미 1960년대에 타비스톡 연구소Tavistock Institute의 에릭 트라이스트Eric Trist가 영국의 석탄광산에서 수행한 실험에서 광부들이 자율적으로 조직한 팀들이 생산성을 급격하게 향상시켰다는 사실을 발견했다.[1]

실제 경영 현장에서는 1980년대 말에 스웨덴의 자동차 기업인 볼보에서 자율관리팀을 시행하였다.[2] 볼보는 한 사람이 하나의 과업만 반복해서 수행하는 포드 방식의 조립라인을 버리고 20명 정도의 팀이 각자 여러 과업을 담당하면서 전장이나 엔진을 책임지고 조립하는 방식으로 전환했다. 현장에서 사무직 관리자들을 분리했으며 모든 현장의 의사결정을 경영진과 생산직 직원이 함께 참여하는 공동위원회의 승인을 받도록 했다.

자율관리팀은 그동안 도요타나 GE 등의 기업에서 주로 생산현장에 도입되어 불량률 감소, 운영성과 개선, 생산성 향상 등에서 큰 효과를 보여주었다.[3] 그 뒤에도 자율관리팀은 현대의 계층구조에 대한 반발로 그 필요성이 꾸준히 제기되어 왔다. 게리 하멜은 이미 2011년에 「먼저 모든 관리자를 해고하자First, Let's Fire All The Managers」라는 다소 급진적인 글을 통해서 경영의 가장 큰 비용과 비효율은 바로 다름 아닌 관리자들로부터 발생한다고 지적했다.[4] 관리자들은 일반 직원의 세 배 가까이 되는 인건비 부담도 문제지만 일선의 현실과 가장 먼 거리에 있으면서 의사결정의 품질과 속도를 늦추는 주요 요인이라는 것이다. 특히 관리자들은 기존의 전통적 방식을 고수할 가능성이 높아서 새롭고 참신한 시도 자체를 방해한다.

앞으로의 경영 환경에서 관리계층이 가져올 수 있는 비효율과 위험성은 과거보다 훨씬 더 커질 수밖에 없다. 오늘날 시장 기회에 신속하게 대응하는 것이 갈수록 중요해지는 상황에서 자율관리팀의 필요성은 점점 더 커지고 있다.

홀라크라시 조직의 등장

최근 홀라크라시 조직의 등장으로 자율관리팀에 대한 관심이 높아지고 있다. 홀라크라시 조직은 끊임없이 변화하는 환경에 실시간으로 적응하면서 리더의 하향식 통제가 아닌 동료 대 동료peer-to-peer의 지배구조를 통해 자기조직화의 원칙으로 운영되는 조직이다. 위계조직이 효율, 예측성, 그리고 일관성을 달성하기 위한 조직체계라면 이에 반해 홀라크라시 조직은 끊임없이 변화하는 환경에 실시간으로 대응하기 위한 조직 모델이다. 위계조직이 목표달성을 위해 필요한 업무

위계조직과 홀라크라시 조직 비교

	위계조직	홀라크라시 조직
조직 모델	CEO / 경영진팀 / 중간관리자 / 현장관리자 / 직원	역할 / 슈퍼서클 / 하위서클
조직 구조	• 위계	• 역할·서클
조직의 목적	• 업무와 권한의 분배	• 업무 해결을 위한 역할과 역량의 구조화
조직설계 기본원칙	• 관리와 실행의 책임 분리	• 관리와 실행의 책임 일치
조직을 이끄는 영향력	• 경영진과 관리자	• 동료의 압력과 투명한 규칙
주요 리더십	• 탑다운형	• 공유 또는 분산형
프로세스	• 선형적, 폭포수 방식	• 애자일 방식

를 나누고 권한을 분배하는 것이 목적이라면 홀라크라시 조직은 업무 해결을 위해 필요한 역할과 역량을 신속하게 구조화하는 것이 조직의 목적이 된다. 위계조직은 기성품에 가깝고 홀라크라시 조직은 주문품에 가깝다.

두 조직 모델의 가장 큰 차이는 위계조직은 기획과 실행이 분리되어 리더는 지시하고 구성원을 실행하는 이원화 체계로 운영되는 데 반해서 홀라크라시 조직은 기획과 실행의 주체가 일치되어 서클이라 불리는 팀이 자율적으로 결정해서 실행한다는 점에 있다. 홀라크라시 조직에서는 위계조직과 달리 리더가 따로 있지 않고 과업의 특성에 따라서 리더 역할이 구성원 상호 간에 합의되어 선출된다. 리더 역할은 해당 과업에 대한 전문성을 가지고 있는 직원이 담당한다.

홀라크라시 조직의 기본 단위는 역할이다.[5] 역할이 모여서 서클이

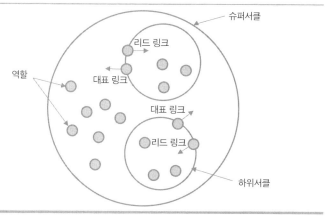

홀라크라시의 서클 구조와 역할

(출처: 브라이언 J. 로버트슨, 2017, 홀라크라시. 홍승현 옮김. 흐름출판)

된다. 서클은 여러 역할이 모인 더 큰 단위의 역할인데 일반 조직의 기본 단위인 팀과는 구분된다. 팀이 사람들이 모인 집단이라면 서클은 사람이 아니라 역할이 모인 집단이다. 조직의 목적을 달성하는 데 필요한 역할이 분명히 정의되면 그 역할에 가장 적합한 사람을 찾아서 배정하게 된다. 역할이 기본 단위이다 보니 한 명이 여러 프로젝트에서 여러 역할을 동시에 담당하기도 한다. 자포스의 홀라크라시에서는 그러한 역할을 표시하고 구분 짓는데 배지badge라고 불리는 상징을 활용하고 있다.[6]

이러한 역할들이 모여서 서클을 이루고 여러 서클들이 모이면 슈퍼 서클로 모이게 된다. 이러한 역할과 서클을 연결하는 것은 링크라는 역할이 담당하는데 링크는 서로 연결된 두 서클 간의 긴장을 처리하거나 필요한 정보를 전달하는 역할을 한다. 리드 링크는 서클 내부를 챙기는 역할로 슈퍼 서클에서 임명한다. 리드 링크는 하위 서클이 슈퍼 서클의 목적, 전략, 그리고 니즈에 기여하도록 만드는 역할을 한다. 대표 링크는 하위 서클의 멤버들이 선출하게 되고 슈퍼 서클 내에서 하위 서클을 대변하는 역할을 한다. 대표 링크는 현장의 피드백을 슈퍼 서클에 전달하며 슈퍼 서클 내에서 하위 서클의 자율성을 보호하는 역할을 한다.

홀라크라시에서의 역할 수행은 기본적으로 자율적이다. 하나 또는 그 이상의 역할을 맡은 서클 구성원은 자신이 생각한 대로 의사결정하고 실행하면서 자신의 역할을 하면 된다. 역할과 여러 역할이 모인 서클은 처음부터 자신이 담당하는 역할과 연계된 다른 역할이나 서클의 니즈를 반영해서 책무와 권한을 명확히 규정한다. 하지만 역할을 수행하는 과정에서 다른 역할이나 서클과의 조율이 필요한 정도의 긴장 상태가 발생하게 마련이다. 이러한 긴장 상태를 정기적으로 해결하는 장치가 바로 거버넌스 미팅과 전술 미팅이다. 앞서 설명한 리드 링크와 대표 링크가 관련된 서클의 거버넌스 미팅과 전술 미팅에 참여해서 자신의 역할을 한다.

전술 미팅은 서클 구성원들이 제한된 시간 안에 신속하게 진행하는 토론을 통해서 운영상에 발생하는 긴장 상태에 대해서 즉시적으로 조치를 결정하는 회의체이다. 통상 매주 또는 격주로 진행된다. 전술 미팅을 통해서 긴장을 해소할 수 없는 경우, 그 긴장은 거버넌스 미팅에서 다루어진다. 거버넌스 미팅은 서클의 방침이나 역할들이 모인 서클의 변화를 통해 역할 수행에서 발생하는 긴장을 해소하는 회의체이다. 보통은 한 달이나 두 달에 한 번씩 열린다. 이 회의체를 통해 현재 운영 중인 역할과 서클을 점검하고 필요하면 새로운 역할을 신설하거나 기존 역할을 확대 또는 폐지하는 의사결정을 한다.

홀라크라시 조직의 가장 큰 장점이라면 언제나 안정 상태에 머물지 않는다는 점이다. 일반 조직은 기본적으로 현재 상태에서 가장 높은 안정성과 효율성을 추구하도록 설계되어 있고 그러한 안정 상태가 필요한 변화를 가로막는 가장 큰 장애물이 된다. 그에 비하면 홀라크라시 조직은 마치 계속적으로 진화하는 유기체와 같다. 거버넌스 미팅을 통해서 서클의 구조와 역할 간의 관계를 끊임없이 새롭게 구성할 수 있다. 이러한 측면에서 홀라크라시는 엄밀히 말해서 정태적 의미의 조직이 아니라 동태적으로 조직화되고 있는 상태에 더 가깝다.

홀라크라시 조직은 자포스가 현재까지도 계속 도입해서 운영하고 있지만 그 외에 성공적인 도입 사례를 찾기가 그리 쉽지는 않다. 미국의 소셜 미디어 플랫폼 기업인 미디엄은 홀라크라시를 도입했다가 몇 년 만에 포기했다. 가장 큰 이유는 여러 팀을 조정하고 각 팀과 역할의 책임을 명시적으로 명문화하는 것이 너무 많은 시간 낭비를 가져왔을 뿐만 아니라 구성원들의 능동적인 태도나 주인의식을 저해했기 때문이다.[7] 홀라크라시는 마치 컴퓨터의 운영체계처럼 가장 효율적으로 운영될 수 있는 자율조직 체계로 개발되어 시도되고 있다. 하지만 이 또한 관료제와 같은 표준화된 조직체계 방식이라는 비판을 받을 수 있다. 서클과 링크, 전술 미팅과 거버넌스 미팅과 같은 조직운영체계와 원칙이 자율적으로 결정되는 것이 아니라 하나의 표준화된 방식으로 주어진다는 점에서 구성원의 주인의식과 주도성을 떨어뜨릴 수 있기 때문이다.

홀라크라시는 자율관리팀 조직의 한 형태로써 아직은 그 실제적 효용성보다는 전통적인 위계조직에 대비되는 자율조직을 대표하는 상징적인 의미와 지향점으로써의 가치가 더 큰 것 같다. 그러면 자율관리팀의 특징에 대해서 더 살펴보도록 하자.

자율관리팀의 특징

자율관리팀에서 팀 구성원은 누군가에 의해 지시받거나 감독받는 것이 아니라 어떠한 업무를 어떻게 수행할지를 팀동료들과 함께 결정하고 실행한다. 이러한 조직운영의 자율성은 팀원들에게 강한 집단적 책임감을 불러일으키고 팀이 성공과 실패로부터 학습하고 실험하면서 새로운 아이디어를 적용하도록 한다. 조직의 자율성은 직원의 동기에도 큰 영향을 준다. 1970년대에 업무 환경과 내적 동기를 연구했던 리처드 해크먼에 따르면 팀원들은 작업 수행하는 방법을 결정할 수 있는 자율성을 부여받을 때 내적으로 동기부여된다.[8]

자율관리팀은 여러 다양한 형태가 있지만 다음과 같은 세 가지의 공통적인 특징이 있다. 첫째, 팀 구성원들이 스스로 팀의 운영 원칙과 규칙을 수립하고 공동의 의사결정을 한다. 민주적이고 참여적인 관리 형태라는 점에서 경영 현장의 민주주의라 할 수 있다. 리더의 선출, 과업을 수행하기 위한 역할 배분, 자원의 확보, 그리고 자율관리팀의 규칙을 생성하거나 개정 및 폐지하는 등의 모든 활동이 팀 자체적으로 수행된다. 자율관리팀 운영으로 잘 알려진 기업이 바로 홀푸드마켓이다. 홀푸드마켓의 각 소매점은 야채, 육류 등의 취급 품목별로 보통 8개에서 10개의 자율관리팀으로 구성되어 있다. 각 팀은 주문 품목, 수량, 가격 책정, 그리고 프로모션 등을 스스로 결정한다.

둘째, 신뢰 기반의 소통이 가능하도록 소규모 단위의 조직을 유지한다. 자율관리팀은 보통 10명 이하의 팀으로 운영되는데 서로 잘 알아야 상호 간 신뢰가 구축되고 상호작용이 원활하기 때문이다. 소규모 조직의 구성원들은 직접 소통하면서 개인적 관계를 형성할 수 있다. 또한 모든 팀원은 비용의 사용, 투자, 그리고 개인의 성과가 팀 전체의 성과에 어떻게 영향을 미치는지 쉽게 알 수 있다. 약 20여 년 전에는 정보기술의 발전으로 관리자 한 명당 관리할 수 있는 직원의 수인 통제 범위가 30명까지도 가능할 것이라는 의견도 있었다.[9] 하지만 정보기술이 가장 발전된 오늘날에도 변화에 민첩한 조직들은 직접적이고 대면적인 관계와 소통을 통한 팀의 신뢰 형성을 중요시한다. 팀의 규모가 커질수록 상호 신뢰를 쌓을 수 있는 대화나 소통의 질을 담보하기가 더 어렵기 때문이다. 실제 이미 오래전부터 여러 기업이 조직을 소규모 단위로 세분화해서 운영해왔다. 미국의 원단 제조 업체 고어는 조직이 일정 규모 이상이 되면 다시 적정 규모로 분할해 소규모의 팀을 지속적으로 유지한다. 또한 온라인 유통 기업인 아마존도 팀원들 간의 정보 공유와 자유로운 토론을 촉진하기 위해서 팀의 규모를 적게 유지하려고 노력한다. 아마존은 소위 피자 두 판팀이라고 해서 피자 두 판을 시켰을 때 실컷 먹을 수 있는 인원인 8명에서 10명 정도의 구성원 수를 유지하고 있다.[10]

셋째, 자율관리팀은 고객의 요청에 대한 대응, 새로운 서비스의 개발 등 전술 변화에 효과적이다.[11] 자율관리팀은 기능횡단적으로 구성되어 사일로가 존재하는 기능조직에 비해 프로세스에 대한 통제가 가능해서 업무 사이클을 신속하게 진행할 수 있다. 고객의 문제를 해결하기 위해 여러 부서를 거치거나 상부의 승인을 기다릴 필요없이 의사결정도 신속하게 할 수 있다.

관료제의 대안인가

이러한 자율관리팀은 변화에 대한 민첩성을 높이고자 하는 조직들에게 좋은 대안이 될 수 있을까? 자율관리팀은 확실히 안정적 환경에 속해 있는 기업보다 제품의 라이프사이클이 더 빠른 환경에 있는 기업에게 더욱 효과적이다. 예를 들어 금융업은 자율적인 조직보다 위계적인 조직이 상대적으로 더 적합할 수 있다. 하지만 전통적인 산업에서도 완전히 새로운 게임의 규칙을 가지고 틈새 시장을 파고드는 추격자 기업들을 생각해보면 적어도 부분적으로는 자율적인 조직을 통한 민첩성은 필요할 수 있다.

자율관리팀을 운영하기 위해서는 조직문화적 성숙도를 갖추는 것이 필요하다. 기존에 명령과 통제 중심의 관료제를 운영해온 기업들이 자기조직화의 원리에 따라 자율적으로 움직이는 자율관리팀을 운영하기는 쉽지 않다. 지금보다 더 많은 의사결정 권한을 현장의 자율관리팀으로 위임하고 상부에 집중된 정보를 투명하게 공개하는 점도 큰 부담이 된다. 각 단위 조직이 자율성을 발휘하면서도 전체로써는 효율적으로 시너지를 낼 수 있도록 하는 것도 신경써야 할 부분이다. 조직 간 협력이 저하되거나 중복 투자나 활동처럼 분권화 조직이 일반적으로 나타내는 부작용도 간과해서는 안 된다.

그러다 보니 관료제냐 아니면 자율관리팀이냐 사이의 양자택일 문제가 아니라 하나의 조직 안에서도 두 가지의 조직 모델을 혼합적으로 운영하는 것에 관한 관심도 높다. 신뢰, 효율, 그리고 안정성이 요구되는 영역에서는 전통적 위계모델이 권장되고 반면 환경에 대한 적응성이 필요한 영역에서는 자기경영조직을 운영하는 하이브리드 모델이 권장되고 있는 것이다. 특히 대기업들은 자율적 조직을 전면적으로까지는 아니더라도 부분적으로는 도입할 필요가 있다는 주장도 제기된다.[12]

다음에서는 기업들은 조직의 민첩성과 변화 대응력을 높이기 위해 어떠한 다양한 조직구조적 대안들을 고려해볼 수 있는지에 대해 살펴보겠다.

자율성과 유연성을 강화하는 조직 형태

전통적인 조직과 변화에 민첩한 조직은 조직을 설계하는 목적 자체가 다르다. 전통적인 조직은 목표와 수행해야 하는 업무가 사전에 정해져 있고 그러한 목표를 달성하기 위해 가장 효율적이고 예측가능한 방식으로 업무와 권한을 분배하는 것이 주요 목적이다. 반면에 애자일팀과 같은 변화에 민첩한 조직은 기존사업의 혁신이든 새로운 사업 기회의 발굴과 개발이든 그때그때 필요한 역할과 역량을 신속하게 동원하고 구조화하는 것이 주요 목적이다. 따라서 전략이 변화함에 따라서 충분히 유연하고 신속하게 변화할 수 있는 조직의 능력이 중요하다.[13]

기업이 조직의 민첩성을 강화하기 위해 채택할 수 있는 조직구조의 선택지들은 몇 가지가 있다. 다음의 그림에서 볼 수 있는 것처럼 조직의 자기 조직화 수준과 조직 구성의 유연성 수준의 측면에서 여러 가지 조직구조 유형을 살펴볼 수 있다. 여기서 자기 조직화의 수준은 사업부나 자율관리팀과 같은 기능횡단적인 조직이 상부의 지시나 승인 없이 자율적으로 구성되고 운영될 수 있는 수준을 의미한다. 또한 유연성의 수준은 단위조직이 기존의 기능적 사일로를 넘어서 얼마나 쉽게 해체되고 다시 생성될 수 있는지의 수준을 나타낸다. 이렇게 볼 때 조직의 모델이 우상단의 방향으로 갈수록 수직적 사일로를 넘어서는

자율성과 유연성을 강화하는 조직 유형

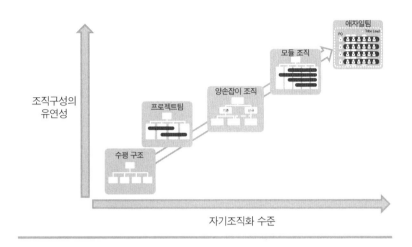

수평적 역량이 강화된다.

　여러 조직 모델 중에 자율성과 유연성의 측면에서 가장 진화된 형태는 진정한 자율관리팀의 형태를 보여주는 애자일팀이다. 반면에 자기 조직화의 수준과 유연성 수준 모두가 상대적으로 낮지만 신속성과 자율성을 강화할 수 있는 옵션에는 조직의 위계를 축소하는 수평구조가 있다. 수평구조와 애자일팀 사이에는 프로젝트팀 조직, 양손잡이 조직, 그리고 모듈조직 등의 다양한 옵션들이 존재한다. 여기서 명심해야 할 점은 변화에 민첩한 조직을 갖추기 위한 조직구조의 대안 중에 가장 최상의 솔루션은 존재하지 않는다는 것이다. 조직의 민첩성을 발휘하기 위해서 애자일팀 구조가 가장 효과적인 구조라고 단언할 수도 없다. 사업이나 운영 모델의 특성이나 조직문화의 성숙도 수준 등 조직이 처한 상황에 따라서 여러 가지 조직구조 옵션들의 효과는 다르다. 그럼 여러 가지 조직의 형태들을 하나씩 살펴보도록 하자.

::수평 조직구조

조직의 민첩성을 높이기 위해 가장 기본적으로 나타나는 조직구조는 바로 조직의 계층을 축소한 수평 구조이다. 수평 구조는 경영진과 직원 사이에 중간 관리계층이 아예 존재하지 않거나 있더라도 몇 개되지 않는 구조이다.

조직계층을 단순화시키는 흐름은 주로 글로벌 기업에서 많이 나타나고 있다. 글로벌 기업들은 최근 한때 유행했던 아시아태평양, 유럽, 미주 등을 중심으로 하는 지역별 본부조직을 폐지하고 사업부별 직접 보고체계를 강화하는 추세이다. 이렇듯 조직의 중간관리계층을 축소하는 시도는 고객이나 시장 상황에 좀 더 가까워짐으로써 의사결정의 신속성과 현장 대응력을 강화하려는 목적이 가장 크다. 한편으로는 사업단위 책임P&L과 성과를 좀 더 세밀하게 관리하고자 하는 시도라고도 볼 수 있다.

수평 조직구조는 상하 간 정보의 흐름이 더 원활하고 의사결정이 신속하게 이루어지는 장점이 있다. 또한 관리자의 수가 감소함에 따

수평 조직구조

라 조직이 세분화되기보다는 통합되는 형태이기 때문에 조직 간 협력이나 수평적 협업이 더 원활해질 수 있다. 또한 수평 조직구조는 계층이 많지 않기 때문에 가능한 모든 구성원이 고객과 현장에 더 가깝게 위치되는 장점도 있다. 경영학자인 에드워드 로울러Edward Lawler 등에 따르면 최고의 조직설계는 가능한 한 많은 구성원이 고객을 포함한 외부환경에 더 직접 접촉하도록 하는 설계이다.[14] 이들은 리더가 외부환경으로부터 2단계 이상으로 분리되지 않는 것을 권장하고 있다.

:: 프로젝트팀 구조

프로젝트팀 구조는 기존의 조직구조를 크게 변화시키지 않으면서 해결해야 할 과제를 중심으로 여러 기능부서의 실무 전문가들로 다기능 팀을 구성한 구조이다. 프로젝트팀은 과거부터 많은 기업들이 조직 내 경영혁신팀이나 신사업개발팀의 형태로 운영해왔다. 하지만 과거와 다른 최근의 트렌드를 보면 앞서 설명했던 프로젝트 조직의 업무방식에 애자일 방식을 도입하여 단기간에 고객 중심의 솔루션을 개발하는 추세이다. 국내에서도 비교적 보수적인 분위기가 강한 금융산업에서 핀테크 등 디지털 혁신의 필요성이 대두되면서 스쿼드, 셀, 랩 등의 다양한 이름을 가진 프로젝트팀을 구성해 환경 변화에 신속하게 대응하고 있다.

신사업 개발과 관련된 프로젝트팀의 형태로는 사내 벤처팀이 있다. 구성원 중에 좋은 사업 아이디어가 있는 경우 회사가 자금이나 인력 등의 지원을 함으로써 조직 안에서 하나의 스타트업 기업처럼 신사업을 개발하는 팀이다. 기존의 조직체계와는 별도로 자율적으로 운영된다.

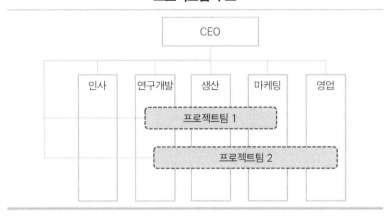

프로젝트팀 구조

프로젝트 조직은 기존의 조직을 그대로 유지하면서 새로운 업무방식을 가진 소규모 프로젝트팀을 추가로 도입할 수 있다는 점에서 효과적이다. 프로젝트팀은 또한 최고경영진에 직접 보고하도록 함으로써 의사결정의 신속성과 조직운영의 유연성을 높일 수 있다. 하지만 전체 조직에서 일부분에만 새로운 업무방식이 도입되다 보니 경영지원 등 기존 조직으로부터 충분한 지원이나 협조를 받지 못하는 어려움도 있다. 전반적인 조직의 권한, 자원, 그리고 인재들이 프로젝트팀이 아닌 기존의 조직에 있기 때문에 프로젝트팀의 성공을 위해서는 권한을 가진 경영진이 자원배분을 적절하게 조율할 수 있어야 한다.

기존의 프로젝트팀 방식은 조직의 생성부터 구성원의 선발을 조직의 상부에서 결정하는 등 여전히 위계조직의 원칙을 따르는 경우가 많다. 그 결과 작업속도, 품질, 의사결정의 신속성 측면에서 기대했던 것보다 민첩성이 떨어지는 경우가 많다. 하지만 자율관리팀의 운영원칙을 잘 지키면서 운영된다면 기존의 위계적 조직과 공존하면서 긍정적 변화를 일으킬 수도 있다. 아예 프로젝트팀의 과제 선정부터 구성원 선발까지의 모든 의사결정을 조직 구성원들의 자율에 맡기는 방식을 통해서 위계조직과 비공식 네트워크라는 두 가지 운영체계를 공존시킬 수도 있다.

변화관리 전문가인 존 코터John Kotter는 기존의 사업에 최적화된 위계조직은 효율성을 그대로 유지하면서 과제 해결을 위해 필요한 부분에서는 조직 내 비공식적 네트워크를 기반으로 자율적으로 전략을 수립하고 실행하는 제2의 운영 시스템을 제안한다.[15] 코터가 주장하는 듀얼 조직운영 방식은 기존의 프로젝트 조직운영과 다소 차이가 있다. 첫째, 이러한 프로젝트팀이 이끄는 변화는 일시적이고 한정적인 것이 아니라 동시적이고 항상적이다. 프로젝트가 완료되었다고 해서 프로젝트팀이 종료되는 것이 아니라 또 다른 변화를 위해서 자율적으로 또 다른 팀이 구성되거나 여러 프로젝트가 동시에 진행되는 것이다. 둘째, 프로젝트팀을 통한 변화는 조직 내 몇몇 소수의 핵심인력만으로 이끌어져서는 안 되고 조직 전반에서 변화를 지지하는 자원군들이 자발적으로 참여하는 형태여야 한다. 이러한 자발적 지원자들은 변화에 기여하는 역할을 하기 위해 자신의 본연의 업무에 더해서 부가적인 업무를 수행해야 함에도 불구하고 기꺼이 프로젝트 업무에 지원할 수 있다. 또한 이러한 자발적인 프로젝트팀을 담당하게 될 리더는 상부에서 임명되는 것이 아니다. 추진 과제와 관련해서 가장 전문성이 있으며 조직 내에서 폭넓은 인맥을 보유하는 자원자가 담당하게 되는데 본인 의지에 의해서 스스로 자원하고 동료들이 합의하여 결정된다. 혁신과 관련된 운영규칙도 팀원들이 모여서 스스로 결정하는 시스템으로 앞서 논의한 자율관리팀과 유사한 운영방식을 가진다.

이러한 이중 관리 시스템dual management system은 하나의 조직에 두

위계와 네트워크를 동시에 활용하는 듀얼 조직운영 시스템

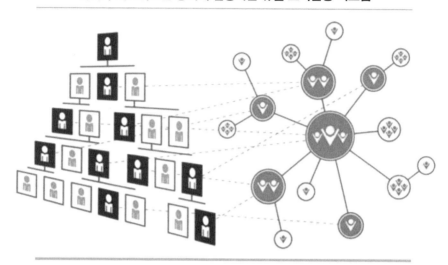

(출처: John P. Kotter, 2014, Accelerate Change. Harvard Business Review Press)

가지 시스템이 존재하고 자발적인 지원자들로 조직의 변화를 일으킨다는 점에서 전통적인 프로젝트팀 운영과는 분명 차이가 있다. 하지만 위계조직을 그대로 유지한 채 자발적인 지원자들의 열정과 에너지를 어떻게 지속적으로 이끌 수 있을지는 풀어야 할 숙제로 보인다.

:: 양손잡이 조직구조

프로젝트팀은 과제가 완료되면 해체되는 임시조직인 경우가 많다. 하지만 기업 조직은 단순히 과제해결을 넘어서 기존 조직의 자원을 활용해서 새로운 사업기회를 발굴하고 신속하게 사업화를 할 수 있어야 한다. 현재 조직의 성공을 이끌고 있는 기술이나 지식이 가까운 미래에는 조직성과에 크게 기여하지 못할 수도 있기 때문이다.

기업은 기존사업과 신규사업 그리고 단기 성과와 장기 성과 사이

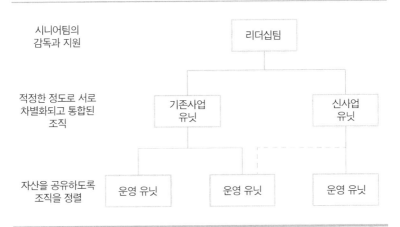

기존사업과 신사업이 공존하는 양손잡이 조직

시니어팀의
감독과 지원

리더십팀

적정한 정도로 서로
차별화되고 통합된
조직

기존사업
유닛

신사업
유닛

자산을 공유하도록
조직을 정렬

운영 유닛

운영 유닛

운영 유닛

(출처: O'Reilly, C. A. & Tushman, M. L, 2015, Lead and Disrupt: How to Solve
the Innovator's Dilemma. Stanford Business Books)

에서 균형을 잘 잡아야만 한다. 위의 그림과 같이 하나의 조직 안에서
기존사업 조직과 신규사업조직을 함께 운영하는 구조를 양손잡이 조
직ambidextrous organization이라고 부른다.

양손잡이 조직의 가장 큰 장점은 기존사업의 효율적 운영을 추구하
면서도 동시에 새로운 사업 기회의 탐색과 혁신을 통해 신규사업을
추진할 수 있다는 것이다. 신규사업 조직과 기존사업 조직은 한 지붕
아래 두 가족처럼 하나의 회사에 속해 있으면서 각각 다른 원칙으로
운영되지만 필요한 기술이나 시장 지식 등의 여러 자원은 공유한다.
그러다 보니 두 조직은 갈등을 겪을 가능성이 높다. 자원과 투자를 제
공하는 기존사업 조직은 신규사업 조직의 성과를 기다리는 인내심을
발휘하기가 어렵다. 두 조직이 서로 다른 조직문화를 유지하는 점도
서로 이해하고 소통하는 데 장애가 될 수 있다. 양손잡이 조직에 대한
그동안의 사례와 연구들은 양손잡이 조직이 성공하기 위한 몇 가지

요인을 제시하고 있다.[16]

첫째, 기존사업 조직인 오른손 조직과 탐색조직인 왼손조직을 구조적으로 분리해야 한다. 신규사업을 기존사업 조직 내부에서 개발할 경우 사업의 경비사용에 대해 통제를 받을 수도 있고 우선순위에서 밀리게 되면서 신속한 의사결정이 어려울 수도 있다.[17] 신규사업이 기존사업과 이질적일수록 더욱 구조적으로 분리하는 것이 필요하다. 사업의 이질성을 판단할 때는 어떤what 사업인지의 내용적 측면도 중요하지만 어떻게how 전달되는지의 방법적 측면도 중요한 고려요소이다. 2000년대를 전후로 새롭게 붐이 일었던 인터넷 비즈니스가 대표적이다. 당시 신문사들은 인터넷 비즈니스를 개발하기 위해서 오프라인의 종이 신문에 더해서 인터넷 신문을 갖추기 위해서 노력했다. 같은 미디어 콘텐츠를 활용하는 비즈니스이지만 각 사업은 완전히 다른 비즈니스 모델, 다른 조직구조, 그리고 다른 인력으로 움직여야 했다. 인터넷 미디어의 내용과 전달방식이 프린트 미디어 방식과는 질적으로 달랐기 때문이다.

둘째, 기존사업과 신규사업의 이질성이 높을수록 각 사업의 다양성을 고려한 인재들이 필요하다. 기존사업에서 성공한 관리자나 리더를 이질성이 높은 신사업에 배치하면 성공할 가능성보다 실패할 가능성이 더 크다. 우선, 요구되는 것과 실제의 전문성이 다르기 때문이다. 기존사업에서 성과를 내면서 성장한 관리자들은 사업을 효율적으로 운영하는 데 강점이 있지만 새로운 사업 아이템을 개발하고 규모를 확대시키는 것은 약점이 될 수 있다. 완전히 새로운 신규사업을 개발하고 관리하는 데도 기존에 익숙한 성숙기업의 사고방식과 관리방법을 적용하기 때문이다.

셋째, CEO나 최고경영진이 양 조직 간에 발생할 수 있는 긴장을 해결하고 자원을 공유하면서 협력할 수 있도록 적극 조율해야 한다. 양손잡이 조직의 가장 큰 장점은 기존사업의 독특한 자산, 브랜드, 유통채널, 기술 노하우 등을 신사업 개발에 활용할 수 있다는 것이다.

앞서 조직이 변화에 저항하는 구조적 관성structural inertia을 살펴본 것처럼 기존사업이 성공적으로 운영되고 성장하는 상황에서 미래가 불확실한 신규사업에 투자하는 것은 여간 힘든 일이 아니다. 이사회를 포함한 최고경영진은 양 조직이 사업은 다르지만 목적과 가치를 공유할 수 있도록 하여 새로운 사업에 필요한 지원을 기존사업 조직에서 이끌어낼 수 있도록 설득하고 신규사업 조직이 새로운 사업추진을 통해 성공적으로 안착할 수 있도록 기다려주고 보호해주어야 한다.

:: 모듈 조직구조

양손잡이 조직에서 더 나아가면 더 많은 사업 단위조직으로 구성된 모듈 조직으로 옮겨간다. 모듈 조직구조는 환경의 요구나 조직의 필요에 따라서 조직을 더욱 쉽게 생성되거나 해체할 수 있는 조직 형태다. 모듈module은 통상적으로 전체 시스템의 구성요소가 될 수 있는 독립적인 단위를 의미한다. 이러한 모듈은 다양한 형태로 결합해서 하나의 시스템이 될 수 있다. 이와 마찬가지로 조직도 작은 단위의 구성요소들로 나뉠 수 있고 다양한 형태로 결합하거나 재결합할 수 있다. 모듈 조직구조를 활용하면 조직이 필요로 할 때마다 고객이나 지역의 다양한 니즈에 맞춤화된 제품이나 서비스를 신속하게 제공할 수 있는 능력을 갖출 수 있다.

재구성 가능 조직

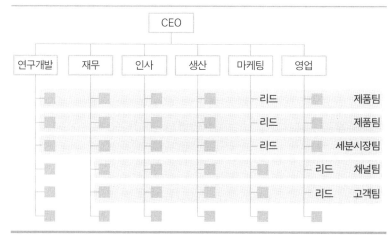

(출처: Galbraith, J. R, 2002, Designing Organizations: An Executive Guide to Strategy, Structure, and Process. Jossey-Bass)

모듈 조직구조에서는 주로 마케팅, 영업, 생산 등의 기능조직이 안 정적인 구조로 본거지와 같은 역할을 하고 제품, 고객 세그먼트, 채 널 등을 중심으로 기능횡단팀이 필요에 따라 생성되거나 소멸된다. 이러한 측면에서 모듈 조직구조를 재구성 가능 조직이라고도 한다.[18] 기능횡단팀은 처음에는 소규모 팀으로 시작하지만 그 규모가 성장 함에 따라 하나의 사업부 단위의 조직으로 규모가 확대되어 운영되 기도 한다.

위 그림에서 볼 수 있는 것처럼 기능횡단팀의 구성은 주로 마케팅 과 영업이 주도가 된다. 특히 여러 기능조직을 연계하는 수평적인 조 직역량이 중요하기 때문에 마케팅과 영업 출신의 임원급이 팀이나 사 업부의 리더 역할을 맡게 된다. 기능횡단팀이나 미니 사업부를 지원 하는 연구개발이나 재무, 인사 등의 기능은 각 팀을 전담해 지원하는 담당자를 두면서 단위조직에 서비스를 제공하는 공유 서비스 센터로

운영되는 경우가 많다. 각 기능횡단팀이나 사업부는 미리 약속된 서비스 계약으로 내부 공유 서비스 센터로부터 경영지원 서비스를 받거나 때로는 필요할 때 외부의 벤더와 직접계약해서 서비스를 이용하기도 한다.

최근 글로벌 기업들은 큰 사업부로 묶여져 있는 조직을 작은 사업단위로 분할하면서 조직의 손익책임단위P&L를 세분화하는 사례를 많이 보여주고 있다. 이를 미세 세분화라고도 한다. 주로 고객이나 제품 중심으로 기존 조직을 세분화해 운영하는데 한 조직 안에 여러 개의 미니 사업부가 존재하는 형태다. 이러한 사업단위 중에는 이미 성숙기에 도달한 사업도 있고 새로운 시장이나 제품으로 신속한 성장을 목표로 하는 사업도 있다. 이러한 모듈 조직구조는 여러 사업단위가 상호 의존적이면서도 독립성을 추구하는 마치 느슨한 연합체와 같은 모습이다.

이처럼 미니 사업부가 유행하게 된 데는 우선 경쟁우위가 오랫동안 지속되기 어렵고 새로운 제품이나 서비스의 신속한 개발이 중요하기 때문이다. 또한 고객 중심의 초점이 강조되면서 모든 세분화된 고객층에게 동등한 관심을 두고 최선의 제품과 서비스를 목표 고객들에게 제공하기 위한 것이다. 예를 들어 과거에 하나의 사업부에서 3개의 제품 혹은 고객군을 담당했다면 그 안에서 제품과 고객의 우선순위가 존재했을 것이다. 하지만 이 사업부가 3개의 미니 사업부로 분할될 경우, 3개의 미니 사업부 각각이 담당하는 제품과 고객이 각 미니 사업부 입장에서는 각각 1순위가 되어 고객과 제품에 대한 초점이 강화된다.

사업부가 미니 사업부와 같은 작은 단위조직으로 세분화되면서 그 미니 사업부를 리드하는 조직장의 권한이 커지고 조직 내 의사결정이나 의사소통이 더욱 신속해진다. 사업부가 세분화될수록 구성원들은 고객과 더 가까워지게 된다. 전사 단위의 핵심가치나 비전이 존재하지만 각 미니 사업부가 처한 고유한 시장환경, 제품특성, 전략적 초점, 그리고 성장단계에 따라서 해당 미니 사업부의 비전과 핵심가치가 별도로 존재하는 등 조직문화적 다양성이 인정된다. 한편으로 보면 이러한 미니 사업부 조직은 기대했던 성과를 내지 못하거나 시장 상황에 따라 고객들에게 충분한 부가가치를 주지 못하는 경우 특정 고객 세그먼트나 제품군에서 철수, 분사, 또는 매각하는 등 사업 구조조정이 쉽다는 점에서 조직 유연성을 높이는 효과도 있다.

하지만 이러한 장점에도 미니 사업부 조직과 같은 모듈구조를 운영하면서 감당해야 하는 비용도 많다. 특히 다수의 단위 조직을 동시에 운영하면서 발생하는 복잡성과 갈등을 해결하는 조정기능이 필요하다. 일반적으로 이러한 모듈조직을 운영하는 기업들은 전사 자원의 배분과 같은 복잡한 이해관계를 조정하기 위해 시장과 가격이라는 메커니즘을 도입해 운영하고 있다. 최근에 중국의 가전업체인 하이얼이 대표적인 사례이다. 하이얼은 전사 조직 내에 약 4,000여 개의 샤오웨이xiaowei, 즉 미니 엔터프라이즈MEs, Mini Enterprises들이 느슨하게 연결된 형태로 운영된다.[19] 이러한 형태로 조직을 변화시킨 가장 큰 배경은 바로 전통적이고 획일화된 조직과 문화로는 혁신적인 기업들과의 경쟁에 취약할 수밖에 없다는 문제의식이 내부에서 크게 대두되었기 때문이다. 이러한 변화의 움직임의 배경에는 사람과 고객의 연결이라는 런단허이人单合一, RenDanHeYi라는 하이얼만의 경영철학이 있다. 여기서 런Ren은 사람, 단Dan은 고객, 그리고 허이HeYi는 사람과 고객의 연결을 의미한다.[20] 내부이든 외부이든 고객과 밀접하게 연계되어서 고객이 원하는 가치를 민첩하게 제공하고자 하는 것이 하이얼의 경영철학이자 조직운영의 원칙이다.

미니 엔터프라이즈는 크게 세 가지 유형이 존재한다. 먼저 약 200여 개에 달하는 '변혁적transforming' 미니 엔터프라이즈들은 시장과 직접 맞닿아 있는 조직으로 냉장고나 TV와 같이 하이얼이 기존에 전통적으로 추구해온 제품 카테고리를 유지하면서도 기존의 비즈니스를 고객 중심으로 새롭게 변화시키거나 새로운 웹 기술과 접목해서 젊은 도시 소비자들을 위한 제품을 창출해낸다. 두 번째로 '인큐베이팅incubating' 미니 엔터프라이즈는 약 50여 개가 존재하며 새로운 시장 수요에 초점을 맞추면서 기존사업의 개선이 아닌 완전히 새로운 비즈니스를 창출하는 조직이다. 세 번째로 '연결기능node' 미니 엔터프라이즈는 가장 많은 3,800여 개 정도로 미니 엔터프라이즈에 연결되어 디자인, 생산, 인사지원 등과 같은 중간 투입물이나 서비스를 제공하는 역할을 하는 조직이다.

하이얼 가전 사업의 미니 엔터프라이즈 조직은 모듈 조직구조 운영의 좋은 사례이다. 가령 젊은 도시 소비자를 대상으로 하는 미니 엔터프라이즈 조직은 조직운영에 필요한 영업, 경영지원, 디자인, 생산 등의 모듈화된 내부 서비스 기능을 연결해서 활용할 수 있을 뿐만 아니라 필요하다면 외부 벤더의 서비스를 연결해서 조직을 운영할 수 있다. 하이얼 조직이 다른 모듈 조직구조나 미니 사업부 조직과 가장 큰 차이점은 바로 자율성에 있다. 하이얼의 미니 엔터프라이즈들은 통제와 명령 중심의 관료제 조직과는 확연히 다른 조직운영 원칙으로 움직인다. 조직 중심부의 지시나 통제를 거의 받지 않으며 자유롭게 형

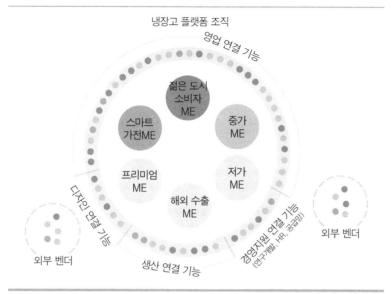

하이얼의 미니 엔터프라이즈 조직

냉장고 플랫폼 조직

영업 연결 기능

젊은 도시 소비자 ME

스마트 가전ME

중가 ME

프리미엄 ME

저가 ME

해외 수출 ME

디자인 연결 기능

경영지원 연결 기능
(연구개발, HR, 공급망)

생산 연결 기능

외부 벤더

외부 벤더

(출처: Hamel, G. & Zanini, M, 2018, The End of Bureaucracy. Harvard Business Review 수정 인용)

성되거나 발전할 수 있다. 다만, 목표설정, 미니 엔터프라이즈 간의 내부적 계약, 팀 중심의 보상원칙, 그리고 단위조직 간의 협업 등과 같은 최소한의 원칙은 함께 공유한다.

하지만 이러한 미니 엔터프라이즈를 운영하는 데는 여러 가지 도전도 존재한다. 먼저 미니 사업부들을 공통으로 지원하는 인사, 재무 등의 경영지원 조직의 업무 부담이 클 수 있다. 특히 기존사업부가 다수의 미니 엔터프라이즈로 세분화되면서 서비스를 제공해야 하는 대상이 증가함에 따라 경영지원 서비스를 제공해야 하는 미니 엔터프라이즈의 우선순위 설정이 어렵고 조정비용이 발생하며 커뮤니케이션 채널도 증가하기 때문이다. 하이얼의 경우 인사, 재무, 디자인 등의 지원조직은 철저하게 시장원리로 운영된다. 즉 내부 고객인 미니 엔터프라이즈의 성공을 효과적으로 지원할 수 있는지에 따라서 계속 협업을 할 수도 있고 그렇지 않을 경우 외부 벤더가 내부 지원조직의 역할을 대신 맡을 수도 있다. 사업에 직접 기여하지 못하는 지원조직은 자연스럽게 도태될 수도 있다는 얘기다. 반면, 미니 엔터프라이즈의 성공과 지원조직의 보상체계가 마치 팀 보상처럼 연계되어 있어 내부 고객의 성공에 기여한다면 성공을 이루어내는 데 함께 기여한 지원조직에도 그에 상응하는 충분한 보상이 주어진다.

모듈 조직구조는 고객 세그먼트나 제품 포트폴리오 등 강화해야 할 영역을 중심으로 조직을 신속하게 재편할 수 있어 기업이 경쟁우위를 지속적이고 신속하게 창출할 수 있는 구조를 갖출 수 있다는 점에서 장점이 있다. 반면에 다수 미니 사업부들이 운영되면서 발생하는 복잡성과 조정 이슈 등은 단점이 될 수 있다. 또한 회계, 재무 프로세스, 정보 시스템 등도 전통적인 방식에서 벗어나 모듈 조직구조의 운영에 방해되지 않고 효율적으로 사업을 지원할 수 있도록 재설계되어야 할 필요도 있다.

:: 애자일팀 조직

애자일팀은 앞서 소개된 자율관리팀의 현대적 형태로써 온라인 스트리밍 뮤직 서비스 기업인 스포티파이, 금융기업인 ING 등이 적극 활용하는 조직 형태이다. 애자일팀은 앞서 설명했던 자율관리팀의 장점을 가장 잘 활용할 수 있는 조직형태다. 애자일팀이 기존의 자율관리팀과 다른 점이 있다면 바로 애자일 방식으로 일하는 데 있다.

이 조직 형태에서 조직운영의 자율성과 유연성은 극대화된다. 애자일팀 조직구조에서는 조직의 해체와 신규 생성이 더 유연해지고 자유로워진다. 즉 새로운 업무가 발생하거나 문제해결이 필요하면 백지 상태에서 새로운 조직을 그리는 것처럼 새로운 애자일팀이 생성되고 또 업무가 완수되면 해체되는 것이 반복된다.

밸브 소프트웨어의 직원 핸드북에는 보스가 없이 일하는 방식에 관한 내용이 있다.[21] 누군가가 좋은 아이디어가 떠오르면 그것을 동료들과 이야기하고 동료들이 관심을 보이면 그것을 함께 작업해서 산출물을 만들어내는 것이다. 즉 구성원들은 커피를 마시면서 대화를 하다가 해결해야 할 문제나 새롭게 개발해야 할 서비스를 발견하게 되고, 그러면 이러한 프로젝트에 관심 있는 사람들이 모여서 팀이 구성되는 것이다. 즉 애자일팀은 조직이 업무에 우선하지 않고 조직보다 업무가 우선이 되어서 조직되는 것이다. 전사적으로 보면 조직 안에 이러한 여러 자율적인 애자일팀들이 네트워크처럼 느슨하게 연결된 형태로 운영된다.

애자일팀 조직은 일반적으로 8명에서 10명 정도의 다양한 분야의 실무 전문가들이 모여 기능횡단적으로 구성된다.[22] 업무 내용이나 일정 등을 팀 전체가 스스로 결정하는 스쿼드가 가장 기본적인 조직 단위이다. 각 스쿼드는 그 자체적으로 구체적인 산출물을 가질 수 있는 하나의 완결된end-to-end 성과 단위이다. 각 스쿼드의 최종 성과에 대한 가시성이 높아 팀원들이 팀의 성공과 실패 여부를 분명히 판단할 수 있다. 따라서 결과로부터 직접적인 피드백을 받을 수 있고 함께 만들어가는 산출물에 대한 가시성도 높아서 책임감과 성취감이 높아지게 된다.

각 스쿼드는 프로덕트 오너가 리더의 역할을 맡지만 지시를 하거나 의사결정을 승인하는 역할이 아니라 팀원 모두가 함께 업무나 과제의

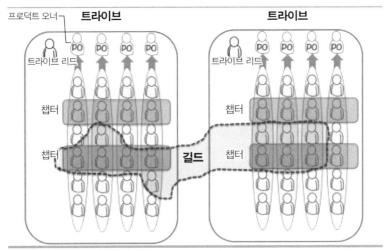

스포티파이의 애자일팀 조직

(출처: Mankins, M. & Garton, E, 2017, Time, Talent, Energy: Overcome Orga-nizational Drag and Unleash Your Team's Productive Power. Harvard Business Review Press)

방향과 방법을 설정하고 일을 나누어서 진행할 수 있도록 지원하고 촉진하는 역할이다.

애자일팀은 마치 소비재 기업의 브랜드 매니저 체계나 자동차 제조사들이 운영하는 프로젝트 매니저 조직과 같이 매트릭스로 움직이는 프로젝트 조직과 유사한 형태를 보인다. 하지만 몇 가지 점에서 전통적인 프로젝트 조직과는 차이가 있다. 가령, 스쿼드를 리드하는 프로덕트 오너는 공식적으로 임명된 리더가 아니며 자연 발생적이면서 비공식적인 특징이 있다. 즉 어떠한 프로젝트를 진행함에서 가장 전문성이 있거나 관련성이 높은 담당자가 프로덕트 오너를 담당할 수 있다. 이러한 특징은 브랜드 매니저나 프로젝트 매니저를 상부에서 공식적으로 임명하는 전통적 매트릭스 조직과는 차이를 나타낸다.

또한 애자일팀은 매트릭스로 움직이는 프로젝트 조직의 경우처럼 기능조직이 중심축이 되면서 PM이 기능조직을 가로질러 수평적으로 영향력을 행사하는 체계로 구성되기보다는 기능횡단적인 프로젝트나 과제가 중심축이 된다. 여러 프로젝트팀에 산재해 있는 기능별 전문가들을 서로 연결해주는 챕터와 같은 수평적 연결기제는 어떠한 공식적 권한으로 행사되기보다는 유사한 분야에 속하는 전문가들의 학습과 역량개발을 촉진하기 위한 비공식적 연결이다. 가령, 하나의 스쿼드가 마케팅, 재무, 영업 등의 구성원으로 구성되면 여러 스쿼드의 팀원으로 활동하는 마케팅 담당자, 재무 담당자, 그리고 영업 담당자 각각이 서로 공통의 기능 분야나 주제를 중심으로 연계되어 전문성을 유지하고 의견을 교환할 수 있다. 이러한 챕터를 이끄는 리더 또한 위계적인 리더가 아니라 본인 스스로도 실무자인 동시에 코치의 역할을 하면서 자신 또한 여러 스쿼드를 옮겨 다닐 수 있다. 서로 관련성이 높은 스쿼드가 모인 단위인 트라이브를 수평적으로 연계하는 메커니즘도 있는데 이를 길드라고 부른다. 이는 챕터보다는 좀 더 상위 범주의 주제와 관련해서 관심 분야를 공유하는 사람들이 모여서 의견을 교환하고 지식을 공유하면서 상호 학습을 하는 일종의 관심 분야 공동체community of interest이다.

애자일팀은 모든 업무 영역에 적합하기보다는 고객에 대한 솔루션을 신속하게 개발해서 전달하는 제품이나 서비스 개발 등에 적합하다. 하지만 고객 중심의 업무를 강화하고자 하는 모든 업무 영역에서 활용될 수도 있다. 인재관리 영역에서도 애자일 조직을 전면적으로 도입한 기업도 있는데 바로 스페인의 다국적 금융기업인 베베우베아BBVA, Banco Bilbao Vizcaya Argentaria이다. 이 기업은 핀테크 등 새로운 경영 환경의 흐름에 대응하고 새로운 경쟁자들에 대항하기 위해서 새로운 일하는 방식이 필요했고 2014년에 애자일 방식을 도입했다.[23] 제품팀과 엔지니어링팀을 기능횡단팀으로 묶어서 2~3주 주기의 스프린트로 일하는 스크럼 방식을 도입한 것이다. 하지만 인사, 재무, 리스크, 법무 등 여전히 많은 경영지원 조직의 직원들은 기존의 전통적 방식을 고수하면서 일하고 있었다. 그러다 보니 애자일팀과 전통적인 조직 간에 마찰이 자주 발생했다.

이러한 상황에서 여전히 전통적으로 남아 있는 조직에도 애자일한 변화가 필요하다는 판단하에 인사부문이 먼저 애자일 조직으로의 변화에 착수했다. 2016년에는 기존의 채용, 보상, 복리후생 등의 기능에 따라 구성된 조직에 프로젝트 기반의 조직을 새롭게 도입했으며 2017년 중반에는 인사부문에 애자일 조직을 전면적으로 도입했다. 기존에 기능식 조직으로 구성되었던 인사부문 조직은 사업부를 지원하는 비즈니스 파트너, 인재관리 영역별 전문가 그룹, 스크럼 방식으로 움직이는 HR 솔루션 그룹, 그리고 도요타의 간반 방식으로 내부 고객에 서비스를 전달하는 직원 경험 그룹의 4개 조직으로 구성해 운영되고 있다.

앞서 설명한 것처럼 애자일팀은 자율관리팀으로 고객 중심의 팀 업무를 계획부터 실행까지 팀 전체가 스스로 자율적으로 결정하여 수행하며 프로젝트나 과제가 완결되면 해체되고, 다시 새로운 프로젝트나 과제를 중심으로 팀이 자유롭게 구성된다. 하지만 팀이 한 번 구성되면 일반적으로는 상대적으로 더 긴 시간 동안 운영되기도 한다. 애자일 방식을 일찍 도입한 마이크로소프트의 개발조직은 한 번 팀이 구성되면 통상적으로 1년 내외 정도 동안 운영하고 있다.[24] 무엇보다 너무 잦은 팀의 재구성이 팀워크를 방해할 수 있고 팀이 팀워크를 구축하고 효과적으로 성과를 내는 데는 어느 정도의 기간이 필요하기 때문이다. 애자일팀이 자율관리의 원칙으로 운영되는 만큼 팀워크가 중요하기 때문이다.

자율적이면서 동시에 통합된 조직의 운영

애자일팀이나 홀라크라시 조직과 같이 지금까지 살펴본 자율구조의 전형적인 모습은 여러 전문가로 구성된 기능횡단팀이 스스로 사업 기회를 적극 발굴해 팀을 구성하고 계획부터 실행까지 자율적으로 결정하고 실행하는 조직이다. 이러한 자율적인 기능횡단팀은 마치 스타트업 조직과도 흡사하다.

여러분들의 조직이 만약 이러한 자율적 단위조직의 형태로 운영된다고 상상해보면 아마도 엄청난 혼란이 일어날 것으로 생각할 수도 있다. 스타트업 조직의 초기 단계와 같이 자율적으로 움직이는 단위 조직들이 수가 많지 않을 때는 그리 큰 문제가 되지는 않을 것이다. 어떤 팀이 어떠한 업무를 하고 있는지에 대해 구성원 모두가 다 잘 알 수 있기 때문이다. 직원 수도 그리 많지 않기 때문에 달성하고자 하는 목표에 대해서도 비교적 잘 공유하고 있는 상태다.

하지만 자율적으로 움직이는 단위조직의 수가 증가하게 되면 여러 가지 문제들이 발생할 수 있다. 가령 다른 팀이 무엇을 하는지 일일이 알기 어렵기 때문에 여러 조직이 비슷한 일을 각각 동시에 중복해서 수행할 수도 있다. 또는 회사의 목적이나 전략에 맞지 않는 일들도 진행될 수 있다. 심지어는 자율적인 단위조직들이 마치 독립적인 부족처럼 각자 자원을 독점하고 서로 적대적으로 대하면서 상호간에 필요한 협력이나 자원의 공유를 방해할 수도 있다. 이처럼 조직 내에서 자율적으로 움직이는 단위조직의 수가 증가하게 되면 단위조직들의 목표, 활동, 그리고 자원배분을 조정할 필요성이 발생하게 된다.

자율관리팀이나 애자일팀과 같은 자율조직을 운영하는 기업들은 단위조직들의 자율성을 촉진하면서도 이러한 단위조직들이 하나의 방향으로 움직일 수 있도록 하는 여러 가지 조치들을 취하고 있다. 이렇게 하는 가장 큰 목적은 조직 내 단위조직들이 각자 자율적으로 움직임으로써 얻을 수 있는 이점과 다수의 단위조직들이 하나의 조직처럼 움직임으로써 얻을 수 있는 이점을 모두 얻고자 하는 것이다.

첫째, 전사적으로 공동의 정체성이나 문화를 형성하도록 촉진한다. 이는 자율적인 단위조직들이 각자 자율적으로 움직이면서도 필요할 때 서로 협력할 수 있도록 하기 위함이다. 가령 비전, 가치, 조직문화를 모든 구성원이 공유하는 것은 자율조직들이 서로 도움이 필요할 때 협력할 수 있고 필요한 자원을 공유할 수 있게 해주는 기반이 된다. 하지만 각 자율적인 단위조직들의 문화적 다양성도 동시에 고려해야 하므로 최소한의 공통적 가치를 형성할 수 있도록 해 문화적 다양성과 일관성의 균형을 맞추는 노력도 필요하다.[25]

둘째, 조직 내에서 진행되는 모든 활동을 투명하게 공유한다. 각 단위조직에서 진행되는 업무의 내용이나 혹은 중요한 프로젝트에 대한 정보 및 데이터가 필요할 때 실시간으로 접근할 수 있다. 따라서 이러한 정보들을 바탕으로 자율적인 단위조직 간 활동의 조정이나 전사차원의 자원배분과 관련해서 필요한 의사결정을 적기에 할 수 있다. 이는 정보 공유가 가능한 데이터 시스템을 활용하고 중요한 경영정보를 투명하게 공유하는 문화를 조성함으로써 가능해진다.[26]

셋째, 자원배분에 권한을 가진 경영진팀은 전사적인 관점에서 자원배분과 투자에 관한 의사결정을 한다. 전사적인 관점에서의 자원배분은 큰 의미를 지닌다. 새로운 사업 기회가 파악되었을 때 기존사업의 자원을 새로운 사업으로 신속히 배분해야 하기 때문이다. 경영진팀은 정기적으로 만나서 자율적인 단위조직들이 진행하는 전체 과제들의 우선순위를 조정하고 전사적으로 중요한 과제에 대한 자원 배분 관련 의사결정을 한다. 경영진팀은 자원배분을 결정할 수 있는 직접적 권한을 가지고 있는 임원들로 구성되어 있다. 그러다 보니 이 자리에서 다른 조직에 대한 자원제공이나 협력에 대한 논의와 의사결정이 바로 신속하게 이루어진다. 예를 들어 IT 분야의 컨설팅 기업인 엑센추어는 각 사업부에서 직접적인 권한을 가진 COO와 CEO들로만 구성된 IT 위원회를 통해 기존의 어플리케이션 중에서 없애야 할 것과 새롭게 투자해야 할 것들의 우선순위를 선정하고 자원 배분을 결정했다.

넷째, 조직 운영에 대한 최소한의 원칙을 공유한다. 예를 들어 앞서 살펴본 중국의 가전업체인 하이얼은 자율적으로 움직이는 다수의 소규모 단위조직들이 느슨하게 연결된 형태로 움직이는 조직이다. 이러한 단위조직들이 자율적으로 움직이되 하나의 조직 안에서 서로 효과적으로 운영될 수 있도록 상호 간의 약속과도 같이 공통의 목표설정이나 신제품 개발 프로세스, 내부 거래를 위한 계약의 조건과 원칙, 단위조직 간 협력 등에 관련된 최소한의 원칙을 전사적으로 공유하고 있다.

이렇듯 자율적 단위조직들의 조정에서 중요한 것은 구체적이고 세세한 절차나 프로세스가 아니다. 그보다는 우선 조직문화 차원에서의 정신적인 정렬이 우선이며 다음은 경영진팀의 전사적 성과에 대한 몰입이다. 원칙적인 차원에서는 최소한의 원칙만을 공통의 언어로써 공유하여 단위조직 간의 일상적 조정이 자율적으로 이루어지도록 한다.

애자일팀은 재즈 밴드 같다

애자일팀 조직의 특징이 각자의 강점을 발휘하면서 서로 소통하고 더 큰 전체를 만들어낸다는 측면에서 보면 여러 가지 면에서 재즈밴드와 비슷하다고 볼 수 있다. 애자일 조직과 재즈밴드는 다음과 같은 공통점이 있다.

첫째, 각자의 전문성과 강점을 최대로 발휘하면서 동시에 전체의 조화를 추구한다. 애자일팀에서의 스쿼드는 여러 업무 전문가들이 모인 팀이고 전문가들은 각자의 전문성을 발휘하면서도 팀워크를 통해 최상의 성과를 내기 위해서 상대방의 의견에 귀를 기울여야만 한다는 점에서 재즈밴드와 유사하다. 재즈밴드 연주에서는 각 악기의 음역대에 따라서 어떤 악기와 함께 연주하느냐에 따라 같은 악기라도 상황에 따라 역할이 달라지기도 한다. 가령, 피아노가 중간 음역대로 연주하고 베이스가 낮은 음역대로 연주한다면 기타는 높은 음역대로 연주하는 것이 전체적으로 조화롭고 곡의 완성도도 높아진다. 또한 똑같은 악기라고 하더라도 곡 전체의 완성도를 높이기 위해서는 세 명의 연주자가 모인 트리오인지, 아니면 네 명이 모인 콰르텟인지에 따라 곡 전체에서의 자신의 역할을 조금씩 바꾸어가야 한다.

둘째, 서로에 대한 이해를 바탕으로 지속적으로 소통한다. 재즈 연주에서 각자가 솔로를 연주할 때는 연주자들 간에 서로 묻고 답하는 대화를 해야 한다. 이 때문에 재즈 연주자들은 자신의 연주뿐 아니라

서로의 연주를 잘 들어야만 한다. 그러기 위해서는 다른 악기에 대해서도 어느 정도 알아야만 한다. 이와 마찬가지로 다양한 분야의 전문가로 구성된 애자일팀의 구성원들은 서로의 소통을 위해서 한 가지 전문 분야에 대한 지식보다는 여러 분야에 대한 지식을 가진 멀티스킬을 보유하는 것이 필요하다. 변화에 민첩한 조직이 T자형 인재를 선호하는 것도 바로 그런 이유다. 재즈 연주자들도 이와 마찬가지로 자신의 전공 악기 외에도 한두 가지 정도의 악기를 더 다룰 수 있는 경우가 많다. 재즈 피아니스트 칙 코리아Chick Corea는 피아노 외에 드럼도 연주할 줄 알며 키스 재릿 트리오Keith Jarrett Trio의 드러머로 유명한 잭 디조넷Jack Dejohnette은 하루 전체 8시간의 연습시간 중에 4시간은 드럼연습을 하고 나머지 4시간은 피아노를 연습하는 데 활용한다고 한다.[27]

셋째, 계획하거나 기대하지 않았던 즉흥성을 발휘한다. 재즈에서의 즉흥연주와 마찬가지로 애자일팀도 즉흥성을 발휘하게 된다. 때로는 그러한 즉흥성이 새로운 비즈니스 모델을 창출하거나 생각지도 않았던 고객의 니즈를 발굴하는 데 도움이 되기도 한다. 이러한 즉흥성은 백지 위에서 생겨나는 것은 아니다. 즉흥성은 연주자들이 최소한의 원칙을 지키면서 평소에 갈고닦은 기량을 사전에 계획하지 않고 발휘할 때 나타난다. 예를 들어 재즈 트리오를 생각해보면 연주자들은 코드 진행을 기본적인 규칙으로 공유하면서 곡을 연주하기 전에 어떤 템포나 느낌으로 연주할지, 각자 몇 마디의 솔로를 할지 등에 대한 최소한의 원칙만을 함께 정한다. 즉흥연주는 이와 같은 최소한의 원칙만 공유하면서 각자의 역량을 발휘함으로써 이루어진다.

넷째, 팀원 서로 간의 호흡을 맞추는 유연성이 필요하다. 재즈밴드의 연주에서는 복잡한 스윙 리듬 속에서도 모든 악기가 서로 박자를 잘 맞추는 것이 중요하다. 하지만 그 박자는 메트로놈과 같은 절대적인 박자가 중요한 것이 아니다. 사람이 연주하는 것이라서 미묘하게 조금씩 빨라지거나 느려질 수 있기 때문에 절대적 박자를 맞추기보다는 서로의 연주 속도에 맞추는 것이 중요하다. 결국 서로의 연주 속도가 박자를 맞추는 메트로놈인 셈이다. 다 같이 보조를 맞추어야 하며 혼자만 박자를 맞추고 있으면 안 된다. 애자일팀에서의 일하는 방식인 스프린트도 그것 자체가 무리한 일정을 준수하게 하는 도구가 되어서는 안 된다. 서로의 업무 상황을 지속적으로 확인하면서 유연성 있게 대처할 필요가 있다.

다섯째, 밴드의 리더 혼자 곡의 전체 분위기를 지배하지 않는다. 역사적으로 마일스 데이비스Miles Davis와 같은 밴드의 리더들은 각 악기 포지션에서 최고의 연주자들로 최고의 팀을 구축했다. 하지만 재즈밴드에서는 밴드의 리더라고 해서 혼자 곡을 지배하거나 독점하지 않는다. 재즈 연주에서는 모두가 솔로 연주를 할 기회를 가진다. 애자일팀이나 자율구조도 마찬가지로 리더 역할을 하는 프로덕트 오너는 지시하거나 감독하는 역할이 아니다. 본인도 실무 전문가이면서 전체팀의 업무가 잘 계획되고 실행될 수 있는 촉진자의 역할을 한다. 재즈 피아니스트 해롤드 매번Harold Mabern은 자신이 가장 좋아했던 밴드 리더 중 한 명인 재즈 트럼펫 연주자 리 모건Lee Morgan을 회상하면서 이렇게 이야기한다. "그는 우리가 음악적으로 성장할 기회를 주었습니다. 그는 우리가 우리의 음악을 연주할 수 있게 해주었습니다. 우리는 그의 곡을 단지 서너 곡 정도만 연주했을 뿐이고 나머지 곡들은 밴드 멤버들인 나의 음악, 빌리 하퍼Billy Harper의 음악, 또는 베니 모핀Bennie

Maupin의 음악이었습니다."[28]

전략은 조직구조를 따른다

'구조는 전략을 따른다Structure follows strategy.' 경영사학자인 알프레드 챈들러Alfred Chandler가 조직의 구조는 기업이 채택한 전략에 따라 달라진다고 주장한 유명한 명제이다. 기술이나 시장환경의 변화에 따라 전략이 바뀌게 되면 그러한 전략을 실행하기 위해 조직구조가 전략에 맞게 결정된다는 것이다. 성장과 다각화 전략에 따라 등장한 사업부제 조직이나 지역구조가 바로 그 예이다.

하지만 경영 환경이 급속하게 변화하면서 이제는 그러한 환경 변화를 제대로 읽고 기회를 포착해서 신속하게 산업을 리드할 수 있도록 작동하는 조직구조가 중요해지고 있다. 현장조직이 자율적으로 움직이면서 고객의 니즈나 시장의 신호를 선제적으로 파악하고 제품이나 서비스의 방향을 결정할 수 있다. 자율적인 조직구조 그 자체가 기업의 다양한 전략과 새로운 기회를 창출하는 원천이 되고 있는 것이다. 바야흐로 전략이 조직구조에 따라 생성될 수 있는 시대가 온 것이다.

이처럼 자율성이 높은 조직에서 새로운 비즈니스 아이디어나 방향성은 리더 한 사람에게 나오는 것이 아니라 구성원들이 모인 팀에게서 나온다. 하지만 구조는 그 자체만으로는 구성원들의 힘과 지혜를 모을 수 없다. 조직이 자율구조를 채택하더라도 모두의 지혜를 모으기 위해서 중요한 것은 그러한 자율구조 안에서 구성원들 간의 상호작용을 효과적으로 촉진하고 적극적 참여를 이끌어내는 것이 중요하다. 그래서 다음 논의는 집단지성의 프로세스로 넘어간다.

생각해볼 질문

- 여러분의 조직은 시장과 환경의 변화에 따라 신속하게 의사결정하고 움직일 수 있는 조직구조를 갖추고 있는가?

- 새로운 사업 기회의 발견이나 전략의 변화에 따라 기존 조직을 해체하고 동시에 인력과 자원을 신속하고 유연하게 동원해서 새로운 조직을 생성하는 조직 능력을 갖추고 있는가?

- 팀 단위 조직이 스스로 팀 목표와 수행업무를 계획하고 실행할 수 있는 충분한 권한과 능력을 가지고 있는가?

4장

집단지성
: 모두의 지혜를 모은다

혁신은 어느 순간 기적처럼 오는 것이 아니다. 꾸준히 협력하는 과
정에서만 나올 수 있는 것이다.

-랜디 넬슨, 전 픽사대학 학장

2000년대 중반 세상의 관심을 끈 전화기가 있었다. 바로 블랙베리
다. 전화기에 쿼티 자판이 장착되어 무선으로 언제 어디서나 이메일
을 확인하고 답장을 할 수 있는 매우 혁신적인 전화기였다. 바로 최초
의 스마트폰을 출시해서 새로운 시장을 창출한 캐나다 기업 리서치인
모션의 이야기다.

리서치인모션은 1984년 캐나다 온타리오주의 워털루에서 컨설팅
사업으로 회사를 시작했다.[1] 이후 영화산업에서 쓰이는 디지털 바코
드 리더기와 무선 호출기를 개발했으며 2003년에는 블랙베리를 출
시했다. 블랙베리는 전세계 언제 어디에서나 이메일을 확인하고 보
낼 수 있는 기능과 탁월한 보안 기능이 큰 장점이었다. 변호사나 컨
설턴트와 같은 전문 서비스업 종사자, 기업의 임원이나 관리자들처

럼 일상 업무에서 이메일을 주고받는 것이 중요했던 기업 고객들이 주요 소비자였다. 당시의 블랙베리는 성공한 비즈니스맨의 상징과도 같았다.

이후에 스마트폰 시장이 본격적으로 열리게 되었고 리서치인모션은 이 시장을 지배했다. 2005년에 13억 달러에 불과했던 매출이 4년 뒤인 2009년에는 약 10배인 110억 달러를 기록할 정도로 가파르게 성장했다. 하지만 경쟁자들은 이 매력적인 시장을 가만히 두지 않았다. 2007년에 애플은 더 진보된 웹 브라우저와 다양한 애플리케이션을 갖춘 아이폰을 출시하면서 스마트폰의 수준을 한 단계 끌어올렸다. 구글도 이에 질세라 자사의 안드로이드 플랫폼을 가지고 곧바로 애플의 뒤를 이어 스마트폰 시장에 진입했다. 2009년까지만 해도 블랙베리의 시장 점유율은 당시 강력한 추격자였던 애플과 삼성보다도 앞서 있었다.

당시 리서치인모션을 이끌던 공동 CEO인 마이크 라자리디스Mike Lazaridis와 짐 발실리Jim Balsillie는 경쟁자들이 자사에 큰 위협이 되지 않는다고 생각했다. 우선 자사의 고객이 애플 등이 목표로 하고 있던 일반 고객이 아니라 주로 기업 고객이기 때문에 큰 위협을 느끼지 않았다. 또한 자사의 고객들이 실제 자판이 아닌 터치 스크린에 있는 자판을 사용하기는 어려울 것으로 생각했다. 이 공동 CEO들은 심지어 아이폰과 안드로이드가 블랙베리의 시장점유율을 계속 잠식하고 있는 와중에도 그 심각성을 단 한 번도 인정하지 않았다. 리서치인모션의 관리자들 또한 아이폰이나 안드로이드 폰이 자사에 그리 큰 위협이 되지 않을 것으로 생각했다. 하지만 아이폰과 안드로이드폰은 일반 고객 시장을 성장시켰을 뿐만 아니라 리서치인모션이 이미 차지하고 있던 기업 고객 시장도 서서히 잠식하기 시작했다. 변화하는 환경에 대한 무관심은 애플이 아이폰에 이어 아이패드를 출시했을 때에도 마찬가지였다.

마침내 리서치인모션이 700억 달러에 달하는 시장가치를 잃고 애플의 아이패드에 대응하기 위해 출시했던 플레이북이 크게 실패한 후에 공동 창업자는 CEO 자리에서 물러났다. 이들은 자신들의 후계자로 내부 최고운영자COO 출신인 토르스텐 하인즈Thorstein Heins를 임명했다. 하인스는 취임 후 처음 가졌던 콘퍼런스콜에서 "그 어떤 급격한 변화가 필요할 것으로 생각하지 않습니다."라고 자신있게 말하면서 앞으로도 기존의 전략을 계속 유지한다는 계획을 발표했다. 그리고 2012년에는 기술적 이슈를 해결하고 빼앗긴 시장을 되찾기 위해서 최고운영책임자로 소니 출신의 크리스티안 테어Kristian Tear와 마케팅 임원으로 스타트업 출신의 프랭크 보울벤Frank Boulben를 영입했다. 이러한 인재 영입에 대해서 당시 토론토 대학교 교수였던 팀 리처드슨Tim Richardson은 한 언론 인터뷰에서 이렇게 말했다.[2] "리서치인모션은 내부자들에게 반대할 수 있을 정도로 진정 강한 누군가가 필요합니다. 경쟁사들을 따라 가서는 안 되고 앞서가야 한다고 말할 수 있는 사람 말입니다. 리서치인모션의 내부자들은 최근 2년간 자신들을 꼼짝 못하게 했던 그 관성에 맞서 싸워야만 합니다."

하인즈는 2012년 말 기울고 있는 회사의 운명을 바꾸어놓기 위해 디자인된 신제품의 론칭 계획을 검토하기 위해서 워털루에 있는 헤드쿼터에서 이사회 구성원들과 앉아 있었다.[3] 하인즈의 무기는 블랙베리 Z10으로 경쟁자인 애플과 삼성이 글로벌 스마트폰 시장에서 자리매김할 수 있도록 해주었던 터치 스크린을 장착한 슬림한 제품이었다. 이사회 구성원 중 한 명이 이 신제품을 보고는 눈살을 찌푸리며 불만을 표시했다. 바로 회사의 공동창업자이면서 이전 공동 CEO였던 라자리디스였다. 이사회가 시작되기 몇 분 전 라자리디스는 새롭게 영입된 임원들인 크리스티안 테어와 프랭크 보울벤과 이야기를 나누었다. 보울벤과 테어는 라자리디스에게 리서치인모션의 상징이기도 한 키보드가 장착된 모바일 전화 시장은 이제 죽었다고 이야기했다. 그러자 이어 진행된 공식적인 이사회 자리에서 라자리디스는 키보드가 있는 블랙베리폰을 가리키며 "나는 이것을 선택하겠다."라고 이야기했다. 라자리디스는 우리의 기업 고객들에게 항상 잘 통했던 제품을 외면하고 올 터치 스크린 방식의 스마트폰을 내놓는 것은 큰 실수라고 이야기하면서 동료 이사들에게 경고했다. 이사 중 몇 명은 이에 동의했다. 이 이사회의 모습은 마치 리서치인모션의 몰락을 예견하는 듯이 보였다.

리서치인모션은 2013년에 사명을 자사의 대표 브랜드인 블랙베리로 변경하고 스마트폰을 중심으로 한 새로운 사업 계획을 발표했다. 하지만 바로 그해부터 사업실적이 곤두박질치기 시작했고 2016년에는 새로운 CEO인 존 첸John Chen이 스마트폰 생산을 전면 중단하고 소프트웨어 서비스 기업으로 탈바꿈시키면서 오늘날까지 그 명맥을 유지하고 있다. 스마트폰 시장을 가장 먼저 개척했고 한때 캐나다의 자부심이자 혁신 아이콘이었던 이 회사는 과거와 같은 영광을 더는 누리지 못하고 있다.

경영학자인 시드니 핑켈스타인Sydney Finkelstein에 따르면 실패하는 CEO들의 가장 큰 문제는 바로 적응력 부족이다.[4] 이들은 이미 성공한 경험이 있기 때문에 자신과 기업이 환경 변화에 잘 적응하고 있다고 착각하고 모든 해답을 자신들의 손에 쥐고 있다고 생각한다. 이 때문에 자신의 의견에 비판적인 사람들을 배척하고 새로운 경쟁자의 출현이나 성공의 장애물을 과소평가한다. 경쟁자의 새로운 등장과 환경 변화의 영향력을 무시했던 CEO들은 내부의 비판적 의견에도 귀를 닫았다. 그리고 그 대가는 너무나 컸다.

한 명의 천재가 중요하지 않다

환경이 비교적 안정적이던 시대에는 똑똑하고 추진력 있는 한두 명의 리더가 조직의 방향을 잘 제시할 수 있었고 성공할 수 있었다. 하지만 환경이 점점 더 복잡해지고 불확실해질수록 한 명의 똑똑한 리더가 조직에 성공을 가져다주기는 점점 어려워지고 있다. 리더 혼자서는 복잡하고 변화하는 모든 상황을 파악하지 못하며 알 수도 없기 때문이다. 변화를 가장 먼저 그리고 가장 잘 알아차리는 사람들은 조직의 중요한 의사결정의 책임을 맡은 리더가 아니라 오히려 일선의 직원들이다.[5] 이러한 이유로 최근에는 다양한 배경과 경험을 가진 여러 구성원이 긴밀한 상호작용을 통해 창의성을 발휘하는 집단지성이 더욱 강조되고 있다. 실제 역사를 되돌아보면 미국 나사NASA의 아폴로 11호의 달착륙을 포함해서 인류가 이루어낸 위대한 업적 뒤에는 언제나 어느 한 개인의 힘이 아니라 조직 구성원들의 힘과 지혜를 모으는 공동 작업이 있었다.

조직의 리더들은 나름대로 각자 자기 분야의 전문가임을 자처하면서 자신들이 조직이 나아가야 할 방향과 해답을 가장 잘 알고 있다고 생각한다. 대부분의 CEO들은 도전적인 목표를 달성해서 성공을 이

룬 사람들이고 능력이 뛰어난 사람들이다. 그들은 자신이 기업과 환경을 잘 알고 있고 또한 통제할 수 있다고 생각한다. 그들의 이러한 자신감은 성공을 이루도록 해주기도 하지만 자신이 이끄는 조직을 완전히 잘못된 길로 이끌 수도 있다. 다양성이 높은 팀의 효과를 연구하는 스콧 페이지Scott Page는 중요한 예측을 해야 할 때일수록 한 명의 사람에게만 의존하지 말고 소규모 그룹에 맡기는 것이 바람직하다고 주장한다.[6] 집단지성의 효과는 소규모 전문가 그룹들이 참여할 때 더욱 커진다. 국내 기업들의 사례들을 보면 대부분의 예측 실패나 의사결정의 실패는 조직 내 다양한 사람들의 의견에 귀를 기울이지 않은 데에서 비롯된 경우가 많다.

갈수록 불확실해지는 앞으로의 세상에서 리더는 모든 해답을 가질 수 없다. 예측하기 어렵고 해결하기 어려운 문제일수록 다수 구성원의 지혜를 모아야 한다. 변화에 민첩하게 대응하고자 하는 조직들은 복잡한 문제를 해결하고 효과적인 의사결정을 위해서 집단지성의 힘을 활용하기 위해서 노력하고 있다. 이 조직들은 일의 방향 설정이나 의사결정을 리더나 관리자에게만 맡기지 않는다. 애자일팀에서 리더와 같은 역할을 하는 프로덕트 오너는 집단 의사결정을 촉진하고 조율하는 입장이지 의사결정자는 아니다. 그 대신 시장과 고객에 대한 지식을 가장 많이 가지고 있는 팀원 모두가 자신의 의견을 제시하고 동료와 토론하면서 업무의 방향과 구체적인 실행방안을 함께 결정하도록 한다.

이렇듯 변화에 기민하게 대응하는 조직들은 다양한 구성원들 간의 유기적인 상호작용을 통해서 아이디어를 발전시키고 효과적이고 신속한 의사결정을 하고 있다. 이제는 리더 한두 명에게만 의존해서는 안 된다. 이를 위해서 구성원 간의 협력은 필수적이다.

집단의사결정은 양날의 검과 같다

앞서 살펴본 애자일팀과 같이 계획과 실행을 팀원들 스스로가 결정하는 자율관리팀에서는 한 개인이 아닌 집단으로 이루어지는 의사결정이 중요하다. 집단 의사결정은 여러 장점을 가지고 있다. 개인보다는 집단으로 의사결정할 때 더 다양한 의견에 대한 검토가 가능하고 새로운 정보를 더 많이 수집할 수 있다. 또한 집단 구성원들이 서로 질문하고 토론하는 상호작용을 통해 더 나은 해결책을 낼 수도 있다. 다양한 전문성을 가진 사람들이 모인 집단이라면 기존의 시각과는 다른 더 다양하고 신선한 시각에서 문제를 바라볼 수 있는 장점도 있다.

여러 사람이 모인 집단이나 팀이라는 맥락에서는 사람들 간의 상호작용과 관계가 아이디어 산출이나 의사결정 과정에 큰 영향을 미치게 된다. 이 때문에 집단은 개인 혼자인 경우보다 더 나은 의사결정을 하기도 하지만 때로는 어리석거나 바보 같은 의사결정을 내리기도 한다. 다음의 에피소드를 살펴보자.[7]

어느 뜨거운 오후 미국 텍사스주 콜맨에 있는 처가를 방문한 한 가족은 집 앞 베란다에서 편안한 자세로 도미노를 즐기고 있었다. 그런데 장인이 북쪽으로 53마일 정도 떨어져 있는 애블린으로 저녁 식사를 가자고 제안했다. 아내는 아버지의 제안에 "멋진 생각이에요."라고 말했다. 남편은 솔직히 장거리 운전에다 날도 더워서 그리 크게 내키지는 않았다. 하지만 자신의 취향이 나머지 가족들과 다를 수도 있겠다고 생각해서 "저도 좋은 생각 같아요. 장모님도 같이 가시면 좋을 텐데."라고 대답했다. 장모는 "나도 물론 가고 싶어. 나는 오랫동안 애블린에 가본 적이 없거든."이라고 말했다.

애블린으로 가는 드라이브는 뜨겁고 먼지도 많았으며 긴 여정이었다. 가족이 긴 여정 끝에 카페테리아에 도착해서 함께 먹은 음식은 그렇게 먼 길을 힘들게 운전까지 해서 가서 먹을 만큼 맛있지는 않았다. 가족은 네 시간이나 걸려 다시 집에 도착했고 모두 지치고 말았다.

가족 중 한 명이 "좋은 여행이었죠? 그렇죠?"라며 다소 퉁명스럽게 말했다. 장모는 실은 오히려 집에 있고 싶었는데 다른 가족 세 명이 너무 가고 싶어하는 것 같아서 함께 따라나섰다고 대답했다. 이에 남편은 "나도 사실 가고 싶지는 않았지만 나머지 식구들을 만족시키기 위해서 갔던 거야."라고 말했다. 아내는 "나는 그저 당신이 행복하기를 원해서 간 것뿐이야. 내가 그런 뜨거운 열기 속으로 나가기를 원했다면 나는 정말 제정신이 아니었겠지."라고 대답했다. 이에 처음 여행 이야기를 꺼냈던 장인은 "나는 식구들이 지루해하는 것 같은 생각이 들어서 가자고 제안했을 뿐인데."라고 말했다.

여러분은 아마 직장에서 그리고 가정에서 이와 비슷한 경험을 적어도 한두 번쯤은 해본 적이 있을 것이다. 우리는 팀이나 가족 등 집단이라는 맥락 속에서 누구도 원하지 않는 의사결정에 마지못해 동의할 때가 있다. 이러한 현상을 애블린 패러독스_{Abilene paradox}라고 한다. 여러 사람으로 구성된 집단이 의사결정을 할 때 다수의 또는 모든 구성원의 선호와는 다른 의사결정을 내리는 현상을 말한다. 각 구성원이 자신의 선호가 집단의 선호와 같지 않고 다를 것이라고 잘못 믿기 때문에 반대 의견을 내지 못하는 것이다. 이것은 집단의 맥락에서 흔히 발생하는 의사소통의 실패 현상인데 집단 전체의 분위기를 흐리거나 비난을 받지 않고자 하는 인간의 욕구에서 비롯되는 것이다.

집단 내에서 다른 사람들과 조화를 유지하고자 하는 심리적인 경향도 비효율적인 의사결정을 초래할 수 있다. 집단사고groupthink가 바로 그런 경우다. 집단사고는 집단 구성원들이 조화나 일치를 추구하다 보니 다른 대안을 고려하지 않고 비합리적인 의사결정을 하게 되는 심리적 현상이다. 사람들은 집단으로 의사결정할 때 반대 의견을 적극 억제함으로써 구성원들 간의 갈등을 최소화하고 다른 대안에 대한 비판적인 평가 없이 합의하려는 성향이 있다.

그렇다면 사람들은 왜 집단이라는 맥락에서 이처럼 어리석은 의사결정을 내리는 것일까? 왜 집단 구성원들은 집단의 의견이 자신의 의견과 다를 때 이견이나 반론을 제기하지 못하고 침묵하는 것일까? 하버드 대학교의 로스쿨 교수인 캐스 선스타인Cass Sunstein에 따르면 여기에는 몇 가지 이유가 있다. 무엇보다도 집단 의사결정 상황에서의 개인의 심리적인 경향성이 영향을 주기 때문이다.[8]

첫째, 집단 상황에서는 다른 사람들의 말과 행동을 통해 전달되는 정보에 압도되는 경우가 많다. 집단의 대다수 사람들이 진실이라고 믿는 것을 진실이라고 생각하는 가능성이 커지는 것이다. 특히 전문가로 평판이 있는 사람이나 조직에서 임원이나 팀장과 같이 영향력이 있는 사람이 결정한 내용에 대해서는 집단의 나머지 구성원들이 그것이 맞는다고 생각할 가능성이 높다. 이렇게 경험이 많고 똑똑한 사람들이 잘못된 의견을 냈을 리가 없다고 생각하는 것이다.

둘째, 반대의견을 냈을 때 받을 수 있는 부정적 대가에 대한 두려움이 너무 크기 때문이다. 집단의 지배적인 견해에 반대의견을 내면 다른 구성원들로부터 반감을 사거나 자신에 대한 좋지 않은 평판이 형성될 것을 두려워하는 것이다. 즉 조직 전체의 성공보다는 전체 분위기에 동조하면서 개인의 자존감을 보호하는 것을 더 우선시하며 침묵하는 것이다.

이러한 집단 의사결정에서 발생할 수 있는 잠재적인 문제점에도 변화에 민첩한 조직들은 집단 의사결정에서 나타날 수 있는 여러 부작용을 최소화하면서 다양한 구성원들의 더 많은 참여를 이끌어내고 구성원 한 명 한 명의 지혜를 모으고 있다.

다양성으로 창의적 마찰을 촉진한다

집단지성은 아이디어 창출과정이나 의사결정 단계에 그저 많은 사람이 참여한다고 해서 발휘되는 것이 아니다. 집단지성을 위해서는 다양한 배경을 가진 사람들이 모여서 다양한 시각을 불어넣는 것이 중요하다. 집단지성은 다양한 사람들이 모여 서로 대화와 토론을 통해서 다양한 아이디어가 경합하는 창의적 마찰creative abrasion을 통해 이루어지기 때문이다.[9] 여기서 중요한 다양성은 성별, 국적, 인종의 다양성이 아니라 바로 인지적 다양성이다.

창의적 마찰을 촉진하기 위해서 변화에 민첩한 조직들은 다양한 관점과 시각이 상호작용을 해 아이디어 도출과 의사결정 단계에서 시너지를 낼 수 있도록 다양성을 고려해서 팀을 조직한다. 비슷한 전문가들끼리 모이면 한정된 지식과 경험에 매몰되어 새로운 관점을 가지지 못하기 때문이다. 심리학 분야의 연구에서도 복잡하고 예측할 수 없는 문제를 풀어야 하는 경우에는 지식이나 세상을 바라보는 시각이 다른 사람들로 구성된 집단이 효과적인 것으로 알려져 있다. 따라서 팀의 다양성을 확보하는 것이 팀의 집단지성을 발휘할 수 있도록 하는 출발점이 된다.

다양성이 높은 팀을 구성하는 방법으로는 세 가지가 있다. 첫째, 팀을 기능횡단적으로 구성하는 방식이 있다. 가령, 기술적인 과제를 해결함에서도 팀을 기술 전문가로만 구성해서 진행하지 않고 마케팅이나 영업 등 다양한 분야의 출신들과 함께 팀을 구성하면 이들이 새로운 관점을 가져와서 서로의 아이디어가 자극되어 발전될 수 있다. 다양성이 높은 팀은 또한 집단사고가 발생할 위험을 줄이는 효과도 있다.

둘째, 조직의 내부 인력과는 다른 관점과 경험을 가진 외부 인재들을 영입하는 방식이다. 사람은 자신과 비슷한 성향의 사람들과 어울릴 때 편안함을 느끼기 때문에 동질적인 사람들이 모이면 창의적인 마찰보다는 동조나 타협이나 순응이 일어나기 쉽다. 또한 새로운 인재를 선발할 경우에도 자신들과 동질적인 사람들을 선발할 가능성이 높다. 반면 외부 인재들은 내부 인재들이 당연시하거나 서로 간에 동조나 순응을 협력이나 조직에 대한 충성으로 생각하는 내부인들에게 신선한 시각을 제공해줄 수 있다. 이 방법에서 중요한 것은 외부인재를 영입할 때는 충분한 수의 인재들을 영입해야 한다는 것이다. 한두 명의 외부 인재들로는 이들의 아이디어에 영향력을 불어넣을 수 없고 소수의 외부 인재들은 조직에 안착하기도 어렵다.

셋째, 다양한 외부 사람들을 팀의 창의적 과정에 초대하는 것이다. 조직 외부의 전문가나 심지어 고객으로부터 다양한 시각의 피드백이나 아이디어를 듣고 이를 수용하는 것이다. 조직 내부에서 해당 의사결정 사안과 직접 관련되지 않은 리더나 구성원들을 초대하는 방법도 있다. 구글 벤처스에서 진행하는 5일간의 집중적인 아이디어 개발 방법론인 스프린트에서도 스프린트 초기에 내외부 전문가의 의견을 청취하는 과정을 별도로 가질 것을 권장하고 있다.[10]

팀이 다양성을 우선 확보하게 되면 이제 최대한 많은 수의 다양한 아이디어를 생각하도록 하는 아이디어 발산 프로세스와 다양한 아이디어를 가지고 대화와 토론을 통해 창의적 마찰을 일으켜 최적의 대안을 선정하는 수렴 프로세스로 이어지게 된다. 창의적인 아이디어들이 많이 나올 수 있도록 하는 발산 프로세스에 대해서 우선 살펴본다.

아이디어를 함께 발전시킨다

집단의 힘은 혼자서 생각할 수 없는 혁신적인 아이디어를 만든다는데 있다. 여기서 혁신에 대해서 잠깐 생각해볼 필요가 있다. 많은 사람이 혁신은 완전히 새롭거나 대단한 것으로 생각한다. 하지만 우리가 애자일 방식에서 본 것처럼 혁신은 팀원들이 여러 가지를 새롭게 시도해보면서 점진적으로 새로운 아이디어를 만들어가는 과정에서 탄생한다. 넷플릭스나 픽사 등의 기업들도 구성원 모두가 지혜를 모아서 점진적으로 혁신적인 결과를 만들어내기 위해서 노력한다.[11] 픽사가 과거에 성공한 작품보다 더 나은 애니메이션을 만들기 위해서 여러 구성원의 아이디어를 하나씩 더해가면서 더 나은 작품으로 발전시키는 플러싱plussing이란 방법을 사용하는 것도 바로 이런 이유다. 그렇다면 변화에 민첩한 조직들은 다수의 지혜를 모아 문제해결을 보

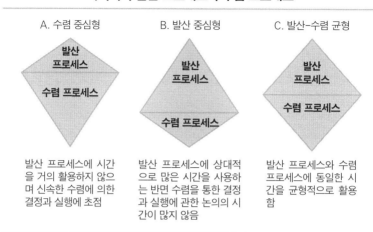

아이디어 발산 프로세스와 수렴 프로세스

A. 수렴 중심형

발산 프로세스 / 수렴 프로세스

발산 프로세스에 시간을 거의 활용하지 않으며 신속한 수렴에 의한 결정과 실행에 초점

B. 발산 중심형

발산 프로세스 / 수렴 프로세스

발산 프로세스에 상대적으로 많은 시간을 사용하는 반면 수렴을 통한 결정과 실행에 관한 논의의 시간이 많지 않음

C. 발산-수렴 균형

발산 프로세스 / 수렴 프로세스

발산 프로세스와 수렴 프로세스에 동일한 시간을 균형적으로 활용함

(출처: Leonard, D. & Swap, W, 1999, When Sparks Fly: Igniting Creativity in Groups. Harvard Business School Press)

다 효과적으로 하기 위해서 어떠한 노력을 하고 있을까?

첫째, 문제해결을 위한 아이디어를 생각하는 단계에서 많은 시간을 활용한다. 위의 그림에서 볼 수 있는 것처럼 최종적인 대안을 선택하기 전에 더 많은 가능한 해결책을 생각하도록 하기 위해서 잠재적인 해결책을 생각하는 발산 프로세스와 해결책을 결정하는 수렴 프로세스를 이원화해서 진행한다. 선스타인에 따르면 많은 조직들이 집단의사결정에서 실패하는 이유는 빠른 결론에 도달하기 위한 조급함에 사로잡혀서 두 단계를 한꺼번에 진행함으로써 여러 잠재적인 해결책을 다양하고 폭넓게 볼 기회를 놓쳐버리기 때문이다.[12]

이 밖에도 다음과 같은 요소들이 창의적이기보다는 성급한 합의를 이끌어내도록 한다.

• 마감 시간의 압박

- 지나치게 지시적이거나 자신의 결단력을 중요시하는 리더
- 외부의 의견이 반영되지 않는 고립된 팀 분위기
- 집단 구성원의 친숙함과 응집력
- 부적절한 집단 내의 규범 ("너나 잘해라." "상사에게는 반박하면 안 된다." 등)

넷플릭스도 의사결정을 할 때 처음에는 창의력을 발휘해서 다양한 옵션과 아이디어를 생각해볼 수 있도록 시간을 충분히 가지도록 하고 있고 그다음에 해결책을 선택하는 과정에서는 장기적인 관점에서 신중하게 판단하는 단계로 이동한다.[13] 특히 창의적인 아이디어를 많이 창출하는 것이 중요하다면 아이디어 수렴을 통한 의사결정 단계보다는 아이디어를 도출하는 단계에 더 많은 시간을 할애해야 한다.

둘째, 모든 다양한 의견을 존중하고 어떠한 의견에 대해서도 개방적인 분위기를 조성한다. 팀의 아이디어 도출 단계에서는 상대방이 낸 아이디어에 대한 비판은 허용되지 않는다. 다양한 아이디어를 도출하는 기법으로 많이 쓰이는 것이 바로 브레인스토밍이다. 글로벌 광고회사인 BBDO의 창업자 알렉스 오스본Alex Osborn이 브레인스토밍이란 방법을 생각해낸 것은 아이디어를 도출할 때 나올 수 있는 비판적 목소리가 창의적인 아이디어의 발상을 가로막는다고 생각했기 때문이다.[14] 비판이나 분석은 최종적인 대안을 선택하는 단계로 미루어도 된다는 것이다. 하지만 브레인스토밍을 제대로 실행하기는 쉽지 않다. 많은 기업이 아이디어를 내는 과정에서 상대방의 아이디어 제안에 대해서 "그것은 내가 해봤는데 안 돼."와 같은 비판과 판단을 함으로써 더 많은 아이디어가 나오는 것을 방해한다. 이러한 비판적

분위기를 방지하기 위해서 픽사는 즉흥극에서 차용한 '네 그리고Yes AND'의 대화를 활용하기도 한다.[15] '네 그리고'의 원칙은 일단 상대방의 의견을 비판하지 않고 긍정하면서 성공을 위한 의견을 덧붙여가는 대화 방식이다.

셋째, 리더는 구성원들이 끊임없이 새로운 시각에서 사고해볼 수 있도록 질문을 통해서 창의성을 자극한다. 직원의 학습과 창의적 사고를 자극할 수 있도록 리더가 "어떠한 다른 대안을 고려해보았습니까?" 혹은 "전제가 무엇인가요?" 등을 질문하는 것도 하나의 방법이 된다. 리더 본인이 해결책을 내놓기보다는 직원들에게 "~에 대해서 어떻게 생각합니까?"라고 질문하는 것도 창의적인 생각을 자극하는 방법이다.

넷째, 구성원들이 자주 만나서 대화하고 토론할 수 있도록 공식적이거나 비공식적인 상호작용의 장을 마련한다. 일반적으로 프로젝트팀 구성원들은 정기적인 회의체에서 프로젝트의 진행과정을 함께 검토하고 중요한 문제를 토론한다. 애자일 방법론에서도 매일 오전 15분 내로 진행하는 스탠드업 미팅daily stand up meeting을 강조한다. 이 미팅을 통해서 업무 진행 상황과 이슈 등과 관련된 이야기를 팀원들 간에 자유롭게 주고받을 수 있다. 집단지성을 발휘하는 대표적인 기업으로 꼽히는 픽사는 '일일 점검회의dailies'를 통해 창작, 기술, 사업 분야 등 다양한 업무를 담당하는 구성원들이 진행과정을 함께 점검하고 자유롭게 상호 피드백을 주는 회의체를 운영하고 있다. 또한 브레인 트러스트Brain Trust를 통해서 조직 내에서도 특히 전문성과 경험이 탁월한 감독들로 위원회를 구성해서 어려운 문제를 해결하거나 더 나은 작품을 만들기 위한 창의적 아이디어를 촉진하기도 한다.[16] 픽사는 다른 스튜디오들과 가장 차별화되는 점은 바로 모든 계층의 구성원들이 서로 지지하고 돕는 데 있다고 말한다.[17] 브레인 트러스트는 감독과 프로듀서가 도움이 필요할 경우 소집하게 되는데 모든 참가자는 어떻게 하면 영화를 더 잘 만들 수 있는지에 대해서 두 시간 동안 활발하게 토론한다. 그 과정에서 비판적인 의견들도 오고가게 되는데 그만큼 참가자들 서로가 신뢰하고 존중한다는 것을 보여준다.

이 밖에도 직원들이 아이디어에 대해 자유롭게 토론하고 경계를 넘어 소통할 수 있도록 하는 다양한 열린 공간을 제공하고 있다. 온라인 뮤직 스트리밍 서비스 기업인 스포티파이는 업무시간 중에 오전과 오후에 한 번씩 스웨덴어로 커피를 뜻하는 피카Fika라는 휴식시간을 갖는데 업무에서 잠시 벗어나 동료와 비공식적으로 만나서 신뢰를 쌓는 시간이 된다.[18] 피카는 때로는 동료 간에 공통으로 가지고 있는 업무상의 문제에 관해서 이야기하는 기회가 되기도 한다.

자율과 협력으로 함께 의사결정한다

자유롭고 개방적인 분위기에서 구성원들이 많은 창의적인 아이디어들을 제안했다면 이제는 이러한 아이디어들을 가지고 대화와 토론을 통해 최적의 대안으로 수렴하는 단계로 넘어간다. 앞서 3장의 자율구조에서 살펴보았듯이 변화에 민첩한 기업들은 과제나 업무를 중심으로 다양한 분야의 전문가들로 구성된 소규모의 팀을 조직의 기본구조로 운영하고 있다. 소규모 팀은 팀원들이 집단지성을 발휘하는 데 많은 장점을 가지고 있다. 10명 이하의 소규모팀은 구성원 모두가 자신의 목소리를 낼 수 있는 환경을 제공하며 다양하게 구성된 팀은 구성원 각자가 새로운 시각을 제공하여 창의적인 아이디어의 개발을 돕는다.

집단으로 의사결정을 할 때는 다수결로만 합의에 이르거나 타협된 안에 만족하지 않는다. 그보다는 관련된 모든 구성원의 의견을 취합하고 소수의 의견도 존중한다. 물론 다수결 원칙은 민주사회에서 구성원들의 의견을 취합하는 좋은 방법 중 하나다. 하지만 소규모이면서 다양성이 높은 팀은 의사결정 과정에서도 모든 사람들의 의견에 귀를 기울일 수 있는 좋은 기회를 제공한다.

변화에 민첩한 조직들은 여러 구성원의 의견을 수렴해서 집단으로 의사결정하는 과정에서 구성원들의 협력만을 요구하는 것은 아니다. 그보다는 자율과 협력이 공존하는 분위기를 만든다. 집단 의사결정의 장면에서 모든 참가자가 자신이 생각하는 의견을 자유롭게 내는 것은 더 나은 성과를 만드는 데 기여하기 위한 협력적 행동이다. 한편으로 아젠다의 소유자는 상대방의 의견을 경청하지만 모든 의견을 반영해서 의사결정을 하는 것은 아니다. 상대방의 진심 어린 조언과 피드백을 듣되, 그것을 채택하거나 자신의 주장에 통합하는 것은 아젠다를 소유한 사람의 자유이다.

조직 전문가인 프레데릭 라루Frederic Laloux는 이러한 의사결정 방식을 위계적인 의사결정과 합의에 의한 의사결정과 대비시켜 조언 프로세스advice process라고 부르고 있다.[19] 위계적 의사결정은 전통적 조직에서 나타나는 가장 보편적인 의사결정 프로세스로 공식적 권한을 가진 사람이 결정하는 방식이다. 한편, 합의에 의한 의사결정은 모든 사람의 의견을 반영하여 콘센서스를 이루는 것으로 실제로 완전한 합의에 도달하기 어렵고 시간도 오래 걸리며 책임감이 희석되는 약점도

집단 상황에서의 의사결정 유형

	위계적 의사결정 ←	조언적 의사결정 →	합의적 의사결정
주체	• 조직 위계에서 공식적 권한을 가진 사람	• 의사결정 사안과 직접 관련된 실무자 또는 리더	• 의사결정 사안의 영향을 받는 집단 전체
방식	• 스스로의 분석과 판단으로 결정 • 다른 의견을 경청하거나 대립되는 관점을 통합할 필요가 없음	• 다양한 구성원의 조언과 의견을 청취하되 자율적 결정 • 다른 사람의 의견을 참고하여 도움이 되는 내용을 통합할 수 있음	• 모든 사람의 의견을 청취하고 반영하여 통합적 합의 도출
책임 소재	• 공식적 권한을 가진 의사결정자	• 의사결정자	• 집단 전체의 공동 책임
특징	• 신속한 의사결정 가능 • 다양한 의견을 청취하는 기회가 부족	• 자율과 협력의 균형 • 집단지성을 활용한 다양한 의견 청취의 기회 • 의사결정자의 책임의식 강화	• 의사결정 사안에 대한 전체의 몰입이 높음 • 시간이 오래 걸림 • 책임감 희석

(출처: 프데데릭 라루, 2016, 조직의 재창조. 박래효 옮김. 생각사랑 수정 인용)

가지고 있다. 반면에 조언 프로세스에서 의사결정자는 그 결정으로 인해 영향을 받는 이해관계자들과 그 문제를 잘 아는 전문가들로부터 조언을 구한다. 하지만 의사결정자는 관계자들로부터 의견이나 조언을 충분히 듣고 신중히 고려하되, 그러한 의견을 채택하거나 통합할지는 자율적으로 결정한다. 조언 프로세스 방식에서는 CEO를 포함해서 지위고하를 막론하고 그 누구도 의사결정자에게 권력을 행사하거나 자신의 의견을 타인에게 강제할 수 없다.

픽사의 브레인 트러스트가 이러한 조언 프로세스와 유사한 경우다. 브레인 트러스트에 참여하는 감독들은 더 나은 작품을 만들기 위해서 자신의 경험과 전문성을 기반으로 자유롭게 의견을 낸다. 하지만 그러한 아이디어나 의견을 채택하는 것은 해당 작품을 직접 제작하는 감독 당사자의 자유다. 브레인 트러스트의 기본 원칙은 그 누구도 해결책을 지시할 수 없다는 것이다.

조언 프로세스를 통한 집단 의사결정에서는 소수 의견도 기존의 지배적인 대안에 충분히 반대할 만한 근거나 논리를 갖추고 있다면 의사결정자로 하여금 다시 생각해볼 좋은 기회를 제공한다. 가령 넷플릭스에서는 만약에 누군가가 동의하지 않고 사실에 근거해서 의견을 내면 바로 의사결정을 내리기보다는 그 의견을 재검토한다.[20]

하지만 다양한 시각과 지식으로부터 나온 다양한 아이디어들을 가지고 모두가 공감하고 몰입할 수 있는 최적의 대안을 선정하는 과정은 그리 쉽지 않다. 그렇다면 변화에 민첩한 조직들은 다양한 의견을 수렴하여 집단 의사결정을 효과적으로 하기 위해서 무엇을 잘하고 있는 것일까?

첫째, 의사결정의 기준 측면에서 분명하고 구체적인 가치, 미션, 그리고 목표를 모든 구성원이 공유하고 있다. 회사가 추구하는 가치나 미션만큼 무엇이 중요하고 무엇이 옳은지에 대한 좋은 판단기준이 되는 것은 없다. 미션이나 목표는 팀 구성원들 모두가 각자 다양한 시각을 가지고 있더라도 달성하고자 하는 목표를 하나로 통합시켜주는 효과가 있다. 아마존에서는 고객의 니즈를 충족시키고 고객에 대한 약속을 지키는 것이 중요한 회사의 가치이다. 이와 관련된 흥미로운 일화가 있다.[21] 아마존은 크리스마스 시즌에 분홍색 아이팟 4,000대를 고객들로부터 주문을 받았는데 제품 공급처인 애플사의 내부 문제로 상품을 준비할 수가 없어서 크리스마스 시즌까지 주문한 고객에게 배송할 수가 없게 되었다. 이런 경우 국내의 온라인 소매업체들은 단순히 상품 부족으로 인한 품절로 처리하고 주문했던 고객에게 주문취소를 통보하고 사과를 하는 선에서 마무리할 것이다. 하지만 아마존에서는 고객에 대한 약속을 지키지 못하는 것은 절대 있을 수 없는 일이었다. 아마존의 직원들은 소매업체를 뒤져서 4,000대의 분홍색 아이팟을 정가로 구매한 후에 주문한 고객에게 전량 배송했다. 아마존은 당장 손해를 봤지만 최적의 의사결정을 하고 이를 통해 고객과의 약속도 지키고 스스로에 대한 약속도 지킬 수 있었다. 기업들은 여기서 더 나아가면 의사결정을 가이드하는 구체적인 목표나 우선순위를 제시해줄 수도 있다. 가령 새롭게 출시할 상품이나 서비스의 가격을 특정 범위에 들어오도록 하거나 개발비용을 절감하는 목표를 정해주는 식으로 한계를 정해줌으로써 팀 구성원들이 같은 목표를 향해 함께 의사결정을 할 수 있도록 한다.

둘째, 다양한 시각을 가진 구성원들이 공통의 구심점을 가지고 토론하거나 서로의 입장을 이해하도록 하는 방식으로 의견수렴을 돕는다. 가령, 달성하고자 하는 최종 목표가 완성되기 전의 원시적 형태인 시제품prototype을 신속하게 만들어서 의사결정을 위한 토론을 촉진할 수 있다.[22] 다양한 배경과 전문성을 가진 사람들이 모여서 서로 이해하기 어려운 전문용어로 커뮤니케이션하는 것은 집단 의사결정의 과정을 아주 힘들게 만들 수도 있다. 실물과 같은 모형mockup이나 시뮬레이션 형태의 시안은 구성원들이 같은 눈높이에서 수정할 사항이나 실제 달성해야 할 목표를 미리 생각해보는 데 도움을 준다. 구글 벤처스의 스프린트 방법론에서도 고객의 실제 피드백을 받기 위해 준비하는 시제품은 외양이 중요하다고 강조한다.[23] 완제품과 비슷한 외양만 만들어도 고객들로부터 더 실제적인 피드백을 받을 수 있고 무엇인가를 배울 기회를 얻을 수 있다는 것이다. 온라인 뮤직 스트리밍 기업인 스포티파이에서는 린스타트업 방식으로 제품을 개발하거나 개선하고 있다. 제품의 새로운 사양이나 기능을 추가할 때는 모든 팀원에게 새로운 사양이 어떤 느낌일지에 대한 감을 제공하고 고객들이 이에 어떻게 반응할지를 알아보기 위해 시제품을 먼저 제작한다.[24]

서로의 입장을 이해하도록 돕는 방식으로는 역할을 바꾸어 진행하는 토론도 있다. 쉽게 이야기해서 논쟁으로 대립하는 당사자들이 서로의 입장으로 역할을 바꾸어서 토론하는 방식이다. 서로 상대방의 입장이 되어보면서 자신의 입장에 대한 확신을 가질 수도 있는 동시에 상대방의 입장을 더 잘 이해하게 되고 상대방 주장의 장점도 발견하면서 최적의 대안을 통합적으로 결정할 기회도 제공한다. 실제 넷플릭스에서는 공개된 장소에서 서로가 상대의 편에 서서 주장해서 토론하는 포럼 방식도 활용하고 있다.[25] 이렇게 상대의 입장에 서게 되면 상대편의 주장이나 아이디어가 가지는 논리와 장점을 보게 되면서 양 입장을 통합한 결론에 도달할 수도 있다.

집단의 구성원들이 의견수렴 과정에서 서로의 입장 차이를 보다 잘 이해할 방법으로는 추론의 사다리ladder of inference를 활용하는 방법도 있다.[26] 사람들은 각자가 중요시하는 가치와 경험을 가지고 있어서 동일한 데이터나 현상을 보고도 각자의 시각으로 필터링해서 해석하고 그에 기반해서 의사결정을 하는 경향이 있다. 넷플릭스가 구성원들에게 데이터만 가지고 판단하지 말라고 경계하는 것이 바로 그런 이유이다.[27] 각자의 전문성과 배경을 가진 구성원들이 모인 다양성이 높은 기능횡단팀에서의 의사결정 토론에서는 서로의 입장을 이해하기가 특히나 쉽지 않다.

추론의 사다리는 동일한 데이터나 현상을 가지고도 각자의 생각이

집단사고 방지에 도움을 주는 추론의 사다리

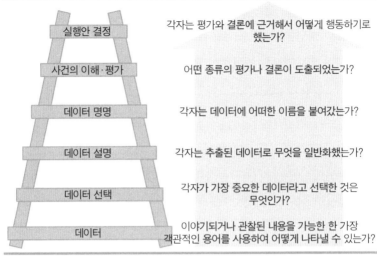

실행안 결정	각자는 평가와 결론에 근거해서 어떻게 행동하기로 했는가?
사건의 이해·평가	어떤 종류의 평가나 결론이 도출되었는가?
데이터 명명	각자는 데이터에 어떠한 이름을 붙여갔는가?
데이터 설명	각자는 추출된 데이터로 무엇을 일반화했는가?
데이터 선택	각자가 가장 중요한 데이터라고 선택한 것은 무엇인가?
데이터	이야기되거나 관찰된 내용을 가능한 한 가장 객관적인 용어를 사용하여 어떻게 나타낼 수 있는가?

(출처: Leonard, D. & Swap, W, 1999, When Sparks Fly: Igniting Creativity in Groups. Harvard Business School Press)

나 결론이 왜 달라질 수 있는지를 보여준다. 팀이나 집단은 이러한 추론의 사다리를 공개적으로 공유함으로써 각자의 의사결정이 어떠한 데이터를 근거로 하고 있고 어떠한 해석을 바탕으로 이루어졌는지에 대한 각자의 배경을 확인할 수 있다.[28] 또한 이러한 추론의 사다리를 오르내려 봄으로써 최적의 결론에 도달하기 위해 어떠한 데이터를 추가로 확인하는 것이 필요한지도 알 수 있다. 이러한 모든 과정을 집단적으로 투명하게 함으로써 팀은 개방된 대화를 할 수 있고 집단사고에서 벗어날 수도 있다.[29]

셋째, 다양한 의견을 모아서 의사결정을 하는 과정에서 필연적으로 발생하는 갈등과 대립을 건전한 수준으로 유지한다. 특히나 다양한 배경과 전문성을 가진 사람들이 모인 집단에서는 견해 차이가 논쟁으로 확대되고 논쟁이 다시 갈등으로 번지는 경우가 많다. 변화에 민첩한 조직에서는 바로 이러한 건전한 긴장 상태가 창의적 마찰을 일으키고 구성원들이 집단 창의성을 발휘할 수 있도록 하는 주요 동력이 된다. 더 나은 해결책을 도출하기 위해서 구성원들이 스스로의 의견을 자유롭게 제시하고 동료들이 되받아서 토론하고 치열하게 논쟁하는 과정은 반드시 필요하다.

건전한 긴장과 갈등을 유지하기 위해서는 고객의 성공이나 더 높은 목적의 달성이 중요하다는 목적의식을 심어줌으로써 의견 충돌이 서로를 개인적으로 이기기 위한 것이 아니라 공동의 목표를 달성하기 위함이라는 점을 계속 인식시켜야 한다. 또한 상대방의 의견에 대한 솔직한 피드백도 상대방에 대한 개인적 공격이 아니라 구체적인 의견에 대한 것으로 생각하도록 지속적으로 코칭하는 것도 필요하다. 항상 새로운 시각으로 문제를 바라보고 반대를 장려하는 문화를 형성할 수도 있다. 가령 아마존에서 기대하는 팀플레이어는 다른 팀원들과 조화를 잘 이루는 사람이 아니라 팀에 새로운 시각의 의견이나 아이디어를 더할 수 있는 사람이다.[30]

팀의 집단지성은 분위기에 달려 있다

앞서 살펴본 리서치인모션의 사례에서 만약 조직 내부자 중 누군가가 강한 비판의 목소리를 내고 경영진이 이에 귀를 기울이고 혁신을 시작했다면 어떻게 되었을까? 아마도 자신이 스스로 개척한 스마트폰 시장에서 애플이나 삼성과 함께 치열하게 경쟁하고 있을지도 모른다.

우리가 앞서 살펴본 것처럼 변화에 민첩한 조직들은 구성원들 모두의 지혜를 함께 모아 효과적인 의사결정을 하기 위해서 다양한 노력을 하고 있다. 브레인스토밍 같은 전통적인 방법이나 플러싱 그리고 스탠드업 미팅 같은 방법을 활용하면서 모든 구성원이 업무 진행상의 이슈를 공유하고 함께 처리하는 의사결정 회의체도 운영하고 있다. 하지만 이러한 회의체나 프로그램과 같은 제도적 장치만으로 집단지성이 활성화되는 것은 아니다. 집단지성에 필요한 팀워크를 구축하여 팀원들이 자신들의 견해를 자유롭게 이야기하고 상대방의 의견을 경청하며 반대의견을 활발하게 제시하면서 서로의 의견에 건설적 비판을 할 수 있는 개방적인 조직분위기를 만드는 것이 근본적으로 중요하다. 실패에 대해서도 무조건 비난받지 않고 학습할 수 있는 그런 분위기 말이다.

변화에 민첩한 조직들은 구성원 모두가 참여하는 집단지성을 중요하게 강조하고 있다. 또한 동시에 그러한 집단지성이 발휘될 수 있는 분위기를 만들기 위해 조직문화 차원에서도 많은 노력을 하고 있다. 그래서 다음 장은 변화에 민첩한 조직이 지향하는 혁신문화에 대해서 좀 더 자세히 논의한다.

생각해볼 질문

- 조직이 어렵고 힘든 결정을 내릴 때 조직 내 다양한 전문가들을 참여시켜 여러 사람의 목소리를 듣고 있는가?
- 팀에서 문제를 해결하거나 의사결정을 할 때 아이디어를 도출하는 단계에 충분한 시간을 할애하고 있는가? 팀 회의는 주로 팀 리더가 주도하는 분위기인가, 아니면 팀원들도 적극 참여할 수 있는 분위기인가?
- 팀에서 다양한 의견을 수렴해서 의사결정을 할 때 다수결이나 타협이 아닌 충분한 토론과 논의를 통해 이루어지는가? 팀 내에서 의견의 갈등이 있을 때 어떻게 해결하는가?

5장

혁신문화
: 실패를 통해 학습한다

만약 당신이 실패를 경험하고 있지 않다면 아주 크게 실수하는 것
이다. 당신은 실수를 피하고자 하는 욕망에 의해서 이끌려가고 있
는 것이다.

– 애드 캣멀, 전 픽사 CEO

변화에 민첩한 조직은 환경에 대한 적응 능력이 조직과 구성원에
내재화되어야 한다는 점에서 조직문화는 큰 의미가 있다. 조직문화란
쉽게 이해하면 바로 '여기서 일이 수행되는 방식'이다. 조직문화는 사
업의 목적, 의사결정의 기준, 조직 내 구성원들 간 상호작용의 규범이
다. 구성원으로서는 본인이 소속된 조직의 고유한 일하는 방식이 바
로 조직문화다. 모두가 동의하는 조직문화는 구성원들 간에 정신적인
정렬을 이룰 뿐만 아니라 자발적인 행동을 할 수 있도록 가이드 역할
을 한다.

변화에 민첩한 조직은 기존의 관료제 조직과 같이 규칙과 프로세스
가 중심이 되는 조직이 아니다. 필요할 때마다 변화가 일상적으로 일

어나기 위해서는 구성원들이 그때그때 필요한 변화를 이루고자 하는 자발적인 참여가 필수적이다. 변화의 방식도 새로운 시스템, 제도, 프로세스로 이끌어가는 일회성 변화가 아닌 사람이 중심이 되어 지속적인 변화가 이루어져야 한다. 이를 위해서는 지속 가능한 변화의 DNA가 조직문화로 구성원들 속에 내재화되어야 한다. 조직문화에 관한 관심이 그만큼 중요한 이유이다.

자, 그럼 변화에 민첩하게 움직이는 조직의 일하는 방식에 대해서 우선 살펴보도록 하자.

새로운 것을 시도하고 빨리 실수하고 학습한다

새로운 기술이 발전하고 고객의 선호가 빠르게 변화하는 상황에서는 지속적인 학습이 필수적이다. 과거의 방식이나 기존의 프로세스를 그대로 답습하거나 통제와 효율을 추구하는 루틴한 업무 방식으로는 학습이 일어날 수 없고 새로운 환경 변화에도 유연하게 대응하지 못한다.

오늘날 조직이나 팀의 학습은 그 중요성이 점점 더 커지고 있다. 변화에 적응하는 새로운 일하는 방식으로 애자일 방법론에 주목할 필요가 있다. 앞서 이미 살펴본 애자일 방식은 팀 구성원들이 미리 정해진 계획이나 틀에 얽매이지 않고 일단 시도해보고 고객의 피드백을 받으면서 고객이 원하는 산출물을 만들어가는 방식이다. 이 과정에서 팀은 다양한 아이디어를 실험하고 또한 시행착오를 통해 새로운 발견을 한다. 즉 프로젝트나 과제를 시작할 때 최초의 계획했던 것들이 그대로 유지되는 것이 아니라 과정상에서 제안되는 여러 새로운 아이디어를 실행한 다음 원안을 수정하는 작업이 반복되면서 산출물의 아웃풋 이미지가 조정되는 것이다. 이러한 의미에서 보면 애자일 방식을 통해 일하는 것 자체가 바로 학습이라고 할 수 있다.

여기서 여러분들은 한 가지 의문점을 가질 수도 있다. 변화에 민첩한 조직은 환경의 변화를 감지해 신속하게 의사결정하고 행동하는 조직이다. 그런데 입증되지 않은 새로운 것을 시도하고 실패하면서 학습하면 과연 변화에 신속하게 대응할 수 있을까? 하고 말이다. 하지만 변화에 민첩한 조직은 이렇게 새로운 시도를 하고 학습을 하는 과정을 통해 결국에는 의사결정과 실행의 속도를 높이고 효율성을 향상시키고 있다. 여러분은 학습곡선에 대해서 들어본 적이 있을 것이다. 학습곡선 효과는 반복된 경험을 통해 시간이 지날수록 학습의 속도가 빨라지는 효과를 의미한다. 이러한 학습효과는 개인 차원뿐만 아니라 조직 차원에서도 나타난다. 즉 조직이 이전에 이미 보유하고 있는 사전 지식 수준이 높아질수록 외부로부터 새로운 정보를 받아들여서 이를 상품화할 수 있는 흡수능력absorptive capacity을 강화하게 된다.[1] 조직이 새로운 경험을 통해 지식을 축적하면 할수록 외부의 새로운 정보를 받아들일 가능성이 커진다는 것이다. 새로운 것을 시도할수록 그러한 경험과 지식이 축적되어서 결국에는 새로운 환경에서도 신속하게 의사 결정하고 행동할 수 있는 능력이 생겨날 수 있다.

이러한 조직의 학습을 이끄는 원동력은 다름 아닌 계속적인 시도, 실험, 그리고 성찰이다. 경영학자인 린다 힐Linda Hill에 따르면 조직이나 팀이 학습하는 과정은 새로운 일을 추진pursue하고 검토하며reflect 다시 조정adjust하는 과정이 계속적으로 반복되면서 이루어진다.[2] 이와 같이 학습하면서 일하는 과정은 앞서 살펴본 준비Ready, 실행Fire,

팀의 학습 프로세스

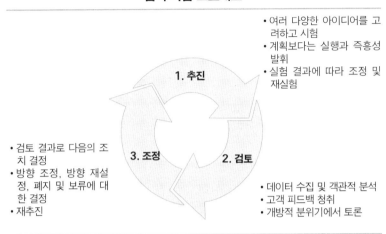

- 여러 다양한 아이디어를 고려하고 시험
- 계획보다는 실행과 즉흥성 발휘
- 실험 결과에 따라 조정 및 재실험

1. 추진

- 검토 결과로 다음의 조치 결정
- 방향 조정, 방향 재설정, 폐지 및 보류에 대한 결정
- 재추진

3. 조정

2. 검토

- 데이터 수집 및 객관적 분석
- 고객 피드백 청취
- 개방적 분위기에서 토론

(출처: 린다 힐, 그레그 브랜도, 에밀리 트루러브, 켄트 라인백, 2014, 혁신의 설계자. 이은주 옮김. 북스톤)

목표 조준Aim의 접근법이나 애자일 방법론과도 유사하다. 실제 기업의 업무 수행 장면에서도 이와 유사한 학습 프로세스를 보여준다. 가령 넷플릭스는 '새로운 것을 시도하기' → '실수하기' → '처음부터 다시 하기" → '좋은 결과 내기'라는 프로세스를 반복해서 업무를 진행한다.[3]

학습하면서 일하는 방식을 좀 더 설명해보면 세 가지 단계가 있다. 첫째, 추진 단계에서는 다수의 실험을 통해서 새로운 아이디어들을 신속하고 능동적으로 추진한다. 이것은 애자일 방식과 마찬가지로 철저한 계획수립보다는 실행에 더 초점을 둔다. 또한 앞서 설명한 것처럼 빠른 결론을 내기 위한 조급함으로 다양한 아이디어를 초기 단계에서 배제하지 않고 다양한 아이디어들의 가능성을 탐색한다.

둘째, 검토 단계에서는 여러 실험의 결과들로 얻어진 데이터를 수집해서 검토하고 분석하여 유용한 정보를 파악한다. 또한 이 단계에

서 고객의 실제적 피드백을 청취한다. 이 검토 과정에서 중요한 학습이 일어난다. 따라서 이 과정에서는 모든 관련된 정보가 팀원들에게 투명하게 공개되었는지, 격렬한 토론을 통해 실험 중에 무엇이 잘 작동되었는지, 무엇이 잘 작동되지 않았는지, 그리고 그 이유는 무엇인지에 대해 모두가 함께 학습하는 것이 중요하다.

셋째, 조정 단계에서는 검토 과정에서 학습한 내용을 바탕으로 이후의 행동과 결정을 조정한다. 이 단계에서 원래의 계획이 수정되거나 폐지될 수도 있고 다시 새로운 추진-검토-조정의 단계를 시작할 수 있다. 최적의 해결책을 찾았을 때 비로소 이 사이클은 중단된다.

최근 많은 기업들이 이처럼 새로운 시도를 하고 검토해서 다시 조정하는 방식을 도입해 변화에 적응하기 위해 노력하고 있다. 특히 기업들은 변화하는 시장에서의 성공 확률을 높이기 위해서 새로운 아이디어를 가지고 신속하게 최소 요건을 갖춘 시제품MVP, minimum viable product을 만들어 시장과 고객에 테스트하고 그 결과를 반영해서 제품을 지속적으로 개선해가는 린스타트업Lean Startup 방식을 업무에 도입해 활용하고 있다.[4] GE가 에릭 리스Eric Ries의 린스타트업 방식을 자사에 맞게 브랜딩해 도입한 패스트웍스FastWorks도 대표적인 사례이다. 제약기업인 아스트라제네카, 아마존, 그리고 스포티파이 등도 문제해결이나 개발 업무 수행에 이러한 방식을 채택하고 있다.

환경이 변화하고 불확실해지면서 일하는 방식이 이처럼 학습과 혁신 중심으로 변화하고 있음에도 여전히 많은 기업은 새로운 것을 시도하고 학습하는 문화보다는 명령과 통제의 조직문화를 유지하고 있다.

통제의 조직문화는 학습과 혁신을 가로막는다

경영 환경에 따라 적합한 조직의 운영방식은 다르다. 경영 환경이 비교적 예측 가능하고 안정적이었던 시기에는 통제 가능성과 효율성이 조직운영을 통해 달성하고자 하는 가장 최상의 목표였다. 즉 소수의 엘리트 관리자들이 조직의 사업 방향과 계획을 수립하고 업무의 절차나 규칙을 정의하면 일반 직원들은 그러한 지시나 절차를 준수하면서 미리 정해진 역할과 책임을 수행하면 되는 식이다. 직원들에게는 새로운 것을 시도하고 학습하기보다는 기존에 잘 정해진 규칙과 프로세스를 잘 지키면서 업무를 효율적으로 수행하는 것이 기대된다. 새로운 시도나 학습은 직무기술서상에 업무책임으로 따로 적혀 있지도 않다. 구성원들은 새로운 생각이나 실험을 기피하게 되며 안전지대에 머무르고자 하는 경향이 높아진다. 당연히 업무상의 실수는 용인되지도 않는다. 미리 정해진 절차를 따르지 않는 실수는 부주의하거나 무능한 것으로 여겨지기 때문이다.

의사결정과 관련해서도 경영과 관련된 모든 정보는 관리자에게 집중되고 모든 중요한 의사결정도 관리계층에 집중된다. 시간이 걸리더라도 현장 정보는 요약되고 분석되어서 조직의 위계를 따라 올라가 상위관리자의 의사결정을 받게 된다. 명령과 통제의 조직문화에서는 고객이 그리 크게 중요하게 강조되지도 않는다. 내부 핵심역량을 활용해서 최상의 제품을 개발해 시장에 내놓기만 하면 팔린다는 기본 전제가 깔려 있다. 고객이 무엇을 필요로 하고 있고 무엇을 가치 있게 여기는지는 그리 중요하지 않다. 그보다는 우리가 내부에 보유한 기술이 얼마나 앞서 있고 경쟁자보다 우위를 가지는지가 중요하다.

이러한 명령과 통제의 문화는 여러 가지 측면에서 구성원들이 새로운 시도를 하거나 학습하는 것을 방해한다. 우선 구성원들은 실패를 바라보는 관점 때문에 실패에 대한 두려움에서 벗어나지 못한다. 경영학자인 에이미 에드먼드슨Amy Edmondson에 따르면 실패에도 업무특성에 따라 다양한 스펙트럼이 존재한다. 루틴한 업무 상황에서의 실수는 이미 잘 알려진 규정이나 절차를 벗어난 행동으로 고장, 돌출행동, 스킬이나 자원부족과 관련된다.[5] 반면 하이테크 산업과 같이 업무가 불확실하고 상황에 따라 변화하는 혁신업무 수행에서의 실패는 사실상 누구라도 할 수 있는 불가피한 실패이며 사전에 예측이 어렵다. 필자의 생각에는 과거 제조업의 관점에서 바라보았던 실패에 대한 정의가 고정관념화되어서 오늘날과 같은 복잡해지고 불확실한 업무 상황에도 그대로 적용되는 것 같다. 그러다 보니 업무상의 실패는 여전히 일탈적이고 무능하거나 무지한 행위로 간주되기 때문에 구성원들이 실패 자체를 두려워하는 것이다. 실패를 여전히 부정적이고 반드시 회피해야 하는 것으로 정의하는 한 조직에서 새로운 시도나 학습은 일어날 수 없다.

여기에 더해서 우리나라 기업들이 가지고 있는 고유한 조직문화도 학습과 혁신을 방해하는 원인 중의 하나다. 우선 직원들이 신입공채를 통해 입사해서 퇴직할 때까지 한 직장에서 장기근속을 하는 특성상 조직 내에서의 개인의 평판관리가 중요하다. 업무 실수로 인해 자신의 평판이 나빠지게 될 것을 우려하게 되는 것이다. 그러한 분위기에서 자신의 경력을 발전시키기 위해서는 새로운 시도를 하기보다는 어떻게 해서라도 실행력을 발휘해서 상부에서 하달된 도전적 목표를 달성하여 성공시키고 주위 사람들과 원만한 관계를 유지하는 것이 무엇보다 중요하다.

사실 명령과 통제의 조직문화는 제조업과 같이 업무의 변화가 많지 않은 루틴한 업무 수행에는 효과적이었다. 하지만 우리가 전통적인 산업이라 여겨왔던 제조업이나 금융업에도 최근 디지털 혁신의 바람이 불고 있고 실제 많은 변화가 일어나고 있다. 이제 새로운 환경에서는 새로운 조직문화가 필요하다. 그렇다면 팀 구성원들이 학습하면서 일하는 문화, 즉 서로 질문하고 정보를 공유하며 새로운 것을 시도하고 실패를 통해 학습하고 행동을 할 수 있는 조직문화는 무엇인지 살펴보도록 한다.

실패를 통해 학습하는 혁신문화를 만든다

조직이 변화에 신속하게 대응하기 위해서 구성원들은 여러 가능성 있는 대안들을 신속하게 실험해보고 학습하는 분위기를 조성하는 것이 중요하다. 이를 위해서는 일단 실제 해보기 전까지는 완전한 방향이나 답도 없음을 인정해야 하며 과거의 성공방식에 대한 무조건적인 믿음도 없애야 한다. 과거의 성공방식을 고수하면서 새로운 시도를 두려워하거나 업무상의 실수가 보고되지 않고 숨겨진다면 학습을 할 수 있는 조직 분위기가 아니라는 방증이다. 이러한 분위기 속에서 새로운 아이디어는 각자의 머릿속에서 사장되고 업무상 실수는 숨겨지기 쉽다. 자칫 잘못하면 조직 내에 어차피 아이디어를 내도 소용없으니 아이디어를 내지 않으려고 하는 학습된 무기력감이 팽배해질 수도 있다.

그렇다면 새로운 것을 시도하고 실패를 통해 학습하는 조직에서 구성원들은 구체적으로 어떠한 행동들을 나타낼까? 에이미 에드먼드슨에 따르면 학습하면서 일하는 팀에서 팀원들은 서로 필요한 정보를 공유하고 도움을 요청하며 새로운 시도를 하고 피드백과 실수로부터 새로운 지식과 통찰을 얻는다.[6] 여러분이 일하는 조직에서 아래와 같은 행동들이 구성원들 간에 자연스럽게 일어나고 있다면 학습하는 조직이라고 생각해도 좋을 것이다.

- 모르는 것에 대해서 솔직하게 서로 질문하기
- 업무에 필요한 정보 공유하기
- 조언이나 도움 요청하기
- 입증되지 않은 활동을 실험해보기
- 실수나 실패에 대해 서로 이야기하기
- 고객이나 동료에게 피드백 요청하기

이러한 행동 중에 특히 어려운 것이 바로 실수나 실패에 대해서 서로 이야기하는 것이다. 변화에 민첩한 조직들은 항상 최고의 성과를 지향하기 때문에 새로운 시도를 장려하고 그러한 시도가 실패하더라도 그것을 통해 무엇을 학습했는지를 더 중요시하는 문화를 가지고 있다. 이들 조직은 실패를 통해 학습하는 문화를 조성하기 위해서 다양한 제도나 프로그램을 운영하고 있다. 예를 들어 픽사에서는 프로젝트가 종료되면 사후부검Post-mortems 미팅을 한다. 이 미팅에서는 참여자에게 해당 프로젝트에 대해 다섯 가지 좋은 점뿐 아니라 다섯 가지의 좋지 않은 점에 대한 리스트를 요청한다.[7] 단순히 업적을 칭찬하기보다는 실패한 것에 대한 학습을 통해서 경험을 축적하고 이를 바탕으로 다음번의 프로젝트를 좀 더 성공적으로 수행하기 위함이다.

사후점검

경험을 되돌아보고 미래에 대한 교훈을 얻는 것이 주요 목적인 사후점검은 1970년 중반에 미 육군에 소개되어 보급된 제도로 현재는 과제나 활동이 수행된 직후에 수행하는 일상적인 프로세스로 자리잡고 있다. 사후점검에서 참여자 전원은 중요한 활동이나 과제를 완료한 후에 함께 모여서 성공이나 실패경험을 공유하고 다음에 더 효과적으로 수행할 방법을 모색한다. 즉 개인의 학습을 조직의 학습으로 증폭시키는 것이다. 사후점검에 관한 토론은 다음의 4개의 동일한 질문을 중심으로 진행된다.

토론 질문 순서	중점 사항	시간 분배
1. 우리는 어떠한 일을 착수해야 하는가?	미션과 성공의 개념에 대한 동의	25%
2. 실제로 어떠한 일이 일어났는가?	실제 발생한 일에 대한 객관적 자료 수집 및 재구성 (비디오 녹화, 일정 계획 등 참고)	
3. 왜 그 일이 발생하였는가?	성공이나 실패의 원인과 결과 규명	25%
4. 다음에는 어떻게 할 것인가?	다음 조치의 효과성을 높이기 위해 향후 지속할 행동과 개선할 행동 규명 (통제가능한 활동을 중심으로)	50%

미 육군의 사후점검은 몇 가지 특징이 있다. 관련자 전원이 참석한다는 점, 주요 참여자들 외에도 제3의 관찰자, 지원부서, 중견지휘관까지 포함시키는 점, 그리고 이 검토작업이 일방적 강의나 논쟁이 아닌 대화의 형식으로 이루어진다는 것이다. 사후점검 프로세스는 가능한 많은 사람이 참가함으로써 리더의 독점적 영향력을 제거하고 다양한 관점을 불러일으키며, 상사와 부하 사이의 개방적이고 솔직한 대화를 유도한다. 이 대화에서 상대방에 대한 비판, 비난, 그리고 인신공격은 금지된다.

사후점검이 효과적으로 진행되기 위해서는 리더의 개방적인 자세와 실수를 인정하는 태도도 중요하지만 이 활동이 주로 토론과 대화의 방식으로 진행되기 때문에 운영자의 숙련도가 매우 중요하다. 결국 프로세스보다는 사람이 중요하다는 이야기이다.

사후점검의 운영자는 잘 훈련된 사람으로, 대화가 주제의 논점을 벗어난 난상토론이 되지 않도록 하고 전원이 토론에 참여하도록 촉진하며 전반적으로 솔직하고 개방적인 분위기에서 토론이 이루어지도록 독려하는 중요한 역할을 한다. 가령 참가자에게 질문할 때도 개인에 대한 비판을 하거나 실패 경험에 대해 직접 질문하는 대신 '어떻게 하면 더 잘할 수 있을까?'와 같은 노련한 질문 스킬로 참가자들의 방어적 성향을 줄이면서 적극 참여하도록 유도해야 한다. 이 때문에 사후점검의 운영자는 특정 주제에 해박한 지식을 가져야 할 뿐만 아니라 평소에 조직 내에서 평판이 좋고 신뢰나 존경을 받는 사람이어야 한다.

사후점검 프로세스는 보기에는 쉬워 보이지만 이 프로세스를 조직에 정착시키기는 그리 쉽지 않다. 미 육군도 이 프로세스를 수용하고 조직문화 속에 자리잡기까지 10년이라는 시간이 걸렸다고 한다. 하지만 잘만 정착된다면 지속해서 학습하고 개선하는 조직을 구축하는 데 효과적으로 활용될 수 있다.

(출처: 데이비드 A. 가빈, 2001, 살아 있는 학습조직. 유영만 옮김. 세종서적)

사후 리뷰 과정은 사실 미 육군의 사후점검After Action Review에서 비롯되었다. 사후점검은 오늘날에는 많은 기업에서 그리 새롭지 않은 일상적인 업무절차로 운영되고 있다

구글은 심지어 실패에 대한 보상 프로그램도 운영하는데 정말 최선을 다했음에도 불가피하게 실패한 '사려 깊은 실패'에 대해서 보상을 한다. 미국의 게임 소프트웨어 기업인 벨브는 신규직원을 위한 직원 핸드북에 '실패는 구성원들이 자신의 가정이 맞는지를 확인해보고 더 나은 산출물을 만들 수 있도록 해주는 학습 기회'라고 명시하고 있다.[8] 동시에 나쁜 실패에 대해서도 구체적으로 예를 들고 있는데 똑같은 실수를 반복하는 것과 고객이나 동료의 이야기를 듣지 않는 것을 실패의 전형적인 사례로 들고 있다.

또한 온라인 뮤직 스트리밍 기업인 스포티파이는 실패를 축하하는 실패 게시판Fail Wall을 운영한다. 실패 게시판에는 실패 사례와 실패로부터 무엇을 배웠는지가 포스트잇에 정리되어 게시된다. 스포티파이의 창업자이자 CEO인 다니엘 엑Daniel Ek은 "우리는 다른 누구보다도 빨리 실수하는 것을 목표로 한다."라고 말한다. 이는 장기적인 성공을 위해서는 빨리 실패하고 빨리 배워서 빨리 개선하는 것이 중요하다는 강력한 메시지를 전달하는 것이다. 하지만 사후점검이나 실패를 축하하는 등의 활동들도 근본적인 조직문화의 뒷받침이 없이는 의도한 대로 작동하기 어렵다. 구성원들이 필요할 때 서로에게 스스럼없이 질문하고 도움을 요청하고 또한 실패의 위험을 감수하면서 새로운 시도를 할 수 있도록 해주는 학습의 분위기를 만드는 것은 그리 간단한 일은 아니다.

다음의 혁신문화 모델을 보면 빙산의 하단부에 해당하는 다섯 가

혁신문화 모델

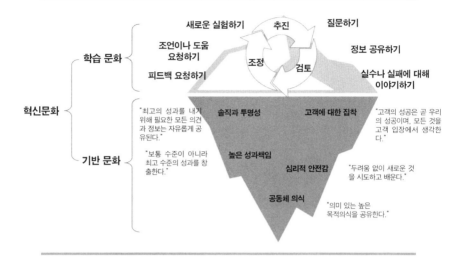

지의 기반 문화가 밑바탕이 되어야 실패를 통해 학습할 수 있는 문화가 발현되는 특징이 있다. 기반문화를 살펴보자. 첫째, 구성원들이 목적의식을 공유하고 조직 전체의 성공이 곧 나의 성공이라고 생각하는 공동체 의식이 있다. 둘째, 목표를 달성할 때는 보통의 수준이 아니라 최상의 수준으로 달성하고자 하는 성과책임의 문화도 있어야 한다. 셋째, 새로운 시도를 두려워하지 않고 실험하며 학습할 수 있는 심리적 안전감의 문화가 있다. 넷째, 이러한 안정적 분위기에서 서로의 의견이나 업무에 대해 솔직하게 피드백하고 필요한 정보를 구성원들과 공유하는 투명한 조직문화도 필요하다. 마지막으로 고객 중심 문화는 항상 고객 입장에서 생각하고 고객의 가치를 우선하는 문화로 학습하는 일하는 방식이 추구해야 할 방향을 제시한다.

다섯 가지의 기반문화는 실패를 통해 학습하는 문화가 발현될 수 있도록 서로 연계되어 있다. 가령 공동의 목적의식과 신뢰에 기반을 둔 공동체 문화가 없는 상태에서 높은 성과책임이 강조되면 내재적 동기보다는 외재적인 통제로 그리고 조직 전체 성과보다는 개인성과가 더욱 강조되는 분위기로 흘러갈 가능성이 높다. 물론 그러한 통제와 개인 중심의 성과책임 문화도 단기적으로는 효과를 낼 수 있을 것이다. 하지만 그것도 조직의 성과가 목표를 초과해 개인이 자신이 기여한 만큼의 금전적 보상을 약속받을 수 있을 때까지이다. 조직의 성과가 저하되거나 위기를 맞게 되는 상황에서 공동체 의식이 결여된 성과책임의 문화가 어떠한 결과를 가져올지는 불 보듯 뻔하다. 위기를 극복하기보다는 위기를 회피하려는 보신주의가 작동할 가능성이 높다. 아마도 서로 성과에 대한 책임을 회피하거나 잘못에 대해 서로 비난하고 인재들은 금전적 보상을 약속받을 수 있는 새로운 일터를 찾아 떠나게 될 것이다.

심리적 안전감의 문화도 마찬가지이다. 탁월한 성과를 지향하지 않거나 높은 목적의식이 공유되지 않은 상태에서 심리적 안전감은 새로운 시도를 하기는 고사하고 그저 편안한 안전지대에 머무르고자 하는 안전 지향적 성향만을 나타낼 것이다. 이러한 분위기에서는 물론 서로에 대해서 솔직한 피드백을 주거나 중요한 정보를 공유하는 솔직하고 투명한 문화도 기대하기 어렵다.

고객에 대한 집착은 학습과 혁신활동이 필요한 근본적 이유이자 분명한 방향성을 제공한다. 환경이 아무리 불확실하고 예측하기 어렵다고 하더라도 학습과 혁신 활동이 추구해야 하는 유일하고 확실한 방향성은 바로 고객의 가치 충족이다. 따라서 고객보다 더 고객처럼 사고하고 행동함으로써 고객의 니즈를 충족시켜주는 고객 중심 문화는 필수적이다.

실패를 통해 학습하는 문화가 실패해도 무조건 감싸주는 온정주의를 의미하지는 않는다는 점에 주의해야 한다. 새로운 시도를 하지 않는 조직도 많지만 동시에 같은 실패를 반복하는 조직도 많다. 실패에 대한 허용을 통해서 조직이 달성하고자 하는 바는 한 번의 실수가 학습을 통해 다음번의 개선과 더 나은 성과로 이어지는 것이지, 동일한 실수가 반복되거나 책임회피의 기회를 주는 것은 아니다.

그럼 학습하는 조직문화를 형성하는 데 기반이 되는 조직문화의 특징을 하나씩 살펴보도록 한다.

::공동체 의식: 의미 있는 높은 목적의식을 공유한다

경영 현장에서 공동체 문화는 구성원 간의 결속력을 의미하는 긍정적 이미지뿐만 아니라 구성원들이 서로 갈등을 회피하도록 하고 조직의 성과보다 구성원의 만족이 우선시된다는 부정적인 이미지도 동시에 가지고 있다. 오늘날에는 대부분의 기업들이 성과주의 문화를 강화시키면서 이제 더는 공동체 문화는 경영조직에 어울리지 않으며 개선되어야 하는 문화적 특성이라는 인식이 지배적이다.

그럼에도 변화에 민첩한 조직들 대부분은 공동체 의식을 강조하고 있다. 사람들의 삶에 긍정적인 영향을 주는 의미 있는 목적을 달성하고자 하는 공동의 목표의식이 구성원 개인의 주도성을 불러일으킬 뿐 아니라 구성원들 간의 협업과 목표달성에 꼭 필요하다고 보기 때문이다. 공동체 의식이 강한 구성원들은 자신이 속한 조직에 강한 소속감을 가지면서 개인의 만족보다 조직의 목표달성을 중요하게 생각하고 주인의식을 가지고 자발적으로 조직의 성과에 공헌한다. 또한 강한 목적의식을 공유하면서 공동의 목적을 달성하기 위해 새로운 시도나 더 나은 해결책을 위한 논쟁도 기꺼이 할 수 있다.

공동체 의식을 강조하는 기업들은 이미 오래전부터 있었다. 대표적인 기업이 바로 도요타나 고어이다. 비교적 최근에는 픽사를 비롯해서 넷플릭스 등 많은 혁신기업도 마찬가지로 공동체 의식을 강조하고 있다. 이 모든 기업의 공통점은 모든 구성원이 능동적으로 참여하는 경영을 강조한다는 것이다. 앞서 소개했던 픽사가 집단 창의성을 발휘할 수 있었던 원동력도 결국에는 공동체 의식 덕분이다. 픽사의 성공은 바로 뛰어난 인재들이 어떠한 대단한 무엇인가를 성취하는 데 일조하는 일원이라는 소속감, 자부심, 그리고 이들의 이러한 열정과 성취가 모여 하나의 공동체를 만들었기 때문이다. 넷플릭스가 자유와 책임의 문화를 성공적으로 안착시킬 수 있었던 것도 바로 조직과 구성원의 목적을 잘 정렬시켰기 때문이다.

그렇다면 오늘날과 같은 변화의 시대에 공동체 의식은 왜 다시 관심을 받고 있을까? 무엇보다 자율 경영이 중요해지면서 조직의 발전을 위해 자발적으로 참여하는 조직의 시민의식이 그 어느 때보다 중요해졌기 때문이다. 조직이론가인 헨리 민츠버그Henry Mintzberg는 리더십leadership과 대비되는 개념으로 커뮤니티십communityship이라는 신조어를 만들어냈다. 조직은 리더만이 이끌어가는 것이 아니라 조직의 핵심부나 주변부 모두 공동체 의식을 가진 모든 구성원의 참여가 중요하다는 것이다. 민츠버그는 효과적인 조직은 수동적인 자원의 집합체가 아니라 바로 능동적인 인간 존재human beings로 구성된 공동체라는 것을 강조한다.[9] 민츠버그는 공동체 구성원들이 조직의 더 높은 목적을 달성하기 위해서라면 누가 시키지 않더라도 자발적이고 열정적으로 공동의 과제에 참여한다고 보았다. 우리는 이러한 사례를 여러 전문 개발자들이 자발적으로 참여하는 리눅스 개발이나 일반인들이 참여해서 함께 편집하고 만들어가는 위키피디아에서 찾아볼 수 있다.

공동체 문화는 구성원들의 소속감을 증진시켜 구성원들에게 안정감과 주인의식을 심어준다. 조직개발 전문가인 피터 블록Peter Block은 우리 사회에서 모든 조직에 속한 구성원들이 공동체에 대한 소속감의 경험을 증가시키는 것이 조직 전체의 안녕을 위해 중요하다고 보고 있다.[10] 공동체를 촉진하기 위해서는 구성원 간의 관계 형성을 증진시켜야 한다. 또한 구성원들이 조직의 발전에 스스로 기여하고자 하는 참여의지를 향상시켜야 한다. 그에 따르면 공동체는 기본적으로 소속감을 의미한다. 이 소속감은 두 가지 의미가 있다. 첫째, 어떤 것과 관계되거나 일부라는 의미로, 특히 마치 집에 있는 것과 같이 심리적으로 안정적인 경험을 하는 것이다. 이러한 소속감이 없으면 소외되고 아웃사이더로 존재한다는 느낌이 든다. 둘째, 소속감은 주인의식과 관계되는데 공동체에 속한다는 것은 그 공동체의 창조자나 공동소유자co-owner처럼 주체적으로 행동하는 것을 의미한다.

하지만 공동체 문화는 한편으로 자칫 공동체의 목표 달성보다 구성원의 만족에 더 우선순위를 두는 역기능이 발생할 수 있다. 조직 구성원들은 조직의 목적보다는 공동체의 유지 자체를 더 중시할 때 서로의 의견에 대해서 직접적인 비판을 회피하게 된다. 이는 조직에 나도 당신을 비판하지 않을 테니 당신도 나를 비판하지 말라는 잘못된 호혜주의를 확산시킨다. 서로 공모해서 불편한 관계나 상황을 만들지 말자는 식이다. 이러한 식의 공동체 문화를 나타내는 회사에서는 공통적으로 서로 좋은 관계만 유지하려고 하는 '좋은 문화nice culture' 현상이 나타난다. 하지만 이는 말 그대로 '좋은 문화'가 결코 아니다. 그러한 분위기에서 구성원들은 편할 수 있지만 조직은 절대 발전할 수 없기 때문이다.

그렇다면 변화에 민첩한 조직들은 어떻게 공동체 문화의 역기능적인 측면을 조절하고 순기능적인 측면을 최적화해 조직운영을 하고 있을까? 공동체 문화와 성과 중심 문화는 서로 양립할 수 없는 것인가? 변화에 민첩한 조직들은 바로 공동체 문화의 순기능적인 측면을 강조함과 동시에 성과 중심의 문화를 촉진함으로써 두 문화의 사이에서 균형을 잡는 노력을 하고 있다. 이 조직들은 공동체 문화와 성과 중심의 문화가 한쪽을 선택할 수밖에 없는 양자택일의 문제라고 보지 않는다. 또한 두 가지 문화가 일관성 없이 구성원들에게 이것도 저것도 아닌 것처럼 느껴질 수 있는 혼합된 메시지mixed message를 전하지도 않는다. 공동체 문화와 성과 중심 문화를 균형 있게 추구할 수 있는 비결은 바로 다음에 논의할 성과책임의 문화에 있다.

:: 높은 수준의 성과책임: 보통이 아닌 최고의 성과를 창출한다

변화에 민첩한 조직들이 공동체 의식을 지향하면서도 최고의 성과를 내는 비결은 바로 성과책임의 문화에 있다. 성과책임이란 업무에 대해 주인의식과 주도성을 가지고 보통 수준의 성과가 아니라 '뛰어난 성과excellent performance'를 내기 위해 도전적인 목표를 추구하는 태도와 행동을 의미한다. 해결할 문제나 업무가 있을 때 '누군가 다른 사람이 하겠지.' 혹은 '내가 해야 할 일이 아니겠지.'라고 생각하지 않는 것이다. 성과책임은 특히 그것이 잘 작동하지 않을 때 그것이 얼마나 중요한지를 깨닫게 된다. 만약 성과책임의 문화가 무너지게 되면 어떻게 될지를 한 번 생각해보자. 아마도 업무의 완결성이 떨어지고 마감기한을 넘기며 직무기술서나 역할기술서상에 정의되지 않은 애매한 업무 영역grey area에 있는 업무가 처리되지 않고 방치될 것이다.

성과책임accountability은 업무책임responsibility과는 다른 개념이다. 업무책임은 사전에 정해놓은 한정된 직무에 대한 책임을 의미하며 지극히 개인적인 차원의 책임을 의미한다. 반면에 성과책임은 달성해야 할 성과에 대한 것이며 개인적인 성과보다는 공동의 성과와 관련된 개념이다. 현대 조직에서 자주 발생하는 '이것은 나의 일이 아니다That's not my job'는 책임 회피 현상은 업무책임의 측면에서는 일견 타당할 수 있으나 성과책임의 시각에서는 절대 타당하지 않다. 성과책임이 높은 문화에서 구성원들은 자신에게 공식적인 업무책임이 없는 업무라도 조직이 최상의 성과를 달성하는 데 기여하기 위해서 스스로 주도권을 쥐고 문제를 해결한다. 또한 성과책임이 높은 구성원들은 탁월한 성과를 달성하기 위해 새로운 아이디어를 제안하거나 상대방의 의견에 반대하고 비판하는 불편도 스스로 감수할 수 있다.

성과책임의 개념이 만약 사후적인 업무책임으로만 제한된다면 새로운 기회를 포착하거나 위기를 사전에 예방하는 선제적 문제해결은 기대하기 어렵다. 특히 업무상 실수에 대해서 비난하거나 서로 책임을 전가하게 되면 구성원들은 중요한 정보를 은폐하게 되고 새로운 시도를 회피하게 되며 결국 조직 전체의 성과를 떨어뜨리게 된다. 성과책임은 '모두가 원하는 성과를 달성하기 위해서 나는 그밖에 무엇을 할 수 있을까?'라는 물음에서 시작된다.[11] 성과책임이 높은 조직에서는 만약에 업무상 문제가 발생하게 되면 그 문제의 책임이 누구에게 있는지는 그다지 중요하지 않다. 팀 전체가 문제를 함께 찾고 함께 해결해나가면 되기 때문이다. 그렇다면 변화에 민첩한 조직들은 성과

책임의 문화를 어떻게 구축하고 있을까?

첫째, 전사적인 수준의 목표의식을 공유하고 있다. 팀 또는 조직의 목표와 비전을 확실하게 공유하는 구성원들은 자신의 업무를 좁고 독립된 관점으로 보기보다는 더 높은 목표에 기여하면서 동료와 함께 협력해서 성과를 만들어간다는 상호 의존적인 관점으로 접근한다. 이러한 목표의식은 특히 자율적 권한과 결합할 때 조직 구성원들이 최상의 성과창출을 할 수 있는 새롭고 더 나은 창의적 방법을 스스로 고민할 수 있도록 해준다.

둘째, 구성원들이 자신의 성과책임에 대해서, 그리고 동료에 대해서 약속을 하도록 한다. 즉 어떠한 성과에 대해서 책임을 지게 되는지가 명확해야 한다. 미국의 식품유통기업 모닝스타의 동료양해각서 colleague letter of understanding가 대표적인 사례이다. 모닝스타의 직원들은 각자의 역할에서 무엇을 달성할 것인지를 동료와 공유하고 그래서 성공했을 때 스스로와 조직에 어떠한 점이 좋은지에 대해서 깊이 이해하고 있다. 변화에 민첩한 조직에서는 구성원 서로가 무엇을 하는지 투명하게 공유되며 동료의 보이지 않는 압력 peer pressure이 각자가 자신의 역할을 충실히 수행하도록 하는 데 영향을 준다.

셋째, 성과를 주도적으로 달성하는 데 필요한 자율권과 역량을 확보할 수 있도록 돕는다. 임파워먼트 empowerment는 권한위임이란 용어로 해석되어 조직의 공식 권한을 실무자들에게 위임하는 제한적인 의미로 생각하는 경향이 많다. 하지만 좀 더 넓은 차원에서 보면 현장 상황을 가장 잘 이해하는 실무자들이 자율적 문제해결을 위해 필요한 공식적 권한뿐만 아니라 자원, 필요한 정보, 역량 등의 모든 조직적 자원에 접근할 수 있도록 하는 것을 의미한다. 즉 일을 스스로 책임지고 수행할 수 있는 실질적인 역량을 부여하는 것이다. 이와 같이 성과책임의 문화를 촉진하는 기업들은 목표달성에 대한 책임의식만을 부여하지 않는다. 더 높은 조직목표를 위해 자율적이고 주도적으로 일할 힘도 함께 부여한다.

:: 심리적 안전감: 두려움 없이 새로운 것을 시도하고 배운다

성과책임이 결여된 조직은 말 그대로 탁월한 성과를 지향하기보다는 보통의 성과를 지향하는 조직이다. 이러한 보통의 성과를 지향하는 문화에서는 그 누구도 새로운 것을 시도하는 위험감수를 하지 않는다. 심지어 그러한 위험감수 행동에 대해서는 처벌을 받을 수도 있다.

변화에 민첩한 조직은 경영 환경의 불확실성을 헤쳐나갈 수 있는 정확한 해답을 미리 알 수 없다는 입장을 기본적으로 가지고 있다. 따라서 그러한 답을 찾아가기 위해서는 사전에 계획을 치밀하게 수립하기보다는 직관과 통찰에 근거해서 방향성에 대한 자신감을 갖고 새로운 시도를 계속해보면서 답을 찾아가야 한다. 하지만 실제 조직에서 구성원들이 새로운 시도를 하고 때로는 실패할지도 모르는 위험을 감수하는 것은 무척 어려운 일이다. 혹시나 새로운 시도가 실패하면 무능한 사람이라는 낙인이 찍힐 수도 있다는 두려움 때문이다.

새로운 시도와 실험을 장려하기 위해서는 구성원들이 자신의 감정이나 생각을 자유롭게 표현하거나 실수를 할 때 주변 사람들로부터 비난을 받거나 처벌을 받을지도 모른다는 두려움이 없어야 한다. 이러한 분위기를 심리적 안전감psychological safety이라고 한다. 사람들이 자신이 염려하는 부분이나 궁금한 점 그리고 자신이 생각하는 아이디어를 다른 사람들과 함께 이야기하고 공유하는 위험을 감수할 만큼 충분한 편안함을 느낄 수 있는 분위기를 의미한다.[12] 일반적으로 이러한 분위기가 형성되려면 구성원이 서로 믿고 존중하는 신뢰가 필요하다. 하지만 신뢰와 심리적 안전감은 차이가 있다. 신뢰가 대인관계적 개념이라면 팀이나 부서 단위에서 구성원들의 상호작용에 의해서 형성되는 신뢰와 존중 분위기가 바로 심리적 안전감이다. 일종의 부서 단위의 하위문화인 셈이다.

조직에서 심리적 안전감이 형성되기 어려운 가장 큰 이유는 사람들이 일반적으로 자신에게 부정적 이미지나 인상이 형성되는 것을 회피하고자 하는 심리적 경향성 때문이다.[13] 가령 업무상의 실수가 발생하면 그 실수를 한 사람은 무능하거나 지식이 부족한 사람으로 낙인이 찍힐 수 있다. 어떠한 조직에서는 비판적 의견을 내는 성향이 있는 직원에게 항상 부정적 사고만 한다는 편잔을 줄 수도 있다. 이러한 분위기에서 사람들은 자신의 체면이나 평판에 부정적 영향을 줄 수 있는 행동들을 억제하고 자칫하면 틸 수도 있는 새로운 아이디어나 새로운 실험을 회피하는 자기 보호적인 행동을 한다. 반면에 심리적 안전감이 있는 조직에서는 동료 간에 솔직한 피드백이 가능하고 갈등을 일으킬 수 있는 주제에 대해서도 열띤 토론을 할 수 있다. 비록 작지만 향후에 자칫 큰 문제를 일으킬 수도 있는 부정적 이슈를 제기할 수도 있다. 또한 위험을 감수하고 새로운 시도를 하며 실패를 통해 학습할 수도 있다.

그렇다면 심리적 안전감을 느낄 수 있는 업무환경을 만들기 위해서는 무엇이 필요한가? 심리적 안전감은 단위조직의 하위문화로써 이러한 문화에 큰 영향을 주는 리더의 역할이 가장 중요하다. 리더는 우선 구성원들에게 실패에 대한 정의를 새롭게 인식시키는 것이 중요하다. 실패는 단순히 절차를 벗어난 것부터 새로운 것을 시도하다가 경험하는 것까지 그 스펙트럼이 다양하다.[14] 따라서 모든 실수나 실패가 무조건 나쁜 것이 아니라는 것을 보여주어야 한다. 그리고 불확실한 업무를 수행하다 보면 필연적으로 누구나 실패할 수 있음을 인식시켜야 한다. 리더는 구성원들이 편안하게 이야기할 수 있는 분위기를 만들어서 대화에 초대해야 한다. 동시에 리더 스스로도 구성원들에게 자신은 모든 해답을 알지 못한다는 취약성을 드러내면서 도움을 요청하는 모습을 솔선수범해서 보여주어야 한다.

:: 솔직하고 투명한 문화: 최고의 성과를 위해 필요한 정보는 반드시 공유한다

솔직하고 투명한 문화는 여러 가지 의미가 있다. 첫째, 동료 간의 의사소통이 솔직하다. 변화에 민첩한 조직의 구성원들은 상대방의 의견에 반대 의견을 내거나 부정적인 피드백을 주는 것이 그 사람의 인격에 대한 것이 아니라 일 자체에 대한 것이며 모두가 원하는 성과를 달성하기 위해서라는 것을 공유하고 있다. 픽사, 자포스, 그리고 넷플릭스 등의 기업에서는 구성원들이 서로에게 솔직한 피드백을 주는 것을 주저하지 않는다. 그리고 설사 피드백이 비판적인 내용이라 할지라도 그것은 그 사람 자체에 대한 것이 아니라 구체적 행동이나 업무에 대한 것이며 업무의 성공과 함께 그 사람의 발전과 성장을 위한 것이라는 것을 잘 알고 있다. 이러한 솔직한 문화는 저성과자에 대한 조치에서도 나타난다. 변화에 민첩한 조직의 구성원들은 성과를 내지못하거나 조직문화와 맞지 않는 행동을 하는 직원을 계속 유지시키는 것은 옳은 일이 아니라는 것을 잘 알고 있다. 당사자에게 솔직하게 피드백하고 단호한 조치를 하고 있다.

둘째, 변화에 민첩한 조직은 조직 내에서 발생하는 위험신호나 부정적 정보도 신속하게 공유하고 소통한다. 이는 일반적인 대규모 기업에서는 보기 어려운 문화이다. 무언가 일이 잘못되었을 때 비난을 받거나 책임을 져야 하는 부담감이 크기 때문이다. 구글은 자사 제품의 로드맵과 출시계획 등 주요 정보를 사내 정보 공유 시스템을 통해 모두 공유한다. 물론 주요한 정보를 공개하는 것은 부담이 클 뿐만 아니라 경쟁자가 인지할 우려도 크다. 그럼에도 그렇게 함으로써 직원들로부터 얻는 신뢰가 주는 혜택이 정보 공개의 위험이나 비용보다 더 크다고 보기 때문이다. 정보를 투명하게 공유하는 것은 넷플릭스도 마찬가지다. 넷플릭스에서는 모든 계층의 구성원들이 업무를 수행하는 데 필요한 정보, 의사결정, 아이디어 등에 접근할 수 있다.

이러한 조직들은 정보의 투명성이 구성원 간의 신뢰를 촉진하고 그럼으로써 다시 효과적인 팀워크를 형성할 수 있다는 것을 잘 알고 있다. 애자일 방식을 업무에 적용하는 팀에서 매일의 업무 진행상황을 점검하고 장애요인을 파악하는 스탠드업 미팅 또한 누가 어떠한 업무를 어떻게 수행하고 있는지를 투명하게 보여주는 방법이다. 어떠한 회사는 회사의 주요 정보뿐만 아니라 직원 급여에 대한 정보까지 공개하기도 한다. 데이터 분석 회사인 섬올SumAll은 회사의 설립 시점부터 모든 직원에게 서로의 급여 수준을 공개하는 결정을 내렸다.[15] 실제 이 회사의 한 엔지니어는 신규직원을 채용하면서 경력이 짧은 후보자가 자신보다 급여가 더 높다는 사실을 알고 회사에 이의를 제기했다. 회사는 이 엔지니어의 급여를 인상시키는 결정을 했다. 사실 이렇게 급여 정보를 포함해서 회사의 주요한 정보를 전 직원에게 공개하는 사례는 이미 오래전부터 있었다. 미국의 식품유통업체 홀푸드는 각 매장의 실적과 매장 직원들의 급여 정보 등을 투명하게 공유하는 것으로 잘 알려져 있다.

:: 고객에 대한 집착: 고객보다 앞서서 생각한다

애자일 방식은 고객의 시각에서 고객이 만족할 수 있는 제품이나 서비스를 적기에 개발한다. 이를 위해서 리더부터 일선 현장의 구성원 모두가 고객 관점에서 조직을 바라보는 것이 중요하다. 그래서 변화에 민첩한 기업들은 자사의 제품이나 서비스의 관점이 아니라 고객의 관점에서 조직을 바라보는 아웃사이드인outside-in의 사고를 강조한다.[16] 이 기업들이 고객에게 궁극적으로 제공하고자 하는 것은 제품이나 서비스가 아니라 바로 고객이 느끼는 가치다. 밖에서 안으로의 관점을 취하는 기업들은 바로 이러한 고객가치를 제품개발에서부터 고객에 전달하기까지 모든 조직활동의 출발점이자 종착점으로 삼고 있는 것이다.

아마존은 자신들의 미션인 '지구상에서 가장 고객 중심적인 회사 Earth's most customer-centric company'처럼 대표적인 고객 중심적 기업이다. 아마존의 CEO 제프 베조스는 지속적으로 고객 서비스를 혁신하려면 현재 무엇을 잘하고 어떤 능력을 가지고 있는지에서 멈춰서는 안 된다고 말한다. 고객들이 무엇을 필요로 하고 무엇을 원하는지 스스로 질문하고 아무리 힘들어도 고객을 만족시킬 수 있는 능력을 지속적으로 확보해야 한다는 입장이다. 지금 조직이 가지고 있는 능력으로 고객의 니즈를 충족시키는 것이 중요한 것이 아니라 고객이 진정으로 원하는 것을 충족시키는 것이 먼저이다. 아마존이 최근 자율주행

아웃사이드인의 사고 vs 인사이드아웃의 사고

	인사이드아웃의 사고	아웃사이드인의 사고
핵심 개념	 • "우리가 잘하는 분야는 무엇인가?" • "우리가 가진 역량과 제품은 무엇인가?" • 내부 지향적 및 단기적 • 주주이익 및 제품별 매출과 이익창출 중요시	 • "고객이 가치있게 여기는 것을 어떠한 역량으로 제공할 수 있을까" • 외부 지향적 및 장기적 • 고객가치가 모든 조직활동의 시작이자 마지막
조직문화	• 신제품 개발 문화 • 기술, 엔지니어링 등 기능 중심 문화 • 제품 중심 리더십	• 고객 우선 문화 • 수평적, 협력적 문화 • 고객 중심 리더십

트럭 개발에 참여하고 이를 활용해 상품배송 서비스를 테스트하는 것도 배송이 고객의 만족에 그만큼 중요하기 때문이다.

고객 중심 문화를 추구하는 기업들은 리더부터 직원까지 모두가 고객에 대한 경험을 직접 체험하도록 하고 있다. 이러한 고객에 대한 직접 체험은 고객이 진정으로 원하는 것이 무엇이고 어떠한 부분에서 좌절하고 있는지를 직접 듣고 체험함으로써 고객에 대한 공감 능력을 높여준다. 아마존은 CEO를 포함해서 모든 직원이 매년 일정 시간 서비스 데스크에서 직접 고객 전화를 응대하며 고객을 돕는 활동에 참여한다. 또한 자포스는 모든 신입직원이 입사하게 되면 어느 부서에 배치되든 간에 첫 4주간은 콜센터에서 입문교육을 받는다. 고객에 대한 실제 응대를 통해 고객에 대한 서비스가 회사의 최우선이라는 점을 각인시키는 것이다. 미국의 노드스트롬이 자사의 재고가 없을 때 고객에게 메이시와 같은 경쟁사의 제품을 찾아주는 것처럼 자포스도 자사의 재고가 없을 때 고객에게 경쟁사의 사이트까지 검색해서 알려준다는 일화는 유명하다. 자포스는 고객 서비스를 가장 우선시하면서도 직원들이 일하기 좋은 직장문화를 만드는 것에도 신경을 많이 쓴다.

고객 중심 문화는 고객 중심의 행동이나 성과에 대한 보상을 통해서도 유지되거나 강화되지만 일상의 업무나 의사결정 상황에서 고객 중심의 가치가 실제로 실천되는 것이 중요하다. 가령 넷플릭스는 구성원들 간에 토론을 장려하는 것으로 잘 알려져 있는데 만약에 격렬한 논쟁이 붙을 경우에는 누구의 주장이 옳은지는 중요하지 않다. 그보다는 사업과 고객의 성공이 가장 중요한 기준으로 작용한다.[17]

어떻게 혁신문화를 유지할 것인가

변화에 민첩한 기업들은 앞서 설명한 학습의 문화를 가능하게 하는 기반문화, 즉 공동체 의식, 높은 성과책임, 심리적 안전감, 솔직과 투명성, 그리고 고객 중심 문화를 강화하고 지속적으로 유지하기 위해서 무엇을 하고 있을까? 이 기업들은 무엇보다 자사의 조직문화에 적합한 옳은 인재를 채용하는 것을 가장 중요시한다. 그리고 자사가 지향하는 조직문화와 부합하는 행동과 성과에 대해서 인정하고 보상함으로써 강력한 메시지를 전달하고 있다. 이 모든 것에는 스스로가 조직문화를 실천하는 롤모델이 되는 리더가 큰 영향을 미치고 있다.

:: 옳은 인재의 채용이 우선이다

변화에 민첩한 조직은 신입직원들의 조직 적응이나 기존 직원들의

혁신문화의 특징과 유지방식

핵심 문화 요소	가치와 규범	유지 방식
공동체 의식	• 공동의 목적의식과 높은 소속감 • 동료들의 상호 지지와 압력 • 개인보다는 조직 중심	• 리더의 조직 목적 공유 • 동료들이 신규채용에 폭넓게 참여 • 팀 중심의 인정과 보상
높은 성과 책임	• 도전적 목표를 수립하고 최고의 성과 지향 • 공동 목표달성을 위한 주도적인 업무처리 • 조직 간 협력과 공동의 문제해결	• 조직 목표와 개인 목표의 정렬 • 개인을 넘어선 조직의 탁월한 성과를 달성하고자 하는 구성원 상호 간의 약속 • 높은 수준의 임파워먼트(권한, 역량 등)
심리적 안전감	• 새로운 아이디어를 시도 • 아이디어나 개인 의견을 자유롭게 개진 • 실수나 실패에 대해서 이야기	• 실패의 정의에 대한 인식 전환 • 심리적 안전감을 주는 리더의 경청과 질문 • 실패를 통한 학습을 축하하거나 격려 • 실패로부터의 학습을 직무요건에 반영
솔직과 투명성	• 업무 성공을 위한 솔직하고 구체적인 피드백과 커뮤니케이션 • 업무나 조직의 위험신호를 신속하게 공유 • 성공적 업무수행에 필요한 모든 정보 접근	• 업무정보를 투명하게 공유하는 회의 및 정보 시스템 • 동료 피드백 평가 • 높은 수준의 경영정보 공유
고객에 대한 집착	• 고객 우선의 문화 • 고객관점에서 사고하고 행동 • 고객 중심의 수평적이고 협력적인 문화	• 고객의 성공을 우선하는 의사결정 • 제품 서비스 개발 시 고객 테스트 • 고객·만족, 고객충성도, 고객유지 등의 성과에 대한 평가와 보상 • 리더의 솔선수범(경영자가 콜센터 등 고객접점에서 직접 본보기 제시)

개발보다 그 이전에 올바른 직원을 선발하는 데 더 많은 주안점을 두고 있다. 넷플릭스 같은 기업들은 아무리 채용 프로세스가 오래 걸리더라도 조직에 적합한 인재를 제대로 뽑는 것이 낫다는 입장이다. 변화에 민첩한 조직에서의 선발은 상당히 까다롭기로 유명하다. 실제로 함께 일하게 될 팀원들 대부분이 인터뷰 과정에 참여하는 것도 큰 특징이다. 이러한 기업들은 채용 기준의 50% 이상을 지원자의 특성과 조직문화와의 적합도를 검증하는 데 할애한다. 또한 입사 지원자들에

게 회사의 일하는 방식과 조직문화를 솔직하게 소개하는 현실적 직무소개Realistic Job Preview를 제공함으로써 입사 지원자 스스로가 자신의 성향이 입사하고자 하는 회사의 조직문화와 적합한지를 판단할 수 있도록 돕는다.

변화에 민첩한 조직은 또한 입사 후에라도 조직과 맞지 않는 직원들이 올바른 결정을 할 수 있도록 돕기 위해서 안정적 퇴로를 제공한다. 자포스는 입사 후 한 달 이내에 생각이 바뀌어 퇴사를 결정할 때 4,000달러의 퇴직수당을 지급하고 있다. 자포스를 인수한 아마존 또한 퇴직수당을 받을 기회를 제공하고 있다. 이를 통해 자사에 근무하는 직원들이 자신의 현재와 미래의 경력에 대해서 매년 정기적으로 재고해볼 기회를 제공한다. 넷플릭스는 미래에 조직에 기여할 잠재력이 낮은 직원들이 조직 바깥에서 새로운 출발을 할 수 있도록 돕기 위해서 매력적인 퇴직보상 패키지를 제공하고 있다. 이는 직원들의 자존심을 지켜주면서도 동시에 퇴사 이후의 경력개발을 실질적으로 지원하기 위함이다.

:: 보상과 인정을 통해 혁신문화를 강화한다

반복된 행동패턴으로 나타나는 조직문화는 때로는 강력한 상벌을 통해 형성되거나 소멸되기도 한다. 사회적 학습효과도 높아서 나의 옆 사람이 어떤 행동에 대해서 보상받거나 처벌받는 것을 관찰하는 것만으로도 간접학습이 된다. 그래서 변화에 민첩한 조직들은 혁신문화를 강화하기 위해 강력한 보상과 인정을 활용하고 있다. 공동체 의식을 강화하기 위해서는 개인성과보다는 팀성과에 대해서 팀 단위로 보상하고 인정하는 제도를 운영하고 있다. 예를 들어 고어에서는 자신의 성과에 대해서 동료들로부터 평가받으며 보상은 동료들이 평가한 자신의 순위와 회사의 성공에 따라서 결정된다. 자포스는 여기서한 걸음 더 나아가 직원이 고객을 감동시키거나 팀워크를 발휘한 동료 직원들을 추천하여 보상하는 프로그램을 다양하게 운영하고 있다.

인정이나 직접적인 피드백을 통해서도 특정 행동을 장려하기도 한다. 예를 들어 실패를 감수하면서도 새로운 시도를 하는 행동에 대해서 리더가 인정을 해주거나 자신의 업무영역을 벗어나서 성과책임을 발휘하는 행동에 대해서 긍정적 피드백을 해주는 식이다. 반면 실수를 감추려고 하거나 정보를 공유하지 않고 독점하는 행동은 구체적이고 직접적인 피드백을 통해 해당 구성원에게 조직의 명확한 기대를 심어주기도 한다.

:: 자율과 규율의 균형을 유지한다

혁신문화라고 하면 당구대가 놓여 있고 맥주도 마실 수 있는 자유롭게 꾸며진 사무실의 분위기를 연상할 수 있다. 하지만 실제 스타트업 기업들의 혁신문화는 이와는 많이 동떨어져 있다. 또한 혁신문화에서 의미하는 실수나 실패를 마치 방치나 방임과 비슷한 것으로 착각해서는 안 된다. 변화에 민첩한 조직들의 자율은 바로 규율화된 자율이라고 해야 더 정확하다. 자율적으로 업무를 수행하되 정해진 규칙을 지키면서 업무를 진행하는 것이다. 이는 마치 재즈밴드에서 연주자들이 기본적인 코드 진행이라는 규칙을 모두가 함께 따르면서 자신의 능력을 발휘해서 즉흥연주를 하는 것과 유사하다.

따라서 실험을 장려하고 실패로부터 학습하는 문화를 가진 회사도 실험할지 말지를 결정할 때는 사전에 정해진 기준으로 진행 여부를 결정한다. 실험의 출발이 되는 가설이 데이터에 의해서 충분히 검증되어야 진행될 수 있다. 한편으로 보면 너무 기준이 엄격해지면 실험의 자유가 줄어들 수 있다. 그러한 면에서 리더는 자율과 규율의 사이에서 적절한 균형을 유지해야만 한다. 마치 재즈밴드의 코드 진행 규칙과 같이 기업 조직에서도 자율의 한계를 설정하는 모래상자sand box를 운영할 수 있다.[19] 모래상자는 미국의 가정집 뒤뜰의 놀이터에 있는 모래가 채워진 상자인데 아이들이 그 안에서 어떤 놀이도 해볼 수 있는 안전한 공간이다. 이와 비슷하게 기업에서도 구성원들이 자율성을 발휘할 수 있는 한계를 설정해줄 수 있다. 이를 통해서 자율적 업무 수행에서 심각한 문제가 생길 것을 염려하는 리더들과 자율성을 발휘하면서 일정 선을 넘을 것을 두려워할 수 있는 구성원들 모두에게 명확한 가이드라인을 제공할 수 있다. 모래상자와 같은 자율성의 한계를 효과적으로 설정하기 위해서는 구성원들이 요구하기 전에 리더가 먼저 그러한 한계를 적극 제시해야 한다. 구성원들이 자율성을 발휘하는 성숙도가 높아졌다고 판단될 때는 이러한 한계를 제거할 수도 있다.

스크럼이란 용어를 처음 소개했던 히로타카 다케우치와 이쿠지로 노나카의 1986년도 논문에서 일본 자동차 기업 혼다의 한 임원이 말한 인터뷰 내용이 흥미롭다.[20] "창의성을 발휘하라는 것은 마치 팀원들을 2층에 올라가게 하고 사다리를 치워버린 다음 뛰어내리든지, 아니면 다른 방법을 찾으라고 이야기하는 것과 같습니다. 저는 창의성이라는 것은 사람들을 몰아세우고 극한의 압박을 주는 것에서 나온다고 믿습니다." 이는 개발팀에게 최대한의 자유를 주면서도 동시에 엄청나게 도전적인 목표를 부여한다는 것을 보여준다.

:: 리더가 혁신문화를 실천하는 롤모델이 된다

옳은 인재의 채용 그리고 성과에 대한 인정과 보상 외에 조직문화를 형성하는 또 다른 중요한 요소가 바로 리더십이다. 변화에 민첩한 조직에서 리더는 조직이 추구하는 문화적 가치와 타협하지 않고 혁신문화 실천의 모범이 되어야 한다. 또한 진정성과 일관성을 통해 구성원들에게 신뢰를 심어줄 수 있어야 한다.

리더는 조직문화에 대한 명확한 기대를 설정할 뿐만 아니라 실제 행동에 대한 인정과 피드백 그리고 보상 등을 통해 바람직한 행동을 강화하는 중요한 역할을 한다. 그리고 무엇보다도 리더 스스로가 직원들에게 보여주는 행동이 그 조직의 문화를 결정하는 중요한 요인이다. 리더가 만약 특정 개인의 성과나 능력을 칭찬하고 업무상에서 실수가 발생했을 때 문제해결보다는 책임자를 찾아 비난만 한다면 구성원들은 새로운 것을 시도하기보다 현실에 안주하는 경향이 높아질 것이다. 또한 리더가 높은 성과책임을 강조하면서도 성과를 달성하는 데 필요한 중요한 정보를 자신의 권력으로 여기고 독점하려 한다면 구성원들 모두가 목표를 달성하기 위해 몰입할 수 없을 것이다.

리더는 변화에 민첩한 조직에 필요한 혁신문화를 촉진하기 위해 새로운 시도를 장려하고 권한을 위임하며 리더 본인도 실패로부터 배우는 등 스스로 모범을 보여야 한다. 그래서 다음 논의는 리더십으로 이어진다

6장

전원 리더 체계
: 모두가 리더가 된다

리더는 모든 질문에 답해야 하고 모든 문제에 해결책을 제시해야 한다는 강박관념에서 벗어나야 한다. 리더는 질문에 답하기보다는 질문하는 것에 익숙해져야 한다.

-비니트 나야르, HCL의 전 CEO

세계 최고의 클래식 오케스트라 중 하나인 오르페우스 챔버 오케스트라는 다른 오케스트라에는 있지만 없는 것이 있다.[1] 바로 지휘자가 없는 것이다. 오르페우스는 1972년에 첼로 연주자인 줄리안 파이퍼Julian Fifer 등 몇 명의 연주자가 모여서 설립한 오케스트라다. 설립 초기부터 민주주의, 상호존중, 연주자들의 적극적인 참여가 지휘자를 대신할 수 있다는 믿음으로 지휘자를 두지 않는 것에 동의했다. 모든 연주자들 각자가 능력이 있으며 좋은 연주를 위해 헌신할 것이라는 믿음이 있었기 때문이다. 이 오케스트라에서 모든 연주자는 때로는 리더가 될 수도 있고 때로는 팀의 구성원이 될 수도 있다.

전통적인 오케스트라에서는 어떤 악곡을 연주할지와 선정된 곡을 어떻게 연주해야 하는지에 대해서 지휘자가 결정한다. 지휘자는 고정적 역할로 연주자에 대해 한 명씩 일대일로 직접 연주를 지시하고 감독한다. 연주자들이 더 좋은 연주를 위해서 제안을 하거나 의견을 제시할 수 있는 여지는 거의 없다. 하지만 오르페우스에서는 이 모든 것이 가능하다. 연주의 어떤 부분을 강조할 것이고 곡을 어떻게 해석할 것인지를 결정하는 지휘자의 역할을 지휘자 대신에 모든 연주자가 한다. 모든 연주자는 지휘자의 신호나 지시를 수동적으로 기다리는 대신 중요한 의사결정에 대해서 적극 참여하고 공동책임을 가지고 있는 것이다. 오르페우스에서는 심지어 바이올린 연주자가 동료인 팀파니 연주자나 첼로 연주자에게 어떻게 연주했으면 좋겠다는 의견을 제시하는 것도 이상한 일이 아니다. 처음부터 이러한 시도는 실험적이었다. 어떤 악곡을 어떻게 연주할지에 대해서 모두가 함께 토론하고 수백 시간 동안의 연습을 거듭했다. 지휘자가 없는 오르페우스에서 유일한 공식 직책이 있다면 콘서트 마스터인데 지휘자의 역할이 아니라 연주 해석이나 레퍼토리에 대한 다양한 이견을 조율하는 역할이다.

하지만 오케스트라가 주목을 받고 청중의 요구가 높아지기 시작하면서 이렇게 모든 연주자가 공동의 의사결정을 하기는 쉽지 않았다. 그래서 설립 당시부터의 음악에 대한 순수성은 계속 유지하면서 연주자들에게 부담되지 않는 효율적인 시스템을 도입하기로 했다. 의사결정의 효율성을 높이면서도 단원 모두가 의사결정의 책임을 공유하기 위해 '핵심core'이라고 불리는 리더십팀 방식을 도입한 것이다. 즉 새로운 곡을 연습할 때마다 연주자들은 소수의 리더 그룹을 투표로 선발하는 것이다. 이 그룹에는 콘서트 마스터를 포함해서 오케스트라의 각 섹션을 대표하는 리더들이 포함된다. 이 리더 그룹은 어떠한 악곡을 선정하고 어떻게 연주할지를 검토하고 연습시간을 최소화하기 위해 어떤 연습방식을 취해야 하는지도 결정한다. 핵심 리더십팀을 구성하는 리더들은 특정 악곡을 연주하는 데 필요한 스킬과 지식을 기준으로 동료 연주자들에 의해 선발된다. 가령 헨델의 음악을 연주할 때는 바로크 음악에 전문성을 가진 사람이 선발되는 식이다. 물론 모든 연주자는 여전히 다양한 의견을 내고 질문도 할 수 있지만 악곡의 연주에 대한 중요 의사결정을 하는 것은 이 리더십팀이다. 그리고 이 리더십팀은 새로운 곡을 연주하게 될 때마다 다시 투표를 통해 새로운 사람으로 교체되기 때문에 결국에는 누구나 리더로써 참여할 기회를 가지게 되고 이는 리더십에 대한 책임을 단원 모두가 가지는 것과 같다.

경영조직도 오르페우스 오케스트라처럼 지휘자 없이 모든 구성원이 리더십에 대한 공동 책임을 지면서 움직일 수 있을까? 오르페우스 오케스트라처럼 기업 조직에서도 리더가 없는 조직이 존재한다.[2] 바로 고성능 섬유인 고어텍스로 유명한 미국 기업 고어다. 고어는 1958년에 회사를 설립할 때부터 전통적인 계층구조처럼 개인과 개인이 수직적으로만 연결되는 구조가 아닌 개인과 개인이 네트워크로 서로 연결되는 격자구조로 회사를 운영해왔다. 고어에서는 계급이나 직함이 존재하지 않는다. 리더는 경영진이 임명하는 것도 아니다. 고어에서는 모든 구성원들이 리더가 될 수 있다. 동료들이 리더를 맡을 자격이 있다고 판단되는 사람이 있으면 그 사람을 리더로 선출한다. 누구든지 고어에서 리더가 되기 위해서는 새로운 사업 기회를 찾고 자신의 아이디어로 동료들을 설득해야 한다. 누가 어떤 일을 어떻게 수행할지에 대해서 지시하는 사람도 없다. 대신 무엇을 할지 스스로 생각하고 동료들과 함께 협의해서 결정한다. 고어에서는 성과 평가도 상사가 아닌 함께 근무한 동료들이 수행한다.

오르페우스 오케스트라나 고어와 같이 리더가 없는 조직의 사례는 아주 독특한 예외로만 존재하는 것이 아니다. 오늘날에는 비교적 신생기업들을 중심으로 이처럼 보스가 없는 조직을 채택하는 사례가 점점 더 많아지고 있다. 미국의 게임 회사인 벨브 소프트웨어는 관리자가 없고 정해진 직책도 없는 조직으로 운영하고 있다.[3] 이 회사의 운영방식도 고어와 흡사하다. 이 회사에서 제품이나 사업 아이디어는 리더가 아니라 직원이나 팀이 제안하고 그러한 아이디어에 관심이 있고 참여하길 원하는 사람들이 모이면 비로소 프로젝트가 시작된다. 그러나 이러한 사례들이 리더의 역할이 필요없다는 것을 의미하지 않는다. 오히려 리더십이 직원이나 팀으로 더 분산되고 공유된 형태로 행사되기 때문에 더욱 중요해진다는 점에 주목해야 한다. 오르페우스 오케스트라나 고어도 마찬가지로 지휘자나 보스가 없는 것이 리더십이 없다는 의미가 아니다. 리더십은 모든 구성원에 의해 공유되는 것이다.

그렇다면 변화에 민첩한 자율적인 조직에서 리더는 어떠한 역할이 요구될까? 리더들은 앞으로 기존의 전통적인 조직에서 필요했던 마인드와 역량 중에서 무엇을 폐기하고 어떠한 역량을 새로 개발해야 할까? 우선, 변화에 민첩한 조직의 리더십은 전통적인 리더십과 어떻게 다른지를 살펴보도록 하자.

전통적 리더십은 가장 큰 장애물이다

전통적인 조직에서는 리더가 아이디어나 방향을 제시했고 구성원들은 이를 계획대로 빈틈없이 실행하는 역할만 담당했다. 하지만 변화에 민첩한 조직에서는 리더가 더는 혼자서 조직의 방향을 제시하지 않는다. 자기만의 성공 공식을 고수하거나 공식적 권한에 의존해서 지시와 명령만을 해서는 구성원들을 효과적으로 리드할 수도 없다. 변화에 민첩한 조직에서 리더십은 리더가 수행하는 역할, 해당 분야의 전문성, 그리고 지금까지 조직에서 쌓아온 신뢰와 평판 등에서 비롯된다.

역할 측면에서도 전통적 리더는 주로 기획하고 지시하고 승인하는 역할을 했다. 그러나 변화에 민첩한 리더는 조직의 목적의식을 구성원 한 명 한 명과 정렬하고 임파워먼트를 통해 구성원들이 현장의 문제를 신속하게 해결해서 고객에 효과적으로 대응할 수 있도록 지원하는 역할을 한다. 변화에 민첩한 조직에서 리더는 공식적 권한이나 명령과 통제가 아닌 비공식적 영향력에 기반해서 리더십을 발휘해야 한

전통적 리더와 변화에 민첩한 리더의 특징

	전통적 리더	변화에 민첩한 리더
초점	• 효율 • 관리 • 안정	• 고객 가치 • 팀 업무 지원 • 변화
권력의 원천	• 공식적 권한 • 포지션	• 전문성, 신뢰 및 평판 • 역할
리더십 발휘 방식	• 명령과 통제	• 영향력(수직 및 수평적)
리더십의 분포	• 중앙집중적	• 분배적
주요 역할	• 기획 • 지시 • 승인	• 목적의 공유 및 정렬 • 임파워먼트 및 지원 • 코칭

다. 또한 안정과 효율을 추구하기보다는 변화와 혁신을 이끌 수 있어야 한다. 리더가 과거의 전통적인 마인드와 행동을 버리지 못한다면 변화에 민첩한 조직에서 성공할 수 없다.

누구나 리더 역할을 할 수 있어야 한다

변화에 민첩한 조직에서 리더의 역할은 더는 관리자나 감독자의 역할이 아니다. 또한 조직이 나아가야 할 방향이나 아이디어를 혼자서 결정하고 이끌어나가는 영웅도 아니다. 구성원들이 자신의 전문성과 잠재력을 발휘할 수 있는 환경을 디자인하고 업무 수행을 지원하는 촉진자이자 코치이다.

변화에 민첩한 리더십을 효과적으로 작동시키는 원천은 전문성과 신뢰에 더해서 역할이다. 변화에 민첩한 조직의 특징이 바로 역할 중심의 조직 운영이다. 이 역할 관점에서 보면 누구나 과제나 상황에 따라 리더가 될 수 있다. 어떤 조직의 단위활동이나 프로젝트를 수행하는 데 요구되는 전문성은 계속 변화될 수 있고 그 역할에 적합한 리더 역시 과제의 특성에 따라 가장 그 역할을 잘할 수 있는 사람으로 바뀌는 것이 효과적이기 때문이다.

리더의 역할은 그 일에 가장 적합한 사람이 스스로 자원하거나, 동료들에 의해서 추천되거나, 혹은 민주적 절차로 선출될 수 있다. 모든 구성원은 자신의 전문성에 적합한 리더의 역할을 담당할 수 있는 기회를 얻고 리더의 역할이 끝날 때마다 동료들의 구체적이고 솔직한 피드백을 통해 스스로의 리더십을 인식하고 개발할 수 있다.

공유 리더십으로 리더십의 총량을 증가시킨다

리더의 역할이 집중되지 않고 구성원들에게 분배되는 공유 리더십은 의사결정의 적시성과 현실을 반영한 의사결정의 최적화 측면에서 매우 중요하다. 변화에 민첩한 조직에서는 리더 혼자서 모든 의사결정을 내리지 않는다. 리더가 현장에서 일어나는 모든 사항을 세세하게 다 알 수는 없기 때문이다.

변화에 민첩한 조직에서 공유 리더십이나 분권화는 권력의 상실을 의미하는 것이 아니다. 과거에는 조직 변화에 따른 리더십 포지션의 변화는 곧 권력의 변화를 의미했다. 그래서 그 과정에서 권력 투쟁이 불가피했다. 리더의 공식 권한을 제로섬 게임의 시각으로 바라봤기 때문이다. 가령, 조직구조가 제품사업부 구조에서 고객사업부 구조로 변화하면 기존의 제품조직 관리자의 권한이 상대적으로 약화되고 고객 관리자 권한이 그만큼 증가한다. 하지만 변화에 민첩한 조직의 리더십 변화는 권력투쟁을 일으키지 않는다. 수행해야 할 업무에 대해서 가장 많은 전문성을 가지고 있고 결과를 가장 잘 낼 수 있는 구성원이면 누구나 리더의 역할을 맡을 수 있다. 조직이 프로젝트 중심 구조로 세분화되어 운영되면 리더의 역할을 담당하는 사람의 수는 증가하기 때문에 결국은 영향력에 기반한 리더십의 총량은 더 증가한다.

기존의 전통적인 위계조직 관점에서 보면 리더십의 증가는 의사결정의 지연, 사일로 현상의 심화, 프로세스 리드타임의 감소 등 여러 부정적 효과를 발생시킨다. 하지만 자율성이 높은 변화에 민첩한 조직에서 리더십의 증가는 의사결정 속도와 협력을 증가시키며 프로세스의 리드타임을 감소시킨다. 업무 수행 측면에서도 조직 상부의 지시가 없거나 직무기술서에 기재되지 않은 일이라 하더라도 조직이나 프로젝트팀이 최선의 성과를 내기 위해서 필요한 일들은 자발적으로 수행된다.

변화에 민첩한 조직은 공유 리더십을 통해 고객과 현장에 가깝게 위치한 구성원들을 전략에 참여시키고 필요한 변화를 적시에 이룰 수 있는 변화 챔피언의 네트워크를 확보함으로써 든든한 지원군을 얻을 수도 있다.

원대한 목적을 정렬시키고 혁신의 맥락을 만든다

변화에 민첩한 조직에서 경영진은 전통적인 조직처럼 전사 차원의 전략이나 비전을 수립하거나 일방적 지시를 더 이상 하지 않는다. 그보다는 여러 프로젝트팀의 다양성을 인정하면서 단위조직들을 조직의 목적을 중심으로 한 방향으로 정렬시킨다. 변화에 민첩한 조직의 경영진은 다음과 같은 질문들에 대해서 구성원들에게 답할 수 있어야 한다.

- 기업으로써 우리는 왜 존재하는가?
- 우리는 무엇을 하는 회사인가? 그리고 무엇을 하지 않는 회사인가?
- 우리는 사회에 어떠한 영향과 의미를 가지는가? 그리고 그것이 우리에게 왜 중요한가?
- 우리 회사에서는 어떠한 가치가 가장 중요하고 우선시되는가?

구성원 한 명 한 명을 조직의 의미 있는 목적과 연결시키는 것이 경

미션과 목적의 차이

미션	목적
우리는 무엇을 하는가	왜 우리는 그것을 하는가
비즈니스 창출	꿈을 공유하는 것
전략적	문화적
감화적	포부적
설득을 창출	주인의식을 창출
초점을 제공	열정을 불러일으킴
회사를 구축하는 것	공동체를 구축하는 것
벽돌을 쌓는 것	성당을 짓는 것

(출처: Bruce, J, 2016, The Difference Between Purpose and Mission. Disney Institute)

영진의 주요 역할이다. 미션이 상대적으로 경제적 가치 창출에 대한 것이라면 이에 반해서 목적은 우리가 존재하는 이유이다. 우리가 꿈꾸는 지향점이자 포부이다. 우리가 이 일을 왜 해야 하는지 공감대가 잘 형성되면 구성원들은 기대되는 것 이상의 추가적인 노력을 하고 더 많은 창의성을 발휘한다. 구성원들이 의미 있는 목적을 공유할 때 조직은 모두가 꿈꾸는 바를 함께 이루기 위해 노력하는 공동체가 되는 것이다. 테슬라를 창업한 일론 머스크가 추진하는 민간 우주업체 스페이스엑스의 목적은 2024년까지 인간을 화성으로 보내서 화성을 지구의 식민지로 만드는 것이다. 설사 이들이 꿈꾸는 미래가 불확실하고 비현실적으로 보일지라도 이러한 높은 목적은 구성원들에게 야망과 비전을 심어준다. 구성원들은 조직 전체의 목적과 잘 정렬되었을 때 이처럼 불확실하고 달성하기가 불가능해 보이는 목적을 달성하고자 하는 높은 동기를 가질 수 있다. 그리고 목적을 달성하기 위한 창의적 방법을 찾기 위해 노력한다. 다양한 시도와 실험을 하는 위험

감수도 마다하지 않으면서 그 원대한 목표를 향해 한 걸음 한 걸음씩 나아가는 것이다.

경영진은 혁신의 맥락을 조성하는 역할을 하는 것도 중요하다. 리더 혼자 문제를 해결하거나 혁신적인 아이디어를 제시해서 성공하는 시대는 지났다. 리더는 스스로 혁신을 주도하는 주체가 아니라 구성원들이 새로운 아이디어를 제시하고 새로운 시도나 실험을 하는 것을 지원해야 한다. 필요한 전문성과 역량을 조직 내부에서 찾아 서로 연결해주거나 필요한 자원을 동원해주는 역할도 한다. 이를 위해서 리더는 구체적인 전략적 방향성을 제시하기보다는 조직의 목적과 전반적인 수준의 가이드를 제공하면서 팀이 자율적으로 구체적 방향을 설정하고 실행하도록 지원해야 한다.

이처럼 구체적인 목표의 수립이나 의사결정을 현장에 위임하는 방식은 이미 오래전부터 군대조직에 존재했다. 이를 임무형 지휘mission command라고 한다. 군대가 전쟁터에서 무엇을 어떻게 해야 하는지를 상세하게 규정하는 것이 아니라 리더는 목적이나 임무만을 제시하고 상세한 의사결정은 실제 전투를 하는 현장의 지휘관이나 병사들이 수행하도록 위임하는 지휘방식이다. 이는 프러시아 군대에서 1800년대부터 발전한 것으로 오늘날 미군을 포함한 많은 국가의 군대에서 활용되고 있다. 임무형 지휘에는 몇 가지 원칙이 있다. 필요한 것 이상의 명령을 하거나 예측할 수 있는 상황을 넘어서는 계획을 수립하지 않는 것, 그리고 모든 사람이 일정 범위에서 자유로운 의사결정을 하도록 보장하는 것 등이다.[4]

이미 1980년대에 스크럼과 같은 방식으로 제품을 개발했던 일본 기업들의 경영진들은 구체적인 방향성이나 명확한 산출물에 대한 목

변화에 민첩한 조직의 리더 역할 유형

	주요 역할	초점
경영진	• 조직의 목적을 모든 구성원에게 정렬 • 전반적인 전략적 방향성과 가이던스 제시 • 전사적인 우선순위, 과업, 자원의 흐름 조정 • 구성원의 목소리를 지속적으로 경청하면서 업무 원칙 수립 및 혁신의 맥락 창출	• 정렬 • 왜·어디서
프로덕트오너· 프로젝트 리드	• 팀원 전체가 업무 로드맵과 스프린트에 기반해서 계획을 수립하고 공유하도록 지원 • 고객의 요구상항 청취 및 반영 • 주요 이해관계자(경영진, 사업 리더)와 업무 및 자원 배분 조정 • 백로그 및 우선순위 관리	
프로세스 퍼실리테이터·코치	• 팀 업무 프로세스 가이드 • 팀 업무상의 장애요인 제거 • 공동 의사결정이나 토론 등에서 집단지성이 잘 발휘되도록 퍼실리테이션 • 팀원들에 대한 성과 코칭과 피드백	• 자율 • 무엇을·어떻게
팀원	• 우선순위가 높은 과업을 작은 모듈로 나누어 팀원 각자의 업무와 업무량 결정 • 작업 완수의 상태를 정의하고 2주 내지 3주 단위 사이클의 스프린트로 중간 산출물 구축 • 진행 상황, 이슈, 해결방안을 전체 팀원과 공유	

표를 제시하지 않았다. 히로타카 다케우치 등에 따르면 일본 기업들의 최고경영진은 신제품 개발 프로세스를 킥오프하면서 구체적 방향성 대신 폭넓은 목표와 대강의 전략적 방향성을 제시했다.[5] 경영진이 프로젝트팀에게 신제품에 대한 명확한 개념이나 구체적인 업무 계획을 전달하는 경우는 거의 없다. 경영진은 프로젝트팀에게 폭넓은 자유를 제공하면서 동시에 매우 도전적인 목표를 수립하도록 한다. 예를 들어 당시 후지제록스의 경영진은 개발팀이 2년 내에 현 개발원가의 절반 수준으로 최상위 라인의 고급 복사기를 개발하는 것을 목표로 제시했다.

실무 전문가이면서 조정자의 역할을 한다

변화에 민첩한 조직에서는 리더들이 리더의 역할만 전담하지 않는다. 리더의 역할을 하면서 기본적으로 실무 전문가의 역할도 동시에 한다. 어떠한 프로젝트나 과업에 따라서 그 일을 가장 잘 이끌어 갈 수 있는 사람이 리더로 추천되거나 자원하여 리드 역할을 담당하기 때문이다.

사실 변화에 민첩한 조직에서 관리자나 관리라는 용어는 더는 적합하지 않다. 예를 들어 애자일팀 구조에서는 프로젝트나 과제를 이끌어가는 역할에 대해서 관리자나 리더라는 타이틀 대신 프로덕트 오너Product Owner나 과제 오너Initiative Owner라고 부르는 경우가 많다. 프로젝트나 과제를 이끌어가는 프로덕트 오너의 역할은 자신이 방향을 제시하는 것이 아니라 팀원 모두가 업무 로드맵과 스프린트에 기반한 업무 추진 계획을 함께 수립하고 공유하도록 촉진하는 것이다. 그리고 중요한 이해관계자인 내외부 고객, 경영진, 그리고 사업 리더와 필요한 조율을 한다. 업무적으로는 해야 할 일들이 정리된 백로그 및 팀 내 과제의 우선순위를 조정하고 관리하는 역할도 한다. 이러한 리더 역할을 하면서 자신이 담당하는 실무도 함께 담당하다가 프로젝트나 과업이 완수되면 팀은 해산된다.

애자일팀에서 프로덕트 오너의 역할은 고객과 사업에 가치를 제공하는 프로젝트나 과업에서 성과를 내는 데 초점이 맞춰져 있다. 직원의 성장과 개발을 돕는 역할은 리더 이외에 다양한 루트가 있다. 기본적으로는 동료가 서로 피드백하고 코칭하면서 서로의 성장을 돕는 경우가 많다. 또는 직원들의 육성을 담당하는 코치의 역할을 하는 사람을 따로 두는 경우도 있다. 다기능 팀 운영으로 소실될 수 있는 기능 전문성을 지속적으로 유지하는 역할을 챕터 리더Chapter Leader에게 맡기기도 한다. 이 챕터 리더가 구성원들의 성과관리나 역량 향상을 지원하는 역할을 담당하기도 한다. 물론 이러한 역할을 하는 코치나 챕터 리더들도 전담 역할은 아니고 실무를 함께 수행한다.

균형적 리더십으로 복잡성과 패러독스에 대응한다

경영 환경이 비교적 안정적이었던 과거에는 어느 한 가지 특성이나 스타일을 가진 리더가 효과적인 리더십을 발휘할 수 있었다. 이를테면 냉철한 분석력, 판단력, 의사결정 능력으로 요약되는 머리 리더십, 직원들을 몰입시키고 동기부여하는 가슴 리더십, 그리고 결단력과 실행력을 발휘하는 배짱 리더십 중에 어느 한 측면만 탁월한 강점을 발휘해도 충분했다.

하지만 뷰카로 요약되는 오늘날의 경영 환경에서는 이 세 가지 중 한 가지 리더십만으로는 효과적인 리더십을 발휘할 수 없다. 즉 그때그때의 상황과 환경이 요구하는 바에 따라서 판단과 통찰이 필요할 때는 냉철한 머리를 활용할 줄 알고, 조직 변화의 상황 등에서 구성원을 몰입시켜야 할 때는 따뜻한 가슴을 활용할 줄 알며, 도전적 목표달성을 위해 구성원들을 독려하거나 용기있는 의사결정을 할 때는 배짱을 활용할 줄 알아야 한다.[6]

오늘날의 리더는 전략 기획과 실행, 새로운 혁신과 운영의 최적화, 학습 민첩성과 기존 과업의 수행, 직원 몰입과 성과에 대한 강한 요구 등 다양한 상황에서 유연하게 리더십을 발휘해야 한다. 마치 곡예사가 한쪽으로 치우치지 않도록 하면서 외줄타기를 하는 것과 같은 균형감

복잡성 시대의 리더십: 외줄에서 균형잡기

	전략	◆┄┄┄┄┄◆	실행	
	혁신	◆┄┄┄┄┄◆	운영 최적화	
	신규 학습	◆┄┄┄┄┄◆	기존 과업 수행	
	직원 몰입	◆┄┄┄┄┄◆	강한 성과 요구	
	자기 인식	◆┄┄┄┄┄◆	조직에 대한 인식	

(출처: Aon Hewitt, 2016, Walking the Leadership Tightrope)

각이 리더에게 요구되는 것이다.

앞서 살펴본 것처럼 변화에 민첩한 조직에서 요구되는 경영진과 프로젝트 리더에게 요구되는 역할은 전통적인 조직에서 요구되는 역할과 확실히 다르다. 변화에 민첩한 조직에서 경영진은 구체적 방향을 제시하거나 지시하는 역할이 아니라 구성원과 팀 스스로가 무엇을 어떻게 해야 하는지를 자율적으로 결정해서 실행할 수 있도록 지원하는 역할이다. 조직의 목적을 구성원 한 명 한 명과 연계시키면서 구성원들이 자신의 기여와 일의 의미를 느낄 수 있도록 해야 한다. 또한 큰 시각을 가지고 전사 차원의 우선순위나 자원의 흐름을 조정하는 역할도 필요하다.

한편, 프로젝트 리더나 팀 리드는 과거와 같이 지시하거나 감독하는 관리자의 역할이 아니다. 실무 수준에서 팀 구성원들과 함께 업무의 방향을 설정하고 업무 진행을 지원하며 그 과정에서 이루어지는 토론, 공동 의사결정, 그리고 사후 점검 등을 촉진하는 역할을 한다.

변화에 민첩한 리더십 모델

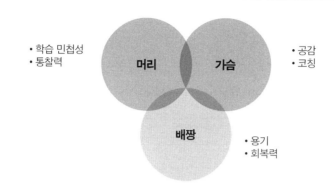

- 학습 민첩성
- 통찰력

머리

가슴

- 공감
- 코칭

배짱

- 용기
- 회복력

또한 프로젝트팀을 대표해서 필요한 자원을 확보하거나 다른 팀들과의 이해관계를 조정하거나 협업을 이끌어내는 팀 조직의 대표자와 같은 역할이 요구된다.

변화에 민첩한 조직에서 경영진과 프로젝트 리더가 이처럼 자신들의 역할을 효과적으로 수행하기 위해서는 어떠한 특정 스타일의 리더십을 가지거나 특정한 역량을 발휘하는 것으로는 충분하지 않다. 리더가 직면해야 하는 상황은 시시각각 변화할 수 있기 때문이다. 리더가 스스로도 변화에 지속적으로 적응하고 팀 단위의 자율적인 조직 운영과 새로운 것을 신속하게 시도해보는 업무환경을 촉진하기 위해서는 사고력, 대인관계 능력, 그리고 자기관리 능력이 요구된다.

경영진과 프로젝트 리더 역할 모두는 우선 머리Head 리더십 측면에서 조직을 전체적인 큰 그림의 시각에서 이해하면서 여러 단위조직 사이의 이해관계 조정이나 자원 배분을 할 수 있어야 한다. 또한 환경은 지속적으로 변화하기 때문에 새로운 환경 변화를 수용해서 민첩하게 학습할 수 있는 능력이 필요하다. 이러한 통찰력과 학습 민첩성은 남들이 보지 못하는 새로운 기회를 발견하고 선점하는 데도 중요하다. 가슴Heart 리더십 측면에서는 팀의 협업을 촉진하고 공동의 의사결정과 토론을 이끌 수 있어야 하기 때문에 상대방의 입장이나 감정을 읽을 수 있는 공감 능력이 필요하다. 경영진과 프로젝트 리더 스스로도 수평적인 협력을 발휘하면서 팀으로 일해야 한다는 점에서도 공감 능력은 중요하다. 이러한 공감 능력은 혹시나 발생할 수 있는 업무적 갈등상황을 해결하고 건전한 긴장관계를 유지하는 데에도 도움이 된다. 또한 동료나 구성원들이 자신들의 잠재력을 마음껏 발휘해서 자율적으로 방향을 설정하고 방법을 찾아낼 수 있도록 코칭하는 능력도 발휘해야 한다. 배짱Gut 리더십 측면에서는 기존의 방식을 고수하지 않고 새로운 것을 시도해보면서 위험을 감수할 수 있는 용기가 필요하다. 그리고 새로운 시도나 실험이 혹시 실패하더라도 다시 일어서서 도전할 수 있는 회복력도 있어야 한다.

필자가 다년간 국내 여러 기업의 임원과 팀장들의 리더십을 진단해본 결과 공통으로 강점으로 나타나는 능력은 실행력이며 약점으로 나타나는 영역은 방향제시 능력, 공감과 소통과 같은 대인관계 능력, 그리고 변화 리더십 능력이었다. 전형적으로 상부의 목표나 지시를 이미 정해진 절차나 방법에 의해 성실하게 수행하는 구성원들이 조직에서 인정을 받고 승진해서 팀장과 임원의 역할을 담당하고 있다. 하지만 변화에 민첩한 조직에서는 국내 리더들의 공통적인 개발 필요 영역으로 나타난 대인관계능력이 더욱 중요하다. 수평적이고 자율적으로 움직이는 조직 특성상 함께 팀을 이루어서 일하는 능력과 다른 동료들이 잠재력을 발휘할 수 있도록 촉진하는 능력이 중요하기 때문이다. 그러면 변화에 민첩한 조직의 리더 역할에 요구되는 리더십을 데이비드 도트리치David Dotlich 등이 제시한 머리, 가슴, 배짱 리더십의 관점에서 좀 더 자세히 살펴보도록 한다.

:: 머리 리더십: 학습 민첩성과 통찰력으로 새로운 것을 찾아 나서는 탐구자

변화에 민첩한 조직에서도 전통적 조직과 마찬가지로 리더의 머리 리더십은 여전히 중요하다. 머리 리더십에서 앞으로 중요한 역량은 우선 새로운 것들을 빠르게 학습할 수 있는 능력이다. 경영 환경이 계속적으로 변화하기 때문에 자신을 지금까지 성공으로 이끌어주었던 경험과 성공 공식은 더는 유효하지 않을 수 있다. 새로운 환경에서 새로운 정보들을 흡수하고 이러한 정보들이 조직에 어떠한 영향을 미칠지에 대해서 빠르게 학습해야 한다.

리더에게는 통찰력도 필요하다. 불확실한 상황 속에서도 리더는 환경의 변화를 능동적으로 탐색하고 통찰력 있게 해석해 신속한 판단을 내릴 수 있어야 한다. 리더는 불확실하고 애매한 상황에서 제한된 정보만으로도 의사결정을 내릴 수 있어야 한다. 리더가 필요한 모든 정보를 수집하고 분석해서 완전한 해답을 찾으려 하다 보면 조직은 분석 마비analysis paralysis에 걸려 새로운 기회나 타이밍을 놓칠 수 있기 때문이다. 또한 집단으로 이루어지는 공동 의사결정에서 다른 동료들과 최적의 대안을 함께 도출하기 위해 통찰력 있는 질문과 조언도 할 수 있어야 한다.

학습 민첩성

변화에 민첩한 조직에서 요구되는 여러 리더십 중에서 제일 중요한 능력이 학습 민첩성learning agility이다. 학습 민첩성이라는 용어 자체가 빠르게 변화하는 환경을 새롭게 학습하고 적응하는 것을 의미하기 때문이다. 새로운 정보를 더 신속하고 효과적으로 학습할 수 있다면 더욱 민첩하게 판단하고 움직일 수 있는 리더가 될 수 있다. 학습 민첩성의 반대는 바로 과거의 오래된 방식이나 규칙을 고수하는 것이다.

학습 민첩성이 높은 사람들은 무엇이든 배울 수 있는 새로운 경험을 추구하고 복잡한 문제를 해결하는 것을 즐기며 새로운 것에 호기심이 많다. 학습 민첩성을 높이기 위해서는 새롭게 무엇인가를 학습할 수 있는 다양한 경험을 해보거나 나와 생각이 다른 다양한 사람들의 아이디어를 접해보는 것이 효과적이다. 조직 내외부 전문가의 도움을 적극 받는 것도 좋다. 때로는 리더가 실무 업무를 직접 해보거나 현장으로 나가 고객을 직접 만나보는 것도 새로운 것을 학습하는 데 도움이 된다.

통찰력

머리 리더십에서 두 번째로 요구되는 능력은 바로 통찰력insight이다. 통찰력은 복잡한 정보를 단순화해 패턴을 이해하고 이를 직관적으로 통합해서 핵심을 파악하는 능력이다. 환경의 불확실성이 높아질수록 데이터나 사례에 근거한 양적 분석이나 의사결정 모델을 활용하기보다는 통찰적인 사고와 시각이 더욱 중요하다. 변화에 민첩한 조직에서는 현재의 전문성과 과거의 경험보다도 미래의 흐름을 읽을 수 있는 직관력과 통찰력을 중시한다. 서로 관련이 없어 보이는 환경 정보들을 통합해 패턴을 읽을 수 있는 인지능력도 필요하다.

과거에는 환경을 예측하여 분석하고 합리적인 대안들을 도출한 다음 전체 구성원들이 따라갈 수 있는 전략적 방향성을 제시하는 것이 중요했다. 하지만 복잡성이 높고 변화가 많은 환경에서 리더는 자신의 경험과 지식을 맹신하거나 기존의 사고방식을 고수하기보다는 상자 밖으로 나와서 사고할 수 있는 능력이 필요하다. 주어진 정보나 데이터만을 분석하기보다는 복잡한 정보를 단순화하여 패턴을 이해하고 이를 직관적으로 통합해서 핵심을 파악하는 통찰력이 필요한 것이다.

리더의 통찰력은 어느 하나의 전문 분야에만 정통해서는 개발할 수 없다. 자신의 분야와 관련이 없어 보이는 분야에 용기 있게 도전해보고 실패나 성공을 해보는 경우에 발전한다. 복잡하고 다양한 정보를 체계화하고 분류하고 단순화하여 일관된 패턴을 찾아내는 활동을 센스메이킹sensemaking이라고 한다. 변화에 민첩한 리더에게는 바로 이러한 인식 능력이 요구된다. 마케팅 전문가인 조지 데이George Day에 따르면, 경영자들은 근시안적 의사결정이나 자기충족적 예언을 하거나 혹은 다른 가능성이나 대안을 배제하기 때문에 복잡한 정보에서 의미를 찾아내는 데 실패한다.[7] 리더가 이러한 센스메이킹 능력을 키우려면 미래에 발생할 수 있는 다양한 가능성을 상상할 수 있어야 한다. 또한 일선 현장의 보고에만 의존하지 않고 현장으로 나가서 직접 듣고 보는 노력이 필요하다. 인문학, 다른 산업에 대한 학습, 공상과학 영화 관람 등 그 외 개방성과 상상력을 향상시킬 수 있는 다양한 활동을 하는 노력도 필요하다.[8]

:: 가슴 리더십: 공감·소통으로 협업을 촉진하며 동료의 잠재력 실현을 돕는 코치

오늘날 많은 기업의 리더들에게 가장 부족한 리더십이 바로 구성원들의 생각과 감정에 공감하면서 몰입시키고 잠재력의 실현을 도우면서 동기부여하는 가슴 리더십이다. 가슴 리더십은 구성원들이 다른 구성원들과 서로 공감하고 소통하면서 협업할 수 있도록 돕는다. 이러한 가슴 리더십은 변화에 민첩한 조직이 모든 구성원에게 요구하는 기본적 능력이기도 하다. 변화에 민첩한 조직에서는 기본적으로 다른 사람들과의 협업이 중요하며 새로운 사람들과 함께 일할 기회가 많기 때문에 공감하고 소통하는 리더십은 필수적이다.

공감

가슴 리더십에서 첫 번째로 요구되는 역량은 바로 공감empathy 능력이다. 공감은 자신 및 타인의 감정과 생각을 이해하고 그러한 이해를 바탕으로 적절하게 대응할 수 있는 능력이다.[9] 상대방의 생각과 감정을 이해하고 공감하기 위해서 노력할 때 자연스럽게 의사소통과 관계형성 능력이 강화되고 상대방과 신뢰를 쌓을 수 있다. 변화에 민첩한 조직은 팀 조직의 이합집산이 자주 일어나기 때문에 새로운 동료와 함께 팀워크를 이루면서 협업하기 위해서 리더와 구성원 모두가 공감 능력을 갖추어야 한다.

공감 능력은 어려운 의사결정을 내리거나 커뮤니케이션을 할 때도 중요한 역할을 한다. 가령, 상대방의 발전을 위해 솔직하고 진정성 있는 피드백을 하거나 아니면 직원을 회사에서 떠나보내야 하는 상황에서도 공감은 필수적이다. 공감은 상대방에게 진정성 있는 모습으로 비추어지고 이러한 진정성을 통해서 상대방은 자신이 존중을 받는다는 느낌을 받게 된다.

코칭

가슴 리더십에서 두 번째로 요구되는 능력은 바로 코칭coaching 능력이다. 코칭은 함께 일하는 사람들이 스스로의 강점과 잠재력을 최대한으로 발휘해 성과를 향상시키고 역량을 개발할 수 있도록 돕는 능력이다. 전통적 위계 조직의 리더가 주로 방향성을 제시하고 지시하는 감독자의 역할이었다면 자율적인 조직에서의 리더는 구성원들이 스스로 해결책을 생각해낼 수 있도록 기다려주고 돕는 코치의 역할을 하는 것이 더욱 중요하다.

리더는 코치로서 구성원들에게 스스로를 성찰하도록 돕는 질문이나 행동 중심의 피드백을 통해서 구성원들이 새로운 생각과 전과는 다른 새로운 행동을 해보도록 돕는다. 리더는 코칭을 통해서 구성원들이 도전적 목표를 수립하도록 동기부여한다. 업무 중간 단계에서는 구성원들이 새로운 시도를 하거나 문제를 해결하도록 지원하고 전체 팀원들이 서로의 지혜를 모아 문제를 해결할 수 있도록 촉진하기도 한다. 또한 업무가 종료된 후에는 업무 결과에 대한 구체적인 피드백과 함께 무엇을 새롭게 배웠는지를 성찰해볼 수 있도록 하고 다음의 목표에서는 무엇을 새롭게 해볼 수 있을지를 생각해 볼 수 있도록 돕는다.

:: 배짱 리더십: 새로운 것을 용기 있게 시도해서 성공시키는 모험가

불확실한 상황에서 모든 의사결정에는 위험이 따른다. 안정적인 환경에서는 과거의 경험에 기초한 여러 가지 시나리오를 통해 어느 정도 리스크에 대한 예측이 가능했다. 하지만 불확실한 환경에서는 미

변화에 민첩한 리더가 갖추어야 할 역량

머리 리더십	학습 민첩성	변화하는 환경에서 새로운 경험이나 정보를 통해 신속하게 새로운 것을 학습하고 이를 업무에 적용할 수 있는 능력
	통찰력	복잡한 정보를 단순화하여 패턴을 이해하고 이를 직관적으로 통합해서 핵심을 파악하는 능력
가슴 리더십	공감	자신 및 타인의 감정과 생각을 이해하고, 그러한 이해의 바탕 위에서 적절하게 행동할 수 있는 능력
	코칭	함께 일하는 사람들이 스스로의 감정과 잠재력을 발휘하여 성과를 향상시키고 역량을 개발할 수 있도록 돕는 능력
배짱 리더십	용기	결과의 불확실성을 감수하고 현상유지에서 벗어나 자신감을 가지고 새로운 것을 시도해보는 능력
	회복력	어려움과 난관에 부딪히거나 실패하더라도 이를 딛고 일어서서 다시 계속 나아갈 수 있는 능력

래의 리스크를 예측하기가 무척 어렵다. 따라서 자신감과 용기를 가지고 그 누구도 해보지 않은 방식을 시도할 수 있는 리더십이 필요하다. 변화에 민첩한 조직에서 필요한 리더의 역할은 창업가의 모습이지 성숙한 비즈니스를 관리하는 모습은 아니다.[10]

또한 불확실한 상황에서 새로운 시도를 했다가 실패를 경험하는 것도 피할 수 없는 일이다. 실행하는 과정에서 아직 예상하지 못했던 전혀 새로운 어려움을 겪을 수도 있다. 이러한 악조건 속에서도 끝까지 물고 늘어지는 끈기도 있어야 하고 실패하더라도 다시 일어설 수 있어야 한다.

용기

배짱 리더십에서 첫 번째로 요구되는 리더십은 바로 자신감 있는 용기courage이다. 앞서 준비, 실행, 조준의 접근법이나 애자일 방법론에서 살펴본 것처럼 변화의 상황에서는 충분하지 않은 데이터만으로도 결단력 있게 판단하고 한 번도 가보지 않은 길을 용기 있게 갈 수 있어야 한다. 철저하고 광범위한 데이터와 분석에만 의존한 의사결정을 고수하면 적절한 타이밍을 놓칠 수 있기 때문이다.

자신이 과거에 한 성공이나 실패 경험을 마치 고정불변의 사실처럼 간주하고 기존의 사고의 틀에서 벗어나지 못하는 것도 스스로 경계해야 한다. 어려운 문제에 직면할 때 그 사안의 기본적 전제부터 다시 생각할 수 있어야 한다. 데이터의 부족이나 불확실성에도 불구하고 옳은 의사결정을 하고 과감하게 실행하기 위해서는 용기가 필요하다. 넷플릭스에서는 전체 구성원이 반드시 공유해야 하는 아홉 가지 조직 문화 중 하나가 바로 용기이다.[11] 이때 용기는 논란이 될지라도 자신이 생각하는 바를 말하는 것, 과도한 고민이 없이도 힘든 결정을 내릴 수 있는 것, 그리고 똑똑한 위험감수를 하는 것을 의미한다.

회복력

배짱 리더십에서 요구되는 두 번째 측면은 바로 회복력Resilience이다. 회복력은 어려움에 부딪히거나 실패하더라도 이를 딛고 일어서서 다시 계속해서 나아가는 능력이다. 회복력이 높은 사람은 새로운 일을 할 때 실패를 당연하게 받아들이며 그러한 실패에 좌절하지 않는다. 발명왕 에디슨은 다음과 같이 말했다. "나는 실패한 것이 아니라 단지 성공하지 못하는 1만 가지 방법을 발견해온 것뿐이다." 이렇듯 회복력은 실패를 앞으로의 성공을 위한 자양분으로 생각하고 다시 일어나서 목표를 향해 매진하는 능력이다.

긍정심리학을 주도하고 있는 심리학자 마틴 셀리그만Martin Seligman은 세 가지의 P가 회복력을 방해한다고 한다.[12] 첫 번째 P는 개인화

Personalization로 자신의 잘못으로 실패와 역경을 겪게 되었다고 생각하는 것이다. 두 번째 P는 보편성Pervasiveness으로 실패를 특정 영역에 한하는 것으로 국한시키지 않고 그 사건이 삶의 모든 영역에 영향을 미칠 것으로 생각하는 것이다. 세 번째 P는 영속성Permanence으로 그러한 실패의 영향이 영원히 지속될 것으로 생각하는 것이다. 회복력이 높은 사람들은 긍정적인 마인드를 가지고 있고 정서적으로 안정되어 있으며 호기심이 많고 유연하며 목표 지향성이 높다. 또한 회복력이 높은 사람들은 실패로부터 배울 수 있다고 생각하고 자기 스스로에게도 고유한 강점이 있다고 생각한다. 회복력을 높이기 위해서는 다른 사람들과의 솔직한 대화를 통해 나 말고 다른 사람은 비슷한 실패 상황에 대해서 어떻게 느끼는지를 공감해보는 연습이 필요하다.

리더와 구성원 모두가 함께 변해야 한다

전통적 조직의 패러다임에서 변화에 민첩한 자율조직의 패러다임으로 이행하기 위해서는 리더뿐만 아니라 구성원들의 자발적 몰입과 참여가 필수적이다. 변화에 민첩한 조직을 위해서는 구성원들도 언제든지 리더 역할을 담당할 수 있기 때문에 구성원 모두가 앞서 설명된 새로운 리더십 능력들을 꾸준히 개발해야 한다.

변화에 민첩한 조직을 갖추기 위해서는 리더의 마인드 변화뿐만 아니라 구성원들의 마인드와 행동도 새롭게 변화해야 한다. 변화에 민첩한 기업들은 구성원들이 자율적으로 업무를 수행하고 스스로의 잠재력을 충분히 발휘할 수 있도록 하고 있다. 그래서 다음 장은 변화에 민첩한 조직의 인재관리에 대해서 다룬다.

7장

몰입형 인재관리
: 몰입을 이끈다

인간은 자율적이고 스스로 결정되며 서로 연결되어지는 타고난 내적 동력을 가지고 있다. 그리고 그 동력이 해방되면 사람들은 더 많은 것을 성취하고 더 풍요로운 삶을 살아간다.

- 다니엘 핑크

    4차 산업혁명이라는 불리는 거대한 변화의 물결은 인사 환경에도 많은 영향을 미칠 것으로 예상된다. 우선 단순하고 반복적인 노동은 자동화 기술로 대체될 것이다. 예를 들어 콜센터 직원, 통번역 전문가, 그리고 생산직 종사자는 멀지 않아 그 수가 현재보다 현저히 줄어들 것이다. 반면 데이터 과학자와 같이 새로운 기술이나 창의적인 아이디어를 활용해서 새로운 부가가치를 창출하는 사람의 능력은 점점 더 중요해질 것이다. 이러한 경영 환경의 변화로 인해 최근 들어 기존의 상식을 깨면서 전통적인 인재관리 철학과 제도의 틀을 벗어난 새로운 시도가 많이 나타나고 있다.

    가령 매년 한 번씩 상사가 부하직원의 성과를 리뷰하고 등급을 매기는 방식의 성과관리 제도를 폐지하고 동료들이 서로 더 자주 피드백을 주고받는 성과개발 방식을 채택하는 기업들이 늘어나고 있다. 리더가 없는 자율적 조직도 최근에는 그 사례가 증가하고 있으며 휴가정책이나 비용기준을 폐지하는 등 성숙한 인간에 대한 신뢰를 바탕으로 하는 새로운 인재관리 정책이 많은 관심을 받고 있다. 이러한 새로운 인재관리의 바탕에는 바로 사람에 대한 신뢰와 존중, 즉 사람 중심의 인재관리 철학이 있다.

지금까지 살펴본 변화에 민첩한 조직도 인재관리에서 사람 중심의 철학을 중요시한다. 변화에 민첩한 조직은 개인 혼자가 아니라 팀과 함께 자율적으로 업무를 수행하고 구성원 모두가 지혜를 모아서 대화와 토론을 통해서 의사결정을 한다. 업무에서도 반복적이고 루틴한 업무 방식에서 벗어나 새로운 것을 시도해보고 학습해보는 방식이 조직문화로 정착되어 있다. 또한 리더가 따로 존재하는 것이 아니라 과제의 성격에 따라서 가장 적임자가 리더의 역할을 하면서 팀 전체가 업무의 방향을 결정하고 실행하는 자율적인 구조로 운영되고 있다. 이처럼 변화에 민첩한 조직의 중심에는 바로 사람이 있다. 즉 변화에 민첩한 조직을 갖추기 위해서는 구성원들의 적극적 참여를 이끌고 이들이 잠재력을 실현할 수 있는 환경을 조성하는 것이 절대적으로 중요한 것이다.

이에 반해서 전통적인 인사관리에서는 사람을 목표달성을 위해 투입해야 하는 여러 자원 중 하나로 본다. 즉 조직이 계획대로 움직일 수 있도록 자원을 효율적으로 통제하는 것이 주된 목적이 되면서 직원을 마치 부품과도 같이 정확하게 움직일 수 있도록 해주는 표준화가 인재관리에서 중요했다. 업무 수행에 필요한 직무를 사전에 구체적으로 정의하고 그러한 요건과 기준에 적합한 인재를 선발해 분업화된 업무를 담당하도록 해오고 있는 것이다.

전통적 인사관리에서는 인력운영의 일관성과 예측 가능성을 높이기 위해 모든 인사는 각종 제도, 규정, 그리고 프로세스 등을 중시하는 관료적인 방식으로 운영되었다.[1] 제도와 규정에서 벗어나는 예외는 인정되지 않으며 예외 사항이 자주 발생하게 되면 오히려 그러한 예외를 관리하기 위한 규정을 추가하는 식이었다. 이러한 전통적인 인사 프로그램들은 변화와 불확실성이 상대적으로 덜했던 시대에 더 적합했다. 하지만 오늘날과 같은 변화의 시대에서 이러한 전통적 인재관리 방식은 조직이 변화하는 상황에 유연하게 대처하지 못하도록 방해한다.

반면에 변화에 민첩한 조직은 '사람'을 관리의 대상이 아니라 기업 경영의 능동적 주체로 바라보면서 사람이 가진 무한한 잠재력을 신뢰한다. 또한 사람을 규격화하고 표준화해서 효율성과 안정성을 추구하는 것이 아니라 각자의 능력과 다양성을 인정하면서 지속적 변화와 가치 향상을 지원하는 인재관리를 추구한다. 과거부터 그래왔던 것처럼 기존의 방식을 고수하면서 루틴하고 반복적으로 업무를 수행하는 것은 더 이상 중요하지 않다. 그보다는 구성원들이 자신의 능력을 최대한 발휘하면서 새로운 시도를 통해 학습하고 궁극적으로는 고객의 가치 향상을 최종 목표로 띌 수 있도록 지원해주어야 한다. 이제는 인재관리의 목적을 다시 생각해봐야 할 시점이다.

주도성, 창의성, 열정을 자극한다

근본적으로 변화에 민첩하게 움직이는 조직은 리더 혼자 이끌어갈 수 없고 제도나 규정에 의해서 운영되는 것도 아니다. 리더를 포함한 모든 구성원이 함께 만들어가야 한다. 따라서 변화에 민첩한 조직에서는 직원들의 자발적인 몰입과 동료들과의 협업이 핵심이고 이것을 뒷받침하는 인재관리가 필요하다.

게리 하멜이 제시한 인간 역량의 피라미드를 살펴보자.[2] 게리 하멜은 6개의 계층으로 된 피라미드를 위아래로 3개 계층씩 반으로 나누었다. 그러면서 피라미드의 하단부에 있는 전문성, 근면성, 그리고 복종은 언제든 필요할 때 외부에서 확보할 수 있는 범용재로 비유하고 있다. 이러한 인재는 전세계 어디서나 구할 수 있다. 따라서 경쟁우위가 될 수 없다. 필자의 경험으로는 국내의 많은 기업은 열정, 창의성, 주도성이 중요하다고 강조는 하면서 실제적으로는 아직도 인재관리에서 여전히 피라미드의 하단부에 있는 전문성, 근면성, 그리고 복종을 중시하는 것 같다. 반면 변화에 민첩한 조직이 심혈을 기울여서 가꾸고 촉진해야 하는 역량은 바로 피라미드의 상단에 해당하는 주도성, 창의성, 그리고 열정이다. 구성원들이 자신의 직무기술서에 없는 일이라고 하더라도 주도적으로 업무를 수행하고 기존의 통념에 도전하면서 창의적으로 업무를 수행하며 더 나은 세상을 만들고자 하는 열정으로 즐겁게 일할 수 있는 환경을 조성해주는 것이 인재관리의 역할이다.

그렇다면 어떻게 구성원들이 주도성과 열정을 발휘하면서 창의적으로 문제를 해결하고 때로는 자신이 직접 담당하지 않는 일도 조직의 성공을 위해서 자발적으로 나서게 할 수 있을까?

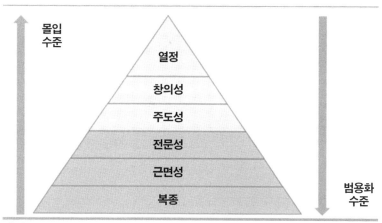

인간 역량의 피라미드 모델

몰입
수준

- 열정
- 창의성
- 주도성
- 전문성
- 근면성
- 복종

범용화
수준

(출처: Hamel, G, 2012, What Matters Now: How to Win in a World of Relentless Change, Ferocious Competition, and Unstoppable Innovation. Jossey-Bass)

직원의 주도성, 열정, 그리고 창의성은 금전적 보상과 같은 외재적 동기보다는 구성원들의 기본적인 내적 동기가 충족될 때 나타난다. 심리학자 에드워드 데시Edward Deci와 리처드 라이언Richard Ryan에 따르면 사람은 기본적인 내적 동기인 ABC, 즉 자율성autonomy, 소속감 belonging, 그리고 유능감competence을 충족시키고자 하는 욕구가 있다.[3] 이들에 따르면 인간의 욕구라는 것은 단순히 원하는 것이 아니라 건강한 삶을 위해 반드시 충족되어야 하고 제대로 충족되지 않으면 역기능이 나타나는 유기체적 조건이다.[4] 특히 자율성은 변화에 민첩한 조직의 핵심적인 작동원리이기도 하다. 자율성에서 중요한 것이 바로 선택인데 인간은 자기 행동이 외부의 어떤 것에 의해 결정되는 것이 아니라 스스로 선택한 것일 때 동기부여가 되고 자발성을 북돋게 된다. 두 번째로 소속감은 관계에 대한 욕구를 나타내는데 사람은 다른 사람들과 감정적 유대를 맺고 서로 의지하며 도움을 주고받으려는 기

내적 동기부여 요소

자율성
- 자기 선택적이고 주도적 행동
- 업무방식과 시간 등을 스스로 선택

소속감
- 사람들과 가깝고 친밀한 관계 형성
- 우호적이고 조화로운 관계 유지

목적
- 사회적으로 의미 있고 영향력 있는 목표 추구
- 조직 목적과 개인 목적 일치

유능감
- 흥미있는 스킬을 활용하고 향상
- 일에서의 도전감, 성취감, 성장감

본적 성향을 가지고 있다. 사람은 어떤 특정 집단에 소속되면 자신의 정체성과 집단을 동일시하게 되고 그 집단의 가치를 받아들이면서 책임감이 발달하게 된다. 셋째로 유능감은 무엇이든 잘할 수 있는 능력이 있다는 믿음을 가지고 싶은 욕구다. 이는 자신에 대한 긍정적 느낌인 자아존중감과도 관련이 있다. 사람은 이러한 기본적인 심리 동기가 충족될 때 자신의 일에 만족하고 몰입하게 되는 것이다. 다니엘 핑크는 여기에 목적동기를 포함시킨다.[5] 구성원들은 자신이 하는 일을 더 높은 목적의식과 연결하고 개인의 꿈과 조직의 꿈이 일치할 때 동기가 높아지게 된다.

인간의 내적 동기와 관련하여 페이스북 사내에서 진행되었던 연구 결과가 무척 흥미롭다.[6] 페이스북에서는 매년 두 번씩 직원 대상의 서베이를 진행하고 있는데 다년간 진행했던 응답결과를 토대로 직원들을 몰입시키는 세 가지 동기 요소를 발견했다. 첫 번째는 성장과 관련된 경력career이다. 페이스북 직원들은 자율성이 있고 자신의 강점을 활용할 수 있으며 성장과 개발을 촉진할 수 있는 일을 원하는 것으로 나타났다. 두 번째는 소속감과 관련된 커뮤니티community이다. 직원들은 다른 사람들로부터 존중과 배려와 인정을 받으며 서로 연결되어 있다는 느낌을 원한다. 세 번째는 목적의식cause이다. 직원들은 사회에 의미 있고 긍정적인 영향력을 미칠 수 있는 일을 하고 싶어하고 조직의 미션과 자신을 동일시하기를 원한다. 이 연구는 두 가지 중요한 시사점이 있다. 하나는 페이스북 직원들이 세 가지 동기부여 요소 모두를 다 중요하게 생각한다는 것이다. 또 다른 하나는 연령, 지역, 그리고 하는 일의 특성과 관계없이 세 가지 요소가 모두 동기부여에 중요했다는 것이다. 한 기업의 사례이긴 하지만 변화에 민첩한 조직에서 직원들이 자발적이고 주도적으로 자신의 일에 몰입해서 일하도록 지원하기 위해서는 인간의 기본적인 심리적 동기를 충족시켜 주는 것이 매우 중요하다는 것을 잘 보여주고 있다.

이제는 인사의 목적을 다시 생각해야 할 때이다. 인사의 목적은 직원을 선발하고 평가하고 보상을 지급하는 프로세스 그 자체는 아니다. 인사의 목적은 직원들이 자신의 업무를 주도적이고 창의적으로 수행하고 팀워크를 발휘하면서 최상의 성과를 낼 수 있도록 돕는 것이다. 변화에 민첩한 조직은 개인의 가능성을 제한하지 않는다. 변화에 민첩한 조직을 목표로 할 때 사람의 잠재력이 마음껏 발휘될 수 있도록 지원하는 인재관리는 더욱 중요해질 수밖에 없다. 이제는 인간은 수동적 존재이고 보상이나 처벌에 대해서만 반응한다는 인간관에서 벗어나야 한다. 그래야만 구성원들의 머리와 손뿐만 아니라 마음을 사로잡을 수 있다. 넷플릭스의 인재관리도 기본적으로 인간을 성숙한 존재로 보는 데서 출발한다.[7]

직무 중심보다는 사람 중심으로 한다

기본적으로 직무 중심의 인력관리는 조직운영의 효율성과 예측 가능성에 초점을 두는 방식이다. 직무 중심 인력관리의 가장 큰 기본 가정은 직무는 쉽게 변하지 않고 안정적이며 각 직무가 가지는 상대적 가치와 시장에서의 가치를 산정할 수 있다는 것이다. 이러한 가정하에서 직무에 대한 전문화가 이루어졌으며 구성원들은 주로 특정 직무의 전문가로 성장하게 된다. 직무마다 요건이 다르고 가치도 달라서 기본적으로 직무 간 이동은 쉽지 않다. 직무가 모든 인력관리의 기준이 되면서 직무 기반의 채용, 보상, 평가, 경력개발, 승계계획 등이 이루어지기 때문에 조직운영 관점에서 효율성과 예측 가능성이 높아진다. 하지만 최근에 환경 변화가 빨라지고 불확실해지면서 직무의 안정성이 크게 흔들리고 있다. 직무를 구성하는 과업이나 활동이 계속 변할 수밖에 없기 때문이다. 또한 직무 중심의 인력관리는 인력의 이동을 어렵게 하면서 조직의 인력운영을 경직시킬 수 있다. 그래서 변화에 민첩한 조직에서는 직무보다는 사람 중심의 인재관리가 중요해지고 있는데 이러한 방향 전환에는 직무의 변화 가능성 외에도 몇 가지 다른 이유가 있다.

첫째, 직무 중심 인재관리는 해당 직무를 수행하는 주체를 주로 개인으로 가정하지만 변화에 민첩한 조직은 팀워크를 통한 업무 수행을 강조한다. 변화에 민첩한 조직에서 필요한 구성원들 간의 수평적인 협업은 직무 중심 인재관리와 부합하지 않는다. 직무기술서에 정의된 역할과 책임에만 충실한 것은 협업과 상충되기 때문이다. 협업하다 보면 내가 수행하는 직무의 입장에서 해당 업무와 관련은 있지만 공식적인 업무 책임의 바깥에 존재하는 애매한 업무 영역도 존재하게 마련이다. 변화에 민첩한 조직에서는 바로 이러한 애매한 업무 영역에 대해서 구성원들이 자발적으로 주도성을 가지고 업무를 수행하는 주인의식이 필요하다. '이것은 내 일이 아니다That's not my job.'라는 과거의 전통적 직무 중심의 사고로는 변화에 민첩하게 대응하기 어렵다.

둘째, 변화에 민첩한 조직에서는 한 가지 전문 분야에 더해서 여러 가지 전문성을 두루 갖춘 T자형의 다기능 스킬을 보유한 인재를 중시한다. 다양한 분야를 경험했다면 새로운 분야에 대한 도전에 익숙하다는 것이다. 또한 다양한 스킬을 가졌다면 다양한 시각을 포용하고 협업하는 능력이 있다는 것이다. 직무 중심으로 운영되는 조직에서는 한 가지 역할을 충실히 수행하면 된다. 반면 변화에 민첩한 조직에서는 프로젝트의 성격에 따라서 다양한 역할을 해야 하는 경우가 있기 때문에 만능 플레이어로서 역할을 하는 것이 중요하다. 예를 들어 자포스에서는 직원 한 사람이 약 7개 정도의 크고 작은 역할을 담당하기도 한다. 자포스의 구성원들은 이렇게 다양한 역할 경험을 통해 자신의 강점을 살리면서 일을 통한 성장이 가능하다. 다양한 역할을 담당하면서 회사에 대한 전반적 시각도 키울 수 있게 된다.

셋째, 직무 중심 인재관리는 직무의 가치를 평가하는 시스템에 기반하고 있는데 직무가치는 해당직무가 얼마나 큰 규모의 조직을 관리하고 있는가에 크게 좌우된다. 직무가치는 보상과 직접 연계되기 때문에 직무 중심 인재관리 체계에서 구성원들은 더 큰 규모의 조직을 이끌고자 하는 동기가 강해진다. 하지만 큰 규모의 조직은 변화에 민첩하게 대응하기 어렵고 다른 조직과 자원을 공유하거나 협력하기보다 자기 조직의 권력을 보호하고 현상을 유지하려는 경향이 강하다.[8]

전통적 HR VS 변화에 민첩한 HR

	전통적 HR	변화에 민첩한 HR
인재관리 기준	• 직무·기능 • 통제·표준화 • 개인 • 안정적 업무수행	• 사람·역할 및 프로젝트 • 자율·다양성 • 팀 • 학습과 혁신
선발	• 현재에 필요한 직무 전문성 • 성실성, 로열티, 근면성 • 상사 인터뷰를 통한 선발	• 전문성 및 잠재력 • 열정, 창의성, 주도성, 협업, 스킬, 학습 민첩성 • 팀인터뷰를 통한 선발
성과관리	• 톱다운 방식의 팀목표 부여 • 연 단위 평가 및 피드백 • 상사의 등급 평가	• 바텀업 방식의 팀목표 수립 • 실시간의 지속적인 성과 피드백과 코칭 • 상사 및 동료의 개발 목적 피드백
보상 및 동기부여	• 개인성과 중심 보상 • 금전적 보상 등 외적 동기부여 중심 • 재무적 목표나 미션	• 팀 및 전사 성과에 대한 보상 • 자율성, 역량 향상, 소속감을 충족시키는 내적 동기부여 중심(금전적 보상은 고용계약의 일부) • 조직의 목적과 일의 의미
경력 개발	• 수직적 경력경로 • 기능 내 이동 • 회사 주도	• 격자형 경력경로 • 사업·기능간 폭 넓고 유연한 이동 • 개인 주도
교육 개발	• 사전 계획된 공통 교육 프로그램 • 강의 중심의 직무 전문성 강화 프로그램	• 사회적 네트워크를 통한 동료 간 실시간 학습 • 다양한 프로젝트 경험을 통한 개발
핵심인재 관리	• 특정 포지션 후보군 중심의 소수 인재 관리 • 소수에게만 제공되는 리더십 개발 프로그램	• 잠재력 중심의 폭 넓은 인재풀 관리 • 다수에게 개방되는 리더십 개발 기회 • 프로젝트 리더 경험을 통한 자기 인식 및 리더십 개발

위의 표에서 볼 수 있는 것처럼 변화에 민첩한 조직을 구축하는 데 필요한 인재관리는 전통적인 인재관리와 많은 차이를 나타낸다.

팀 중심의 인재선발을 한다

최근에는 이처럼 사람 중심 인사관리의 중요성이 커지면서 선발에서도 인재상의 변화가 일어나고 있다. 변화에 민첩한 조직에서 요구하는 인재상은 새로운 스킬을 신속하게 학습할 수 있는 학습 민첩성, 새로운 아이디어를 생각해낼 수 있는 창의성, 다양한 배경을 가진 사람들과 팀워크를 이루어 일할 수 있는 협업능력, 그리고 다양한 시각을 포용할 수 있는 다기능을 보유한 인재이다. 즉 현재 무엇을 잘할수 있는지에 더해서 창의성이나 학습 민첩성과 같이 미래의 역할에서 발현되기를 기대하는 잠재력을 보유했는지도 중요하게 보고 있다. 물론 현재도 많은 기업이 창의적이고 팀워크를 발휘하는 인재를 인재상으로 설정해놓고 있다. 하지만 조직에서 실제로 선호되는 인재상은 여전히 성실성, 근면성, 그리고 조직에 대한 로열티를 보유한 인재인 경우가 많다.

변화에 민첩한 조직들은 자신들이 추구하는 인재상에 적합한 인재를 선발해서 최고의 팀을 구축하기 위해서 기존과는 다른 접근을 하고 있다. 예를 들어 GE의 신사업팀은 다양한 분야의 전문가가 모인 기능횡단팀이다. 이들은 신규 충원을 할 때 팀원들이 함께 새로운 인력에게 필요한 요구사항을 정의하고 서로 돌아가면서 채용 매니저를 담당한다. 선발할 때도 주로 관리자나 상사의 인터뷰 방식에 의존하기보다는 실제 같이 일할 동료들이 면접에 참여하는 비중을 높이고 있다. 이들 기업의 관심사는 적시right time에 배치하는 것보다도 좋은 인재right talent를 선발하는 데 있다. 시간이 얼마나 걸리는지는 크게 중요하지 않다. 시간이 걸려도 좋은 인재를 뽑는 것이 이들 기업에는 가장 중요하다. 비즈니스와 인재관리를 모두 혁신적으로 하는 넷플릭스의 인사 철학은 '우리는 함께 어울려 일할 수 있는 최고의 직원만 뽑는다.'라는 것이다.

이러한 잠재력 중심의 선발방식은 조직 외부에서 신입이나 경력인재를 채용하는 경우뿐만 아니라 리더 후보를 관리하는 핵심인재 관리에서도 중요하다. 전통적으로는 조직 상위의 핵심 포지션들이 크게 변하지 않을 것이라는 가정하에 각 포지션에서 요구되는 역량이나 경험에 얼마나 적합한지를 최근의 성과 데이터의 히스토리로 평가했다. 즉 상위 포지션에서 요구되는 역량을 현재 포지션에서 얼마나 발휘하는지가 바로 핵심인재 선발의 척도였다. 하지만 최근에는 많은 기업이 리더 후보를 관리하는 승계계획에서 더욱 일반적인 차원의 잠재력을 중시하고 있다. 가령, 글로벌 위험관리 기업인 에이온Aon은 리더의 잠재력을 측정할 때 세 개의 A를 활용하고 있다. 첫 번째 A는 민첩성Agility으로 환경 변화에 얼마나 유연하게 적응할 수 있으며 새로운 스킬이나 정보를 수용할 수 있는 역량을 보유하는지에 대해서 보고 있다. 두 번째 A는 능력Ability으로 여기서는 다른 구성원들을 몰입시킬 수 있는 능력, 즉 사람관리의 리더십 능력을 지녔는지를 평가한다. 마지막으로 세 번째 A는 바로 리더가 되고자 하는 야망Aspiration이다. 여기서는 리더로서 역할을 하고자 하는 의지가 있는지와 성과 달성 욕구를 포함해서 얼마나 성취 지향적인지를 주요한 잠재력 요소 중 하나로 보고 있다.

실시간 동료 피드백과 성과 코칭을 한다

최근에 서구 기업들을 중심으로 성과관리에 대한 패러다임이 크게 변화하고 있다. 특히 연 단위로 이루어지는 평가 등급산정을 폐지하고 분기나 월 단위의 수시 피드백이나 성과 코칭의 형태로 전환하고 있다. 이러한 새로운 방식은 평가를 구성원의 개발을 목적으로 운영한다는 점에서 성과관리 본연의 목적을 추구하는 것이라 볼 수 있다.

이러한 성과관리제도의 변화는 성과관리제도 운영의 효과성 측면에도 그 이유가 있다. 실제 연 단위 등급 산정을 위해 관리자가 1년 동안 사용하는 막대한 시간에도 불구하고 평가하는 사람이나 평가받는 사람 모두 만족도가 떨어지기 때문이다. 인사부서에서 성과관리를 목표설정, 평가, 피드백 면담 등의 정형화된 프로세스 중심으로 관리하다 보니 관리자들은 이러한 성과관리제도를 직원들을 개발하고 육성하는 본연의 업무로 인식하기보다는 부가적이고 형식적인 업무로 취급하는 경우가 많다. 또한 전통적인 성과관리의 패러다임 자체가 직원들을 통제하거나 성과가 낮은 직원들을 찾아내는 데 초점을 맞추다 보니 직원을 동기부여 하는 것이 아니라 사기를 떨어뜨리는 주범으로 지목되어온 것이 사실이다. 그럼에도 많은 기업이 이러한 경직된 제도의 틀에서 벗어나지 못하고 매년 반복해서 그 고통을 감내하고 있다.

더욱 중요하게 이러한 성과관리 패러다임의 변화는 변화에 민첩한 조직을 촉진하기 위한 시도이기도 하다. 변화에 민첩한 조직의 운영 차원에서 보면 계획이나 제안을 빨리 실행하고 처음에 계획했던 방향이 맞지 않을 때 신속하게 새로운 방향으로 전환하기 위해서도 중간에 자주 피드백이 이루어지는 새로운 성과관리제도가 필요하다. 이것은 새로운 시도를 해서 실패를 하더라도 빨리 실패하고 빨리 수정하자는 것을 의미한다. 업무의 변화가 빠른 조직을 한번 상상해보자. 연초에 설정하는 업무 목표는 지속적으로 변화한다. 그러다 보면 애초에 설정된 업무 목표에 근거한 중간 면담이나 결과 면담은 그 의미가 없어진다. 또한 고객의 피드백을 받아 계속 수정하여 산출물을 내는 애자일 방식의 업무 프로세스에도 기존의 연 단위 성과평가 방식은 맞지 않다.

성과관리를 새로운 방향으로 전환한 기업들의 사례를 몇 가지 살펴보면, 특히 GE의 노력이 눈에 띈다. GE는 성장과 효율이 강조되던 잭 웰치 시기에 상대 평가와 강제 할당 방식의 평가제도로 유명했다. 유기적 성장이 강조되던 제프리 이멜트 시기에는 조직성과에 따라 등급 배분이 달라지는 가이드된 분배 방식으로 변경했다. 그리고 최근에는 아예 성과관리에서 '관리management'라는 개념을 제외하고 '성과개발 Performance Development'이라는 이름의 새로운 제도를 도입했다. 사실 이러한 변화의 가장 큰 목적은 스타트업처럼 빠르게 일하는 방식인 패스트웍스FastWorks에 적합한 성과개발 도구가 필요했기 때문이다.

마이크로소프트는 회사 초기에는 개인의 성과를 소수점 단위까지 점수화하면서 개인별 성과평가에 엄격했다. 그러나 2013년에 상사가 개인별 기여도를 평가하는 방식에서 팀 단위의 동료평가 방식으로 전환했다. 팀 구성원들은 민주적인 방식을 통해 평가자로 선정되고 전방위적으로 동료의 성과에 대해 피드백을 하게 된다. 넷플릭스는 공식적인 성과 리뷰를 폐지하고 비공식적인 360도 리뷰를 도입했다. 이 리뷰를 통해서 직원들은 동료의 행동에서 중단하거나stop, 새로 시작하거나start, 혹은 지속continue할 행동을 피드백해준다. 처음에는 무기명의 온라인 방식을 활용했으나 시간이 지남에 따라 실명의 대면 방식으로 전환했다.

이 밖에도 이러한 변화의 흐름은 전통적인 산업까지 확장되고 있는데 제약기업인 화이자, 의류 리테일 기업인 갭, 그리고 보험회사인 시그나 등도 더 빈번하게 과제 중심으로 이루어지는 성과관리 체계로 변화했다.[9] 이와 같은 새로운 성과관리 방식에서는 상사뿐만 아니라 동료의 실시간 피드백도 매우 중요하다. 특히 여러 일상 업무의 장면에서 해당 직원을 가장 잘 평가해줄 수 있는 동료의 피드백이 중요하다. 또한 그 피드백의 내용은 성과 그 자체에만 국한되지 않는다. 심지어 회의에서 당신이 이렇게 행동했으며 그러한 행동은 회의의 운영이나 결과에 어떠한 영향을 미칠 수 있기 때문에 다음부터는 다르게 행동했으면 좋겠다는 구체적인 내용도 피드백된다. 동료들의 피드백을 보상과 연계한 기업도 있다. 스포티파이는 동료의 상시 피드백을 급여인상 검토에 참고해 긍정적인 피드백을 많이 받은 사람에게 인센티브를 주고 있다.

성과 대화와 코칭에서 관리자가 할 수 있는 질문들

시작하는 질문
- 본인이 수행하는 직무관점에서, 우리가 제공하는 제품이나 서비스의 품질을 개선하기 위해 당신이 할 수 있는 일은 무엇인가?
- 어떻게 할 수 있겠는가? 나와 다른 이들로부터 어떤 도움이 필요하겠는가?

업무시간 관리 질문
- 업무를 끝내는 데 필요한 시간을 줄이고 업무 완수 속도를 높일 수 있는 방법으로 무엇이 있겠는가?
- 어떻게 할 수 있겠는가? 나와 다른 이들로부터 어떤 도움이 필요하겠는가?

시스템과 프로세스 개선 질문
- 우리의 시스템과 프로세스는 어떤가? 당신의 시각에서 어떻게 하면 그것을 개선할 수 있겠는가?
- 어떻게 할 수 있겠는가? 나와 다른 이들로부터 어떤 도움이 필요하겠는가?

(출처: 팀 베이커, 2016, 성과제도를 버려라. 구세희 옮김. 책담)

이러한 성과관리의 새로운 패러다임에서 중간관리자들은 구성원들이 업무 수행과정에서 잠재력을 실현하고 스스로 문제를 해결할 수 있도록 돕는 코치 역할을 해야 한다. 적극적 경청과 의미 있는 피드백은 기본이다.

앞의 그림에서 볼 수 있는 것처럼, 직원과 관리자 간에 이루어지는 성과 대화는 더는 형식적인 것이 되면 안 된다. 직원들이 문제해결에서 겪는 도전사항이 무엇인지, 어떤 가능한 해결책은 무엇이 있는지, 어떻게 성과를 향상시킬 수 있는지를 직원 스스로 깨닫는 것을 도와야 한다. 이러한 새로운 시스템에서 성과 리뷰 업무는 더 이상 관리자의 시간을 뺏는 형식적 업무가 아니라 관리자가 일상 업무에서 수행해야 할 가장 기본적이고 중요한 책무가 된다.

팀 기여에 대한 보상과 인정을 한다

변화에 민첩한 조직의 기본단위는 소규모 팀 조직이다. 팀으로 일하는 업무방식 측면에서 공동체적인 요소가 개인적인 요소보다 중요하다. 업무가 대부분 프로젝트팀의 형태로 이루어지고 특정 개인의 역량보다는 모든 팀원의 협력이 성과에 더 중요하기 때문이다. 개인별 성과에 따라 차등을 하더라도 의미 있는, 그리고 모두가 기꺼이 인정할 수 있는 소수에게만 차별적인 보상을 주는 등 개인별 보상 차등을 최대한 축소하는 기업도 있다.

변화에 민첩하게 움직이는 조직들은 구성원들을 동기부여하는 데 있어서 외적보상에 큰 무게 중심을 두지 않는다. 앞서 살펴본 것처럼 도전적이고 자율적이며 의미 있는 업무를 통한 내적 동기부여에 더 초점을 두고 있다. 보상 수준의 외부 경쟁력을 결정하는 보상정책은 기본적으로 시장에 경쟁적인 수준의 전략을 유지한다. 인센티브도 개인의 성과에 따라 큰 폭으로 보상이 결정되는 방식보다는 주식 보상을 통해 주인의식을 높이고자 하는 경우가 많이 나타난다. 필자가 여러 다양한 조직의 직원몰입도를 진단하면서 느꼈던 것도 보상은 외부 경쟁력이 떨어지거나 조직 내 구성원 간의 형평성이 부족하다는 인식이 생길 때 몰입을 저하시키는 것이지 금전적 보상이 많을수록 직원들의 몰입이나 동기가 향상되는 것은 아니라는 것이었다.

미국의 클라우드 플랫폼 기업인 디지털 오션Digital Ocean은 직원들이 경쟁보다는 협력을 하도록 장려하기 위해 평등하게 대하는 방향으로 보상 시스템을 개선했다.[10] 급여인상 조정은 매년 두 차례 시행되는데 직무나 성과 데이터도 참고하지만 주로 외부 노동시장의 변화를 중요하게 보고 있다. 그러한 까닭에 이 회사의 직원들에게는 회사와 자신의 보상 수준에 대해서 협상하는 것이 바람직하지 않다는 문화가 형성되어 있다고 한다.

동기부여를 위해서는 금전적 보상 외에도 칭찬과 인정과 같은 내적 동기부여 방식이 매우 중요하다. 그저 단순히 '잘했다.'라거나 '수고가 많았다.' 혹은 '고생이 많았다.'라는 식의 일반적인 피드백이 아니라 구체적으로 어떤 점이 특히 좋았고 또 새로웠는지 등을 피드백하는 것이 효과적이다. 또한 반드시 긍정적인 피드백만이 구성원들의 몰입과 동기부여에 효과적인 것은 아니다. 어떤 점이 개선되었으면 좋겠는지, 또 어떻게 하면 다음에 더 잘할 수 있을지에 대한 비평적 피드백도 구성원들의 몰입을 촉진하는 데 효과적이다. 그만큼 조직이나 관리자가 나에 대해 세심한 관심을 두고 있고 나의 성장을 중요하게 생각하고 있다는 메시지가 전달되기 때문이다. 물론 많은 기업이 공식적인 인정을 위해 여러 가지 시상awards 방식을 활용하지만, 오히려 일상적인 업무에서 업무 결과에 대해 진정성 있게 주어지는 피드백이 구성원들의 동기부여에는 더 효과적이다. 바로 이러한 이유로 앞서 설명했던 코칭과 피드백 방식의 새로운 성과관리가 더욱 중요해진다.

격자형 경력경로로 경력개발을 한다

변화에 민첩한 조직의 기본적 특징은 바로 수평적인 조직에 있다. 이는 기존의 수직적 위계조직에서 주로 승진을 통해 이루어지던 상향의 경력개발 기회가 크게 제한된다는 것을 의미한다. 많은 서구 기업들은 소위 격자형 경력경로lattice career path를 강조하고 있다. 이는 최근의 여러 가지 조직 변화의 영향이 크다.

우선, 조직 변화가 특정의 일시적 이벤트가 아니라 상시적으로 일어나고 있다. 이것은 더 이상 확실하고 안정적인 조직구조나 포지션이 없음을 의미한다. 경력개발을 원하는 구성원의 입장에서도 내가 지금 5년이나 10년 후에 목표로 하는 포지션이 그때에도 계속 유지되리라는 보장이 없다. 따라서 구성원들은 상시적으로 변화하는 조직에서 자신의 경력과 역량 프로파일의 경쟁력을 높이기 위한 노력을 더욱 적극적으로 해야 한다. 즉 스스로 미래에 요구될 수 있는 능력과 스킬을 확보하는 노력을 통해 경쟁력 있는 스킬 포트폴리오를 구축할 수 있어야 한다.

이와 더불어 직원 개인의 입장에서는 일과 삶의 균형이나 업무시간 조정 등 개인의 선호에 따라 재택근무와 유연근무 등을 시행한다. 이

경력경로의 방향 변화

사다리형 경력경로

- 상향으로만 움직일 수 있는 단일 경력경로
- 올라가거나 그렇지 못하면 멈춰야 함
- 일–삶의 균형
- 시간이 지나도 조직과 경력개발 욕구는 변화지 않는다는 가정

격자형 경력경로

- 상향이면서도 수평이동할 수 있는 경력경로
- 빠르게 또는 천천히 올라가거나 방향 전환
- 경력과 삶의 적합
- 조직 변화가 상식적으로 일어나면 시간이 갈수록 직원의 경력개발 욕구가 변화

(출처: Benko, C. & Anderson, M, 2010, The Corporate Lattice: Achieving High Performance in the Changing World of Work. Harvard Business School Press 수정 인용)

때 격자형 경력 경로의 이동을 통해 혜택을 얻을 수 있다. 가령, 육아 시간을 더 확보하고자 하는 여성 직원은 수평이나 대각선 방향의 행정 업무로 이동해 업무 부담을 일시적으로 경감시키고 다시 일정 기간 후에 기존의 업무나 더 도전적인 업무로 이동할 수 있는 등 경력개발의 유연성을 발휘할 수 있다.[11]

변화에 민첩한 조직이 이러한 격자형 경력 경로를 통해 얻을 수 있는 가장 큰 혜택은 직원들이 다양한 업무에 대한 경험과 지식을 쌓고 사내에 비공식적인 인적 네트워크가 형성되면서 수평적 협업이 더 활성화된다는 것이다. 이러한 격자형 경력 경로를 통해 성장한 인재는 향후에 더 폭넓은 시각과 능력을 갖춘 리더로 성장할 수 있다. 또한 다양한 비즈니스를 경험하고 다른 기능의 업무를 경험함으로써 변화

에 민첩한 조직이 요구하는 인재상에 부합하는 인적 경쟁력을 확보할 수 있다.

격자형 경력경로는 신규 채용을 할 때 내부 직원에게 우선적인 지원 기회를 제공하는 사내공모제Internal Job Posting와 온라인상의 인재시장Talent Marketplace을 통해 활성화될 수 있다. 한 다국적 기업의 경우 온라인상의 인재시장을 통해서 자신의 현재 업무를 수행하면서 새로운 업무를 파트타임으로 경험해볼 기회를 제공하고 있다. 이러한 기회에는 지리적으로는 멀리 떨어져 있지만 가상팀virtual team으로 진행되는 프로젝트 업무도 포함된다.

격자형 경력 경로의 정착을 위해 무엇보다 중요한 것은 리더뿐만 아니라 구성원들의 마인드 변화이다. 우선 리더는 경력개발 면담을 통해 구성원들이 향후 어떻게 경력을 개발하고 싶어하는지 지속적으로 파악해야 한다. 그리고 구성원의 경력개발을 도와줄 수 있는 조직 내 임시파견, 프로젝트팀 참여, 그리고 이동 등 다양한 개발 방안들을 적극 지원할 필요가 있다. 또한 경영진들은 각자의 사업부에 속한 인재들이 회사 전체의 자산이라는 마인드를 가져야 한다. 특히 독립적 손익구조로 운영되는 각 사업부는 자기 조직의 인재를 다른 조직에 뺏기지 않기 위해서 인재를 이동시키는 것에 저항할 수 있다. 하지만 내 조직의 인재가 다른 조직으로 언젠가 갈 수 있다는 것이 자기 조직의 인재층bench strength을 정기적으로 점검하고 강화하는 기회가 된다는 점에서 긍정적으로 바라볼 필요가 있다.

사실 가장 중요한 것은 구성원들의 마인드 변화이다. 과거에는 경력개발의 주체가 회사나 관리자였다면 이제는 구성원 스스로가 자신의 경력을 계획하고 관리하며 필요한 지원을 요청할 수 있어야 한다. 현재 근무하는 조직 안에서만 경력 경로를 찾을 필요도 없다. 또한 앞으로는 조직이 더욱 빈번하게 변화할 수밖에 없기 때문에 관리자가 3년이나 5년 후의 경력경로를 제시한다는 것도 한계가 있다. 자기 주도의 경력개발을 위해서는 조직 내외부의 경력경로 탐색, 조직 내부의 네트워킹, 새롭게 요구되는 스킬의 개발 등 구성원 스스로의 적극적 노력이 필요하다.

실시간 학습과 동료 상호 간 개발을 한다

변화에 민첩한 조직의 리더와 구성원들은 학습 민첩성을 가지고 환경의 새로운 정보와 지식을 지속적으로 학습해야 한다. 특히 앞으로는 개발이 필요한 스킬과 지식이 빠르게 변화할 수밖에 없다. 그때마다 공식적인 교육체계와 과정을 계획하고 개발해 구성원들을 교육하는 것은 너무 늦을 수 있다. 그래서 최근 각광을 받는 새로운 기업교육이 바로 실시간 학습just in time learning이다. 실시간 학습은 학습자가 원하는 시간과 공간에 원하는 지식과 정보가 전달되는 것을 의미한다. 이러한 새로운 교육 방식은 교육 기능 자체의 변화를 가져올 수 있다. 교육 담당자는 기업 내 협업 프로그램이나 사내 SNS 시스템 등의 플랫폼을 활용해서 새로운 지식을 원하는 직원과 사내 전문가를 연결하거나 매칭하는 지식 브로커knowledge broker의 역할을 해야 한다. 더 나아가면 이러한 브로커의 역할은 더 이상 교육 담당자의 업무가 아니라 리더나 사내 전문가의 역할이 될 수도 있다. 이러한 내부 전문가를 통한 즉시적인 교육훈련은 교육 리드 타임을 줄인다는 측면에서 회사나 직원 모두가 혜택을 볼 수 있다. 빠르게 변화하는 기술이나 지식 발전의 속도를 감안할 때 교육 니즈를 충족시켜줄 수 있는 외부의 전문가를 찾기가 어렵다는 것도 이러한 방식이 필요한 이유이다.

실시간 학습과 관련하여 조직에서 새롭게 요구되는 문화적 변화는 바로 상호 간 학습문화employee to employee learning culture이다.[12] 상호 학습문화는 함께 일하는 동료가 교육의 주체가 되어 다른 동료의 개발을 돕고 이것이 모두의 중요한 책임으로 인식되는 문화이다. 변화에 민첩한 조직에서는 구성원들이 서로의 성장을 돕는 문화가 정착되어 있다. 가령 구글의 경우 G2GGoogler to Googler라는 구성원 상호 간 개발 활동을 하고 있다. 이 프로그램에는 약 6,000여 명이 자발적으로 참여해 자신이 보유한 전문성을 배우고자 하는 동료들에게 멘토링, 코칭, 사내 강의를 통해 전달하고 있다.

환경이 변화하면서 새롭게 요구되는 스킬을 재교육해야 할 필요성도 증가한다. 물론 필요한 인력을 외부에서 소싱하는 방법도 있지만 새로운 기술에 대한 갑작스러운 수요는 시장의 인재공급 부족을 가져올 수 있기 때문이다. 새로운 환경 변화에 대응하는 하나의 방법으로 볼 수 있는 기술 재교육은 특히 미국의 통신기업 AT&T의 최근 사례를 눈여겨볼 만하다.[13] AT&T는 사업의 중심축이 과거 케이블과 하드웨어에서 인터넷과 클라우드로 전환되면서 새로운 기술을 보유한 인력이 필요했다. 그들은 기존의 인력을 새로운 인력으로 대체하지 않고 재교육하는 방법을 선택했다. 워크포스Workforce 2020으로 명명된 이 재교육 프로그램은 직원들이 새로운 환경에 적응할 수 있도록 마인드셋을 변화시키고 실질적인 역량을 개발할 수 있도록 지원한다. 현재 자신의 역량과 새로운 직무 간의 적합도를 진단하고 학위나 자격증 제도를 도입하여 회사가 일부 비용을 부담하고 직원 스스로도 일부를 부담하도록 했다. 여기서도 자기 주도적인 경력개발의 원칙이 적용되는 것이다.

외부 전문인력의 유연한 활용을 한다

이 장의 서두에 나온 인간 역량의 피라미드 모델을 생각해보면 피라미드 하단부에서 복종과 근면성 다음으로 높은 역량이 바로 전문성이다. 최근 전문성을 가진 자기고용 인력들로 구성된 외부 노동시장의 규모가 많이 증가하고 있고 기업들도 이러한 전문성을 외부시장에서 확보해 활용하려는 경향도 높아지고 있다. 2016년에 보고된 바를 따르면 미국에서 기업이 고용한 개인사업자, 프리랜서, 그리고 임시직의 규모는 약 6,400만 명 정도이다.[14] 특히 대기업의 경우 그 비중이 전체 인력의 3분의 1가량으로 미국에서는 갈수록 외부 인력을 활용하는 추세가 증가하고 있다. 이러한 추세로 2020년이 되면 직업의 약 43%가 이 같은 형태로 바뀔 것으로 예측되고 있다.[15] 이와 같이 프리랜서나 계약직으로 일하는 경제 모델을 긱 이코노미gig economy라고 한다. 1920년대 미국의 재즈클럽에서 필요할 때마다 연주자를 단기적으로 고용해서 공연gig을 진행했던 사례에서 유래했다. 이러한 자기 고용 형태는 과거에는 주로 IT 엔지니어나 개발자 등이 대부분이었지만, 최근에는 우버나 에어비앤비 등 공유 경제의 발전으로 점차 다양해지고 있고 변호사나 경영 컨설턴트 등의 전문직종으로도 확대되고 있다.

이와 같은 새로운 경제모델은 기업과 긱 워커gig worker인 1인 근로자 모두에게 많은 혜택을 줄 수 있다. 기업 입장에서는 외부 전문가를 일정 기간 필요한 만큼만 고용하면 고정 비용을 절감할 수 있으며 동시에 인력운영의 민첩성과 유연성을 한층 높일 수 있다. 또한 새로운 사업 기회에 대응하기 위해서 조직 내부에 보유하지 않은 새로운 역량과 자원의 포트폴리오가 필요할 수 있다. 만약 이러한 인력 수요를 내부에서 충원할 수 없다면 필요한 인재를 외부에서 신속하게 확보하는 능력이 중요하다.

근로자의 입장에서는 특정 업무 환경에 얽매이지 않고 원하는 시간에 원하는 만큼의 일을 하면서 다양한 경험을 쌓고 일과 삶의 균형도 스스로 관리할 수 있다. 기업 내부적으로는 이미 인사 정보 시스템을 활용해 스킬, 지식, 경험과 관련된 키워드 검색을 통해 매칭되는 직원 개인 프로파일의 검색이 가능하다. 하지만 최근에는 이러한 내부의 인재 플랫폼talent platform을 기업 외부로 확장하여 외부 노동시장의 인재를 유연하게 활용하는 새로운 방법이 시도되고 있다. 이를 통해 기업은 전문성과 경험을 보유한 전문 인재들을 정규직으로 고용하지 않고도 프로젝트의 수요에 따라 유연하게 확보할 수 있다.

글로벌 회계·컨설팅 법인인 PwC는 텔런트 익스체인지Talent Exchange이라는 이름의 자체적인 외부 인재 플랫폼external talent platform을 운영하고 있다.[16] 이 플랫폼은 회사 내부의 프로젝트팀들과 외부의 프리랜서 전문인력을 연결해준다. 외부 인재 플랫폼의 가장 큰 특징은 회사와 프리랜서 전문가들 간의 장기적인 관계를 발전시키고 촉진한다는 점이다. 먼저 외부의 프리랜서 전문인력이 이 플랫폼에 가입하면 자신들의 스킬이나 경험에 매칭되는 역할을 하도록 고려된다. 이들은 이렇게 자신에게 할당된 프로젝트를 마칠 때마다 프로젝트 수행 점수project delivery score를 받는다. 이를 통해 회사는 회사가 필요로 할 때마

외부 노동시장을 활성화하는 PwC의 텔런트 익스체인지

다 함께 일할 수 있는 외부 전문가의 풀을 확보하고 외부 전문가는 더 많은 기회에 스스로를 노출시킬 수 있다는 점에서 모두가 혜택을 볼 수 있다.

미국의 언론사인 워싱턴포스트도 이러한 외부 전문가 네트워크를 활용하는 좋은 사례이다.[17] 이 기업은 '인재 네트워크Talent Network'라는 플랫폼을 활용해서 개인적으로 활동하는 유능한 작가들과 자사의 편집장을 연결하고 있다. PwC와 마찬가지로 워싱턴포스트 또한 경험 많고 유능한 외부 전문가들을 엄선하여 네트워크를 구성함으로써 이들과 장기적 관계를 형성해 나가고 있다.

어떤 기업들은 이러한 인재 플랫폼을 활용하는 것에서 한 걸음 더 나아가 더 타이트한 인재풀로 네트워크를 구성하여 고급의 전문인력들을 유연하게 운영하기도 한다. 영국 런던에 본사를 두고 있는 컨설팅 기업인 이든맥칼럼Eden McCallum은 최고 인재들로 구성된 인재풀을 500명 정도 유지하면서 프로젝트가 있을 때마다 이들을 투입하여 프로젝트를 진행하고 있다.[18] 이 회사의 인재풀에는 최고의 전략 컨설팅 회사에 근무한 경력자들이 대부분이다. 이 회사는 특히 완전 고용을 하지 않으면서도 인재풀을 까다롭게 선발해 관리하는 것으로 유명하다. 앞으로 환경 변화나 사업 방향의 변화로 적시에 필요한 인재를 단기간 활용하려는 기업들은 이와 같은 다양한 형태의 고용이 큰 도움이 될 것이다.

새로운 고용관계를 정립한다

이제까지 살펴보았듯이 변화에 민첩한 조직에서 요구되는 인재관리는 통제 중심이 아니라 구성원의 자발적 몰입과 헌신을 이끌어내는 것이다. 조직의 구성원들은 변화에 능동적으로 적응할 수 있도록 자기 주도적으로 스스로의 시장가치를 높이는 자기 동기부여self-motivation 수준이 높아야 한다. 또한 회사는 구성원들이 자신의 업무에 몰입하고 내적으로 동기부여될 수 있는 최적의 환경을 조성해야 한다.

고용관계 측면에서 보면 지금까지 많은 기업이 장기 고용을 바탕으로 직원과의 관계를 유지해왔다. 하지만 최근에 회사와 구성원 간에 맺어졌던 장기적 고용이라는 심리적 계약이 흔들리고 있다. 회사 측면에서는 사업의 철수, 매각, 그리고 구조조정 등이 상시적으로 발생하면서 장기적 고용이나 조직 로열티에 대한 보상 등 전통적으로 직원들에게 제공했던 가치제안들을 더 이상 제공하지 못하고 있는 것이다.

이제 회사는 과거와 같은 평생고용을 보장할 수도 없을 뿐만 아니

고용 딜의 변화

전통적인 고용 거래	미래의 고용 거래
• 장기적인 고용 안정성 • 상향식 승진 개념의 조직 내 경력개발 기회 제공 • 조직 로열티, 근면과 성실 • 금전적 보상	• 단기적인 고용딜 협의 • 자기주도적으로 시장가치를 향상 • 고성과, 몰입과 헌신 • 경력기회, 도전적 업무

라 금전적 보상만 가지고는 모든 직원을 유지할 수도 없다. 여기에 더해서 조직 내 인력구성의 변화도 무시할 수 없다. 소위 Y세대라고 하는 새로운 가치를 보유한 세대가 조직의 주축이 되고 있다. 많은 연구에서 나타나듯이 Y세대가 회사에서 얻고자 하는 것은 금전적 보상 이외에 경력개발, 자신의 시장가치 향상, 도전적 업무 등과 같은 내재적 동기부여 요소들이다.

위의 그림에서 보이는 것처럼 앞으로는 장기적인 고용 안정성이 아니라 단기적인 고용거래가 갈수록 중요해질 것이다. 즉 회사는 직원이 조직에 근무하는 동안 최고의 성과와 몰입을 기대하고 직원은 자신의 역량과 시장가치를 향상시킬 수 있는 환경을 기대하는 것이다. 이제 회사가 직원의 승진을 포함한 경력개발을 책임지는 시대는 지났다. 직원이 자기 주도적으로 경력을 개발하되 회사는 그러한 직원의 노력을 함께 지원해주는 방향으로 이루어져야 한다.

해외기업의 사례 중에 이러한 고용거래의 변화를 나타내주는 단적인 사례가 있다. 온라인 스트리밍 기업인 넷플릭스는 인재관리 측면에서 새로운 게임의 규칙을 만들어내고 있다.[19] 즉 근무하는 동안 최대한 공헌하고 더 이상 기여할 수 없으면 스스로 조직을 떠나도록 하는 조직문화를 만들고 있는 것이다. 이러한 문화는 사업 초기에 힘들게 함께 고생했던 창업 멤버들에게도 예외 없이 적용된다. 스스로가 창업 멤버로 과거에 많은 공헌을 했을지라도 현재 조직이 기대하는 새로운 역할에 충분히 기여하지 못하면 스스로 회사를 떠나서 새로운 기회를 찾도록 하고 있는 것이다.

변화에 민첩한 조직이 되고자 하는 기업들은 현재 그리고 앞으로 불어닥칠 급격한 변화에 적응하거나 혹은 변화를 이끌 수 있는 방향으로 인재를 관리하고 있는지에 대해서 다시 한 번 근본적 고민을 해봐야 한다. 기존 인력들에 대해서는 마인드의 변화를 유도하고 새롭게 조인할 직원 후보들에 대해서는 고용관계에 대한 명확한 기대에 대해서 설명을 해주고 현실적 직무 소개를 통해 새로운 고용관계를 정립해 나가는 노력이 필요하다.

생각해볼 질문

- 구성원들의 잠재력 중에 몇 %가 발휘되고 있다고 생각하는가? 인재관리 프로그램은 구성원들이 자율성과 소속감을 느끼고 역량 향상을 할 수 있으며 일의 의미를 인식할 수 있도록 되어 있는가?
- 구성원들이 프로젝트나 과제에 따라서 유연하게 이동해서 팀으로 함께 일할 수 있도록 지원하는 성과관리와 보상 등이 마련되어 있는가?
- 프로젝트나 과제 수행 후에 구성원들이 즉시 동료들로부터 피드백을 받아 자신의 행동을 개선할 수 있는 성과개발 체계나 코칭의 문화가 있는가?

8장

어떻게 변화를
이루어낼 것인가

당신의 기업이 항상 다른 기업의 경영 방식을 쫓아가는 추종자가
되라는 법은 없다. 용기를 잃지 말고 지도에 나타나지 않은 곳을 향
해 기꺼이 모험을 떠나야 한다.

– 게리 하멜

오늘날 가장 앞서 나가고 있는 아마존이나 넷플릭스 등의 기업들은
다른 경쟁자들의 행태를 관찰하면서 그들과 보조를 맞추며 성장하지
않았다. 그들은 다른 기업들이 이미 시도해서 성공한 베스트 프랙티
스 없이도 새로운 길을 개척한 혁신 기업들이다.

이처럼 한 번도 가보지 않은 길로 자신 있게 발걸음을 내딛기 위해
서는 용기가 필요하다. 하지만 변화를 두려워할 필요는 없다. 변화를
위해 필요한 용기는 무모한 시도나 만용이 아니다. 리더 혼자서 짊어
지고 이끌어갈 수 있는 것도 아니다. 그보다는 사실에 기반한 직관과
통찰력으로 얻은 자신감이자 여러 구성원의 참여와 지혜로 만들어진
용기가 필요하다.

이 책을 읽고 나서 몇 가지 의문이 생겼을 수 있다. 변화에 민첩하게 대응하는 조직은 산업의 특성이나 규모 측면에서 하이테크 기업들이나 소규모의 스타트업 기업에만 필요한 것이 아닐까 하고 말이다. 아마도 제조업이나 금융업과 같이 상대적으로 보수적인 산업에 있는 기업들은 변화에 민첩한 조직으로 이행할 필요가 없다고 생각될 것이다. 또한 우리가 홀라크라시 조직의 사례에서 볼 수 있었듯이 자율경영팀을 전사적으로 확대scale up하는 것이 어려울 수 있기 때문에 대규모 기업보다는 스타트업과 같은 소규모 기업에 적합한 것이라 생각할 수 있다.

하지만 산업의 상대적 보수성이나 기업의 규모 때문에 변화에 민첩한 조직으로 전환해야 하는 필요성을 과소평가하고 기존의 전통적 조직운영 방식을 정당화하는 것은 좋은 명분이 될 수 없다. 게리 하멜은 대기업들도 기업가적 정신을 발휘하고 조직을 지속적으로 혁신시켜 나간다면 지속적으로 생존하면서 성장할 수 있다고 주장한다. 그리고 이미 우리는 아마존이나 GE와 같이 전통적인 위계조직으로 출발한 대기업들도 이제는 스타트업 기업과 같은 자율적인 팀으로 움직이면서 변화에 민첩하게 대응하고 지속적으로 혁신하고 있다는 것을 잘 알고 있다. 또한 또 다른 전통적인 기업들인 지멘스, 보쉬, 그리고 3M 등도 애자일 조직으로의 변혁을 시작한 지 이미 오래다.

그렇다면 기업들은 변화에 민첩한 조직으로 변화하기 위해서 무엇을 해야 하고 어떠한 노력이 필요할까? 앞서 애자일 조직 모델에서 설명한 것처럼 조직구조만 자율적인 구조로 설계하거나 일하는 방식에서 애자일 방법을 도입한다고 해서 변화에 민첩한 조직을 구축할 수 있는 것은 아니다. 변화에 민첩한 조직을 갖추기 위해서는 자율구

애자일 조직 모델: 변화의 방향

자율구조
- 자율성을 강화하는 수평 조직
- 기존사업과 신사업을 동시에 혁신하는 양손잡이 조직
- 기능횡단적이고 고객 중심의 모듈조직과 애자일팀 조직

몰입형 인재관리
- 내적 동기부여 중심의 인재관리
- 미래 잠재력을 고려한 선발
- 실시간의 코칭 및 동료 피드백
- 전사·팀 성과 중심 보상
- 격자형 경력경로
- 일과 동료를 통한 학습문화

집단지성
- 다양성 높은 팀으로 창의적 마찰 촉진
- 팀워크를 통해 혼자서 생각할 수 없는 새로운 아이디어 발전
- 자율과 협력을 통한 집단 의사결정

전원 리더 체계
- 경영진: 목적과 가치를 정렬시키고 혁신의 맥락을 창출
- 프로젝트·과업 리더: 실무 전문가이면서 팀 내 업무 및 이해관계자 조정자
- 리더의 조건: 학습 민첩성, 통찰력, 공감능력, 코칭스킬, 용기, 회복력

혁신문화
- 학습중심의 일하는 방식
- 목적의식을 공유하는 공동체 문화
- 높은 성과책임
- 실패로부터 학습하는 심리적 안전감
- 솔직과 투명성
- 고객에 대한 집착

조의 운영, 집단지성의 활용, 혁신문화의 조성, 공유 리더십, 그리고 구성원의 몰입을 유도하는 인재관리 등이 모두 서로 잘 맞물려야 한다. 조직을 변화시킬 때 조직을 구조, 문화, 리더십 등이 맞물린 총체적인 것으로 바라보지 못하는 것이 바로 많은 기업이 가장 크게 간과하는 부분이다.

그러면 조직개발과 변화관리의 관점에서 변화에 민첩한 모델의 요소들에서 어떠한 변화를 이루어야 할지에 대해서 간략하게 알아보도록 하자. 모델의 요소별로 변화 방향을 설명하겠지만 변화에 민첩한 조직을 구축하기 위해서는 요소들의 변화가 함께 동시에 맞물려서 이루어져야 한다는 점을 다시 한 번 기억하도록 하자.

변화에 민첩한 조직으로 변화하라

:: 전략적 민첩성: 능동적으로 감지하고 창의적으로 사고한다

앞서 설명한 것처럼 전통적인 전략 계획수립 방식으로는 환경 변화를 제대로 인식하거나 신속하게 대응하기 어렵다. 또한 새로운 시장 기회를 창의적으로 찾아내기도 쉽지 않다. 전략적 민첩성을 개발하기 위해서는 환경을 보다 큰 그림의 시각에서 감지할 수 있어야 하며 전략에 창의적인 접근을 도입하는 것도 필요하다.

첫째, 고객을 포함한 외부 환경의 다양한 정보를 더욱 적극 수용하거나 미래에 대한 트렌드를 지속적으로 상상해보는 프로그램을 운영하는 방법이 있다. 예를 들어 컨설팅 회사들은 자사의 글로벌 핵심고객의 리스트를 설정하고 이들과 공식 또는 비공식적으로 상호작용하면서 고객의 니즈와 관련된 정보를 지속적으로 파악하는 활동을 하고 있다. 또한 피앤지는 새로운 비즈니스 모델을 개발하는 퓨처웍스 FutureWorks라는 조직에서 소비자 행동의 새로운 트렌드를 체계적으로 탐색한다.

둘째, 전략적 민첩성을 전사 차원에서 개발하기 위해서는 모든 구성원이 전략적 대화에 참여할 수 있어야 한다. 이는 일선에서 고객 및 공급자들과 직접 상호작용하고 있는 관리자들이나 직원들의 현장의 목소리도 포함된다. 전략적 대화에 참여하는 것을 넘어서 실제 일선의 영업조직과 같은 현장조직들이 계획과 실행 모두에서 적절한 권한을 가지고 통찰력과 실행력을 키워나갈 수 있도록 하는 조직개발도 필요하다.

셋째, 전략적 민첩성을 개발하기 위한 제도, 시스템, 그리고 프로그램도 중요하지만 그보다 중요한 것은 리더들의 마인드와 통찰력이다. 리더들은 외부의 다양한 이해관계자들과 직접적인 소통을 통해서 직접적 정보를 얻으려고 노력해야 한다. 부하직원들이 필터링하고 요약하여 보고하는 내용에만 의존하여 세상을 바라보기보다는 직접 현장의 생생한 정보를 파악해보고 때로는 완전히 다른 분야에 있는 사람들을 직접 만나고 소통하면서 통찰력을 키울 필요가 있다. 리더가 환경을 더 높은 위치에서 바라보거나 새로운 질문을 던질수록 더 창의적인 전략을 고안해낼 수 있다. 사실 우리가 알고 있는 대부분의 선도기업들은 기존의 관습이나 가정에 도전하거나 혹은 한계라고 인식되는 것들을 뛰어넘어서 창의적인 전략을 발휘할 수 있었다.

　불확실성과 위험에 대해서도 더욱 적극적으로 접근해볼 수 있다. 앞서 1장에서 설명했던 불확실성에 대한 개념을 다시 한번 생각해보자. 다음 그림에서 불확실성uncertainty과 위험risk의 가장 큰 차이는 데이터를 통한 예측이 가능한가에 있다. 즉 위험은 우리가 과거의 사건들과 상황에 대한 정보를 통해 확률과 효과 측면에서 발생 가능성을 어느 정도는 예측할 수 있다. 만약에 실험을 통한 검증과 새로운 데이터의 분석에 성공한다면 위험을 예측할 가능성이 현재보다 높아질 것이다. 마찬가지로 환경의 불확실성이라는 것도 적극적이고 역동적인 탐색 활동, 의미 찾기 활동sensemaking, 그리고 우리가 익히 알고 있는 기존 가정에 도전해보는 시도를 통해 어느 정도 예측 가능한 위험이 되거나 심지어 기회의 원천이 될 수도 있다.[1]

　전략을 창의적으로 사고하기 위해서 테슬라의 일론 머스크나 넷플릭스의 리드 헤이스팅스가 활용하는 사고법인 제1원칙The First Principle의 사고법도 활용해볼 수 있다. 우리가 대상이나 현상이 존재한다고

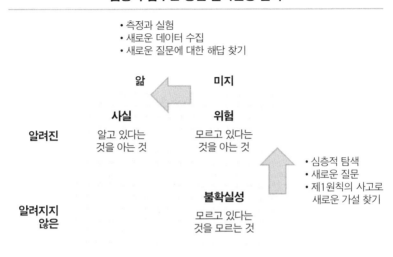

심층적 탐구를 통한 불확실성 관리

- 측정과 실험
- 새로운 데이터 수집
- 새로운 질문에 대한 해답 찾기

앎　　　　　**미지**

사실　　　　　**위험**

알려진　　알고 있다는　　모르고 있다는
　　　　　　것을 아는 것　　것을 아는 것

- 심층적 탐색
- 새로운 질문
- 제1원칙의 사고로 새로운 가설 찾기

불확실성

알려지지　　　모르고 있다는
않은　　　　것을 모르는 것

말할 때 우리는 눈에 보이는 실체를 보게 된다. 그리고 실체의 내면에는 궁극적 원인이 있다. 이러한 원인이 되는 지혜가 바로 제1원칙이다. 즉 대상이 인식되는 가장 처음의 기초가 제1원칙이다.

　제1원칙에 의한 사고법은 현상이나 문제점의 심층에 있는 진실을 파고들어서 끊임없이 탐구하는 질문으로 시작된다. 일론 머스크는 제1원칙의 사고를 통해서 우주개발사업을 위해 필요한 로켓은 단 한 번만 사용할 수 있다는 기본 전제를 더 파고들어서 탐구했다.[2] 그리고 로켓을 재사용하는 방식을 생각해냈다. 일론 머스크는 일반인들이 일반적으로 사용하는 사고법을 유추에 의한 추론이라고 규정하면서 이를 제1원칙에 기반한 사고법과 구분한다. 유추에 의한 추론은 이미 경험적으로 이루어진 것이고 다른 사람들이 이미 하는 것에 기반한 사고다. 따라서 유추에 의한 추론을 사용하는 한 현상에 대한 깊이 있는 탐구나 새로운 발견은 어렵다. 일론 머스크도 처음에는 우주개발

사업을 위해 필요한 로켓의 비용을 추정할 때 유추 방식을 사용해서 당시 시장에 나와 있는 로켓의 비용을 분석했다. 하지만 제1원칙의 사고를 통해서 비용산정에서 중요한 것은 로켓 자체가 아니라 발사물질에 있다는 것을 알게 되었다. 넷플릭스의 리드 헤이스팅스도 제1원칙에 기반한 사고를 통해서 우편을 활용한 DVD 렌탈 방식을 온라인 스트리밍 방식으로 전환시켰다.

이러한 제1원칙에 의한 사고법은 직관이나 통찰적 사고의 중요성을 보여준다. 현대 학문을 지배해온 경험주의와 이에 기반한 과학적 방법론은 주로 관찰, 가설, 실험, 일반화 등을 통해서 현상을 연구하게 된다. 하지만 이 과정에서 연구의 출발점인 전제나 가설은 논증될 수 없으며 오직 경험, 통찰, 그리고 직관에 따라 추론될 수밖에 없다.

∷ 자율구조: 기능횡단적 애자일팀을 도입하여 조기에 성공시킨다

변화에 민첩한 조직의 가장 기본적인 원칙은 자율이다. 그 자율이 달성하고자 하는 것은 바로 환경 변화의 신속한 감지, 신속한 의사결정, 그리고 신속한 대응이다. 그러한 의미에서 조직구조 측면에서 가장 먼저 시도해볼 수 있는 변화는 바로 기존의 위계조직에서 조직단계를 축소해 수평조직으로 변화시키는 것이다. 수평조직은 변화에 민첩한 조직으로 가기 위해 취할 수 있는 가장 기본적인 방법이다.

하지만 권한이 상부에 집중된 위계조직에서 수평적이고 자율적인 조직구조로 이행하는 것은 상당히 힘든 도전이다. 기존에 권력을 가지고 있던 사람들의 입장에서는 본인들이 가지고 있던 포지션이나 권력을 상실하기 때문에 새로운 변화에 저항할 수 있다. 실제로 이러한 변화를 통해서 일부 관리자들은 조직을 떠나야 할 수 있으며 임원들은 기존에 중간관리자들이 수행하던 관리 업무나 실무의 일부를 담당해야 하는 등 새로운 역할을 수행해야 할 수 있다. 다국적 기업들은 조직의 계층단계를 줄이기 위한 노력을 이미 오래전부터 진행해왔다. 국내 대기업이나 도요타와 같은 일본 기업들도 최근 직급을 축소하거나 중간 관리계층을 줄이는 변화를 과감하게 실행하고 있다. 도요타 자동차는 2018년에 실적이 좋은데도 불구하고 차장과 부장 등의 중간 관리자와 상무 등의 임원을 포함해 총 2,300명을 '간부'라는 호칭 하나로 합치는 개혁을 단행했다.[3] 이러한 변화를 통해 의사결정을 신속하게 만들고 부서 간 협업의 강화를 꾀하고 있는 것이다. 이러한 조직계층 축소의 이면에는 같은 자동차 산업의 경쟁자들이 아닌 구글이나 우버 등 소위 플랫폼 기업들과의 협업이나 경쟁을 더 원활하게 하기 위한 목적도 담겨 있다.

변화에 민첩한 조직구조를 갖추기 위해서 수평조직 다음으로 시도해볼 만한 조직 형태는 바로 양손잡이 조직이다. 이미 하나의 조직 내에 신사업 조직을 별도로 운영하는 기업들은 많지만 기존사업 조직과 구분되는 조직문화나 조직운영의 다양성을 인정하면서 이중구조를 운영하는 경우는 많지 않았다. 신사업 조직을 기존사업 조직과 독립적으로 분리해 운영하고 신사업이 기존사업과 이질적인 경우에는 신사업 조직을 구성할 때 인력을 내부에서 충원하기보다는 관련 사업의 외부 전문가들로 충원하는 것이 필요하다. 또한 CEO를 포함한 경영층이 공유 목적을 강조하거나 효과적인 자원배분을 통해서 기존사업과 신사업의 균형을 잘 이루는 것도 중요하다.

다음으로 시도해볼 수 있는 것은 애자일팀을 실행해보는 것이다. 애자일팀은 자율구조의 가장 진화된 형태이다. 애자일팀은 전사적으로 도입할 수도 있고 기존의 조직구조에 몇 개의 애자일팀을 마치 태스크포스나 프로젝트팀을 덧붙이는 방식처럼 운영해볼 수 있다. 좀 더 적극적으로는 애자일팀을 적어도 하나의 사업부나 해외법인 조직과 같이 좀 더 큰 단위조직에 전면적으로 도입해보는 것도 방법이 된다. 한두 개 팀을 시범적으로 운영해보는 정도의 변화로는 변화가 실패할 가능성이 높기 때문이다. 신속한 성공을 위해서는 고객 피드백이 중요하고 프로젝트성 업무를 하는 연구 개발이나 기획 부서 등의 조직에 우선 도입해보는 것이 좋을 것이다. 참고로 ING 네덜란드 법인은 2015년에 디지털 금융 솔루션의 개발과 혁신을 위해서 IT, 제품관리, 채널관리, 그리고 마케팅 기능조직을 대상으로 애자일팀을 전면적으로 도입했다.[4]

새롭게 신설되는 해외법인 조직도 애자일팀을 성공적으로 정착시키는데 좋은 기회가 될 수 있다. 하만Harman은 해외의 이머징 마켓으로 진출하면서 지역 시장의 니즈를 반영하기 위해서 인도법인에 본사 조직과는 완전히 다르게 스크럼 방식으로 일하는 소규모의 기능횡단팀을 도입해서 성공시켰다.[5]

:: 집단지성: 리더가 집단 창의성을 촉진하는 퍼실리테이터가 된다

기업에서 집단지성이 발휘될 수 있는 가장 대표적인 장면 중의 하나가 바로 문제해결이나 의사결정을 위한 회의일 것이다. 조직에서 이루어지는 회의는 일상의 업무에서 문제를 해결하는 회의에서부터 중대한 사업투자를 의사결정하는 경영진 회의까지 다양하다. 하지만 여전히 많은 회의가 창의적 아이디어를 생각해내거나 치열한 토론을 벌이는 대신 리더가 일방적으로 지시하거나 업무를 보고받는 자리로

운영되는 경향이 많다. 더 많은 사람의 다양한 시각을 모으려면 리더 혼자서 회의를 주도하는 방식은 지양해야 한다. 구성원 모두가 함께 적극적으로 참여하는 문제해결이나 의사결정 과정을 통해서 팀은 집단사고에 빠지지 않고 혼자서는 생각해낼 수 없는 더 새롭고 더 가치 있는 아이디어를 만들어낼 수 있다.

리더는 구성원들이 상호작용을 통해 다양하고 창의적인 아이디어를 생각해내고 최적의 안을 도출하도록 이끌기 위해서는 지시자가 아니라 퍼실리테이터가 되어야 한다. 퍼실리테이터는 다양한 시각을 이해할 수 있고 다양한 의견의 상호작용을 잘 조정할 수 있어야 한다. 우선은 팀으로 이루어지는 회의에서 문제에 대한 다양한 해결책을 도출할 때 모든 구성원의 의견과 아이디어를 개방적으로 수용하는 분위기를 조성해야 한다. 이를 위해서 특히 아이디어 도출 단계에서는 팀원들이 제시하는 의견을 비판해서는 안 된다. 구성원들이 의견이나 아이디어를 자유롭게 제시할 수 있도록 브레인스토밍 방식을 제대로 운영해야 한다. 한편, 다양한 해결책 중에서 최적의 안을 선택하는 단계에서는 다수결이나 타협으로 최종안을 결정하기보다는 자율과 협력을 동시에 활용하는 조언 프로세스를 활용할 수 있다. 의사결정 사안과 관련된 전문가들의 협력을 통해 다양한 의견을 청취하되 의사결정자가 스스로 자율적으로 판단하여 결정하도록 하는 방식이다. 의사결정자는 이러한 조언 프로세스를 통해 자신이 생각하는 대안에 크게 대립되는 반대 의견과 근거가 있는지를 확인해볼 기회를 가질 수 있다.

중요한 의사결정에서 다양한 시각을 수렴하기 위해서 여러 분야의 전문가를 회의체에 포함시키거나 다른 부서의 사람들을 초대하는 방법도 활용해볼 수 있다. 픽사가 경험 많은 감독들의 아이디어를 수렴하기 위해 활용하는 브레인 트러스트Brain Trust가 좋은 예가 된다. 이 과정에서 창의적 마찰을 일으킬 수 있도록 토의 과정에서 발생하는 의견 차이, 갈등, 긴장을 잘 활용할 수 있어야 한다. 이를 위해서는 의사결정 전에 리더가 퍼실리테이터로서 공동의 목표를 다시 환기시키고 상대방의 의견에 대한 피드백도 개인에 대한 것이 아니라 의견에 대한 것이라는 것을 지속적으로 상기시킬 필요가 있다. 무엇보다 의사결정 단계에서, 특히 집단사고에 매몰되지 않도록 항상 새로운 시각으로 문제를 바라보고 반대를 장려하는 문화를 형성하는 것도 필요하다. 이를 회의 원칙이나 리더십에 대한 기대사항으로 명시하고 모두가 공유하도록 하는 방법도 있다. 최종안을 선택하기 전에 토론 중에 제기되었던 소수의 의견들을 다시 한 번 검토해보는 절차를 거치는 것도 필요하다.

애자일 방식에서 매일 15분 내로 진행하는 스탠드업 미팅은 사실 모든 기업에서 운영하는 주간회의와 크게 다를 바 없다. 하지만 단순히 팀원들이 실적과 계획을 공유하는 보고 자리가 아니라 해결하기 어려운 이슈나 주요 정보를 공유하여 함께 문제를 해결하는 팀워크를 발휘하도록 하기 위해서는 미팅을 촉진하는 리더의 역할이 크다. 리더가 집단지성을 촉진하는 퍼실리테이터로 역할을 하기 위해서는 자신의 전문성뿐만 아니라 여러 다양한 인접 분야에 대한 지식을 가진 T자형 전문성을 갖추고 있어야 한다. 다양한 기능횡단팀에서의 업무 수행을 통해 쌓은 경험과 지식은 구성원들의 다양한 시각을 이해하고 다양한 의견의 상호작용을 효과적으로 조정하는 데 필수적이다.

집단지성을 위해서는 팀워크가 중요한 만큼 팀에 대해서 다시 생각해보는 것도 필요하다. 국내의 많은 팀 조직들은 사실상 진정한 의미의 팀은 아니다. 팀의 정의를 보면 '공동의 목적과 목표를 달성하기 위해 상호 보완적인 기능을 갖춘 사람들이 서로 신뢰할 수 있는 방식으로 함께 일하는 소수의 그룹'이다.[6] 여기서 특히 중요한 부분이 바로 상호 보완적인 기능을 갖춘 사람들이 모인 집단이라는 부분이다. 하지만 팀이라고 불리는 대부분의 조직은 팀원들이 상호의존적으로 일하기보다는 각자 자신의 일을 독립적으로 수행하는 방식으로 운영되고 있다. 즉 이러한 팀에서는 구성원들 간의 관계나 상호작용이 팀 전체의 성과를 위해서 그리 중요하지는 않다. 따라서 집단지성을 제대로 발휘하도록 하고 싶다면 팀 공동의 목적, 역할, 팀 내 커뮤니케이션 등을 활성화해 팀원들이 함께 협력할 수 있는 효과적인 팀을 구축하는 팀 빌딩이 선행되어야 할 것이다.

∷ 혁신문화: 공동의 목적의식을 공유하고 심리적 안전감을 촉진한다

일하는 방식 측면에서는 기존의 워터폴 방식처럼 사전에 계획을 치밀하게 수립하고 계획을 단계별로 실행해나가는 기존의 업무 방식과 마인드를 새롭게 변화시켜야 한다. 확실하지 않더라도 모두가 공감할 수 있는 최적의 방향을 설정하여 일단 시도해보고 고객의 피드백에 따라 조정해 나가는 방식으로 업무를 수행해야 한다.

구성원들이 이처럼 학습하는 방식으로 일하기 위해서는 조직문화의 근본적 변화가 필수적이다. 특히 실패로부터 학습할 수 있는 분위기를 만드는 것이 중요하다. 이를 위해서는 공동의 목적의식에 기반한 공동체주의, 탁월한 성과를 달성하고자 하는 성과책임, 실패에 대한 학습의 문화와 심리적 안전감, 투명한 소통, 그리고 고객 중심의 문화가 우선 조성되어야 한다.

필자의 경험으로는 대부분의 고성과 팀들이 학습하는 방식으로 일하는 데 가장 부족한 부분이 특히 공동체 의식과 심리적 안전감인 것 같다. 이러한 고성과 조직들은 대부분 높은 성과책임의 문화를 기본적으로 가지고 있고 또한 최고의 인재들로 팀이 구성되는 경우가 많다. 이러한 분위기에서는 우선 팀 전체의 성과보다는 개인의 성과가 부각되고 개인 각자가 자신의 성과와 능력을 인정받고자 하는 경쟁의식이 발생한다. 여기에 더해서 업무상 발생할 수 있는 실수나 실패에 대해서 무조건 피해야 한다는 강박관념도 있다. 실수나 실패라는 꼬리표는 조직에서 성과를 인정받으면서 성장하는 데 방해가 되기 때문이다. 이러한 분위기에서 더욱 혁신적인 문화를 조성하기 위해서는 성과를 강조하기 이전에 일의 의미와 목적, 즉 우리가 이 일을 왜 해야 하는지에 대해서 구성원들이 인식할 수 있도록 하는 것이 우선되어야 한다.

공동체 의식의 형성과 더불어 중요한 것이 바로 구성원들이 실패를 두려워하지 않고 새로운 시도를 할 수 있는 분위기를 만드는 심리적 안전감이다. 구성원들이 자신의 의견을 내거나 실수를 하는 것에 대해 두려움을 갖지 않는 분위기를 조성하는 것이 필요하다. 어떠한 이야기를 할지라도 내가 보복당할 수도 있다는 두려움이 없어야 한다. 이를 위해서는 실패를 통해서 학습하는 상징적인 성공 케이스를 만드는 것도 중요하다. 무엇보다 리더 스스로가 자신의 약점을 인정하는 등의 진정성 있는 모습을 먼저 보여주면서 구성원들에게 다가가는 것이 중요하다.

에이미 에드먼슨은 심리적 안전감을 형성하기 위해서 리더가 구성

심리적 안전감 형성을 위한 리더의 과제

	대화의 장 설정하기	대화에 초대하기	효과적으로 반응하기
리더의 과제	**일에 대한 새로운 프레임 형성** • 직원 의견의 필요성을 명확화하기 위해 실패, 불확실성, 상호의존성에 대한 올바른 기대 형성 **목적의 중요성 강조** • 무엇이 중요하고, 그것이 왜 중요하며, 누구를 위해 중요한지 생각하도록 함	**상황에서의 겸손을 보여줌** • 차이에 대한 인정 **질문하기** • 좋은 질문하기 • 적극적 경청의 본보기가 되기 **구조와 프로세스를 수립하기** • 구성원의 의견을 얻기 위한 포럼 만들기 • 토론을 위한 가이드라인 제시하기	**감사를 표현하기** • 경청하기 • 인정하고 감사하기 **실패의 오명을 벗기기** • 앞을 내다보기 • 도움을 제공하기 • 다음 단계에 대해서 토론하고 브레인스토밍하기 **명백한 위반에 대해서는 제재하기**
달성하고자 하는 것	기대와 의미의 공유	어떠한 의견도 환영받는다는 확신	지속적인 학습 지향성

(출처: Edmondson, A. C, 2019, The Fearless Organization: Creating Psychological Safety in the Workplace for Learning, Innovation, and Growth. John Wiley & Sons)

원들을 안전한 대화의 장으로 초대하는 것이 중요하다고 강조하고 있다.[7] 리더는 업무의 복잡성이나 불확실성을 상기시키면서 누구든 실패할 수 있음을 인식시켜야 한다. 대부분의 구성원들은 업무에서 실패하면 자신의 개인적인 능력이 부족하다고 생각하는 고정된 마인드셋fixed mindset을 가지게 마련이다.[8] 고정적 마인드셋은 개인이 더 이상의 향상 노력도 하지 못하도록 방해하면서 실패에서 다시금 회복할 수 없게 만든다. 리더는 업무상에서의 실패가 충분히 일어날 수 있으며 또한 그 주요 원인이 반드시 개인의 능력으로만 귀인할 수는 없다는 점을 계속 상기시켜야 한다. 업무 수행 결과보다는 업무를 수행하는 하는 과정에서 왜 실패를 했고, 그러한 실패로부터 무엇을 학습했는지를 질문해야 한다. 이러한 분위기에서 구성원들은 실패를 겪더라도 계속 노력하고 시도하면 성공할 수 있다는 성장 마인드셋growth mindset을 가질 수 있게 된다.

:: 전원 리더 체계: 새로운 리더십 역할에 맞는 역량을 개발한다

전통적 조직에서 변화에 민첩한 조직으로 변화할 때 가장 중요하면서도 힘든 것이 바로 리더십의 변화이다. 변화에 민첩한 조직에서는 구체적인 방향을 제시하거나 관리 감독을 하는 전통적 리더십은 더 이상 효과적이지 않다.

계층별 리더들의 역할도 변화해야 한다. 새로운 조직에서 기대되는 경영진과 프로젝트 과업 리더의 새로운 역할을 정립하고 기존 리더들의 마인드와 행동을 변화시키는 노력이 필요하다. 임원들이 기존에는 주로 자신이 담당하고 있었던 기능 분야에 대한 전문성을 가지고 일했다면, 변화에 민첩한 조직에서는 더 넓은 시야를 가지고 조직 내 자원의 수요와 공급을 연결하고 전체 최적화를 통해 일이 될 수 있는 맥락을 만들어야 한다. 스스로 회사가 추구하는 가치의 모범이 되면서 더 높은 목적의식higher purpose을 지속적으로 강조하는 역할도 요구된다.

프로젝트나 과업을 리드하는 역할은 앞서 설명한 것처럼 전임으로 관리자의 역할을 하는 리더가 아니다. 그보다는 본인도 실무 전문가이면서 함께 일하는 팀원들을 코칭하고 과업의 진행을 리드하는 역할을 담당한다. 이러한 리드 역할은 특정의 후보들만 수행하는 것은 아니고 과업이나 프로젝트의 성격에 따라서 대부분의 팀원들이 리드 역할을 수행할 수 있다. 따라서 직원 선발 시에 직무 능력과 함께 리더십 잠재력을 보유하고 있는지를 잘 고려해야 한다. 성격적으로 보면 스스로의 성장과 성취에 관심이 많고 사회적 지능이 높아 관계적 성향을 가지고 있는 후보들이 이러한 역할을 효과적으로 수행할 가능성이 높다.

이러한 새로운 역할을 수행하기 위해서 리더들은 새롭게 요구되는 능력인 통찰력과 학습 민첩성, 공감능력과 코칭능력, 그리고 용기와 회복력을 보유한 리더를 선발하고 개발하는 것이 필요하다. 변화에 민첩한 조직의 리더에게 요구되는 새로운 역량을 기준으로 360도 다면진단을 실시하거나 진단 결과에 따라 코칭, 교육, 액션 플래닝 등을 통한 개발도 필요하다. 만약 기대되는 역량 수준과 현 수준과의 차이가 현저하게 크다고 판단될 때는 이러한 역량과 잠재력을 이미 보유하고 있는 외부 인재들을 새롭게 영입하는 것도 좋은 방법이다.

리더의 역할과 팀의 운영 변화에 따라서 과거의 팀장 역할을 이제는 팀원 여러 명이 번갈아가며 수행할 수 있는데 프로젝트나 과업의 리드 역할에 대해서 역할을 수행하는 기간 동안 일정 수준의 수당을 제공하는 방법도 있다. 하지만 이상적으로는 별도의 보상 없이 일의 의미, 목적, 그리고 스스로의 성장으로 동기부여하는 인사운영이 필요할 것이다. 프로젝트나 과업의 리드 역할을 본인의 자발적 의지나 동료의 추천으로 유연하게 담당하도록 하는 것은 향후 더 높은 수준의 리더 역할을 맡을 수 있는 인재를 조기에 파악하고 개발하는 데에도 도움이 된다. 스스로도 어떠한 역할이 자신의 능력과 적성에 맞는지, 그리고 리더가 진정으로 되고 싶은 동기가 자신에게 있는지에 대해서 스스로 인식할 수 있는 기회가 되기도 한다. 여기서 동료들의 상시적이고 솔직한 피드백은 스스로의 리더십을 개발하고 경력개발의 방향을 설정하는 데 훌륭한 밑거름이 된다.

:: 몰입형 인재관리: 인간의 기본적 동기를 충족시킨다

인간의 잠재력과 동기를 제한하는 통제나 예측 중심의 인사에서 벗어나 잠재력의 발현을 가능하게 하는enabling 인사를 하기 위해서는 먼저 인간의 내적 동기에 대한 이해가 필요하다. 앞서 설명한 것처럼, 사람들은 기본적으로 ABC 동기, 즉 자율성autonomy과 소속감belonging, 그리고 유능감competence 향상에 의해서 내적으로 동기부여되고 몰입도가 올라간다. 여기에 하나를 더하자면 일의 의미나 목적도 내적으로 동기부여시키는 방법이다. 결론적으로, 금전적 보상보다는 일을 통해서 이 같은 기본적인 동기를 충족시켜줄 수 있어야 한다.

결국 이를 위해서는 팀을 이루어 자율적으로 일하면서 서로 배우면서 성장하는 강력한 팀을 구축하는 것이 중요하다. 이러한 관점에서 인력선발, 성과에 대한 개발, 그리고 경력개발 등이 이루어져야 한다. 우선 인력확보 측면에서는 조직과 지원자 간의 문화적 적합성cultural fit이 더욱 중요해지면서 현실적 직무 소개realistic job preview는 과거보다 더욱 강조될 것이다. 우리 조직과 맞지 않는 후보들이 스스로가 지원하는 조직에 적합한지를 인식할 수 있도록 돕기 위해서다. 가령 넷플릭스는 지원 후보자들에게 회사가 직원들의 경력개발과 성장을 책임지지 않는다고 명확하게 이야기한다.[9] 넷플릭스는 직원들 스스로가 주도적으로 자신의 성장을 계획하고 책임을 져야 한다고 생각한다. 그 성장 경로가 넷플릭스가 아닌 다른 회사에서 근무하는 경우라도 말이다. 그리고 문화적으로 적합한 사람을 뽑는 것도 중요하지만 적합하지 않은 사람을 조직에서 떠나도록 하는 것도 중요하다. 자포스는 홀라크라시 조직으로 완전히 전환하면서 새로운 조직체계에 맞지 않는 사람들에게 스스로 떠날 기회를 제공했다.[10] 그리고 넷플릭스는

더 이상 기여할 수 없는 직원이 퇴직하면 관대한 퇴직 패키지를 제공하고 있다.[11]

기존의 등급산정 중심의 상대평가도 코칭과 피드백 중심의 성과개발 제도로 전환해야 한다. 이를 위해서는 서로에게 솔직한 피드백을 줄 수 있는 조직문화를 조성해야 한다. 동시에 프로젝트나 과업 단위, 혹은 일상 생활에서 이해관계자들이 줄 수 있는 피드백이 즉시적으로 주어지고 또 저장되어 분석될 수 있는 시스템도 갖추어야 한다. 하지만 가장 중요한 것은 상대방이 더 나아지고 개선되기를 위하는 진정성이 담겨 있는 피드백이다. 이를 위해서는 리더를 포함한 구성원들이 코칭과 피드백 역량을 갖출 수 있도록 교육 등을 지원해야 한다.

인력개발 측면에서는 구성원 스스로가 성장과 개발의 주체가 되는 마인드 전환이 필요하다. 리더의 코칭도 중요하지만 구성원 스스로가 자신의 경력목표를 설정하고 적극적으로 일을 찾아 나서는 주도성이 필요하다. 변화에 민첩한 조직은 수평적 조직이기 때문에 과거처럼 수직적으로 성장할 수 있는 경력경로는 과거에 비해 제한될 수밖에 없다. 또한 조직은 수시로 변경되기 때문에 포지션의 변화가 일어나고 3년이나 5년 후의 경력개발 계획을 세우기도 어렵다. 따라서 스스로 일을 찾아 나서서 개인의 경력 브랜드personal career brand를 관리해야 한다. 또한 공식적인 집합교육보다는 일을 통한 개발과 동료들의 솔직한 피드백과 지식공유를 통해 학습하고 성장하는 모델로의 전환도 필요하다. 동료 간의 학습을 공식적인 업무책임의 일부로 인식시키는 것도 방법이다.

특히 국내 기업들의 경우에는 인력적 측면의 다양성diversity을 확보하려는 지속적 노력도 중요하다. 앞서 설명했듯이 변화에 민첩한 조

변화에 민첩한 조직으로의 총체적 변화관리 방향

	현재 상태	변화 방향
조직구조	• 수직적 계층구조(조직 상부 권한 집중) • 기능 중심의 조직 • 제품 중심 • 대규모 단위 조직	• 수평적 조직구조(권한 위임) • 기능횡단적 • 고객 중심 • 소규모 팀의 네트워크 조직
프로세스	• 선형적, 실행 대비 사전 목표계획 중시 • 선례 및 베스트 프랙티스 중시 • 관리자·경영진 중심의 문제해결 및 의사결정	• 비선형적, 고객 및 실행 중심의 유연한 일하는 방식 중시 • 새롭고 독창적인 아이디어 촉진 • 팀 중심의 문제해결과 집단 의사결정
조직문화	• 통제와 효율의 조직문화 • 가족 같은 공동체 • 개인 업무책임 • 실패 기피 및 현재의 안전추구 • 부정적 정보 축소 및 정보 권력 존재 • 회사 중심의 문화	• 새로운 시도를 하고 학습하는 문화 • 목적의식을 공유하는 공동체 • 전사·팀 단위의 높은 성과책임 • 심리적으로 안전한 분위기 • 솔직과 투명성 • 고객 중심의 문화
리더십	• 방향제시 및 의사결정 리더십 • 지시 및 감독 중심의 중간관리자 리더십	• 목적과 가치를 정렬시키고 혁신의 맥락을 창출하는 경영진 리더십 • 실무 전문가이면서 코치의 역할을 담당하는 프로젝트·과업 리더
인재 관리	• 외적 동기부여 및 직무 중심 • 경험 및 현재 전문성 중심 선발 • 상사의 성과 등급 평가 • 개인평가 중심의 보상 • 포지션 중심의 승계관리 • 수직적·회사 주도 경력개발 • 인력개발팀에 의한 교육	• 내적 동기부여 및 사람 중심 • 미래 잠재력을 고려한 선발 • 실시간의 동료 피드백 • 팀·프로젝트·전사 중심의 보상 • 넓은 인력풀 중심의 인재관리 • 격자형·자기 주도의 경력개발 • 일·동료를 통한 사회적 학습

직에서는 고정된 포지션은 큰 의미가 없다. 따라서 승계관리 자체도 포지션 중심으로 하는 것이 더 이상 큰 의미가 없게 될 것이다. 오히려 새로운 경영진 리더십이나 과업 리드역할을 담당할 수 있는 자질을 가진 직원들의 후보풀candidate pool을 폭넓게 관리해나가는 것이 중요하다. 물론 이 후보풀에는 조직 내부 인력뿐만 아니라 앞으로 확보해가야 할 외부 인재들도 포함이 되어야 한다. 다양한 외부 전문가를 영입해 조직문화의 다양성을 높이는 시도도 앞으로 본격적으로 시도

되어야 한다.

민첩한 인력관리를 위해 가장 필요한 것은 아마도 회사와 구성원 간에 고용관계를 새롭게 정립하는 것일 것이다. 전통적인 인사 모델은 과거로부터의 공헌을 인정하면서 조직에 대한 충성도를 강조했다. 하지만 앞으로의 인사 모델은 현재 필요한 스킬이나 전문성을 확보하는 것뿐 만아니라 계속 변화할 수 있는 잠재력이 있는지가 중요해진다. 극단적으로 앞으로 인사부서가 관리해야 할 지표는 직원 유지율 retention rate이 아니라 조직의 미래 준비도organizational readiness가 될 것이다. 그러한 측면에서 인사부서는 비즈니스에 대한 통찰력을 가지고 인력적 측면에서 사업부에 전문적인 조언을 하는 비즈니스 파트너의 역량을 강화해야 할 것이다.

변화에 민첩한 조직으로 변화관리를 하라

변화에 민첩한 조직으로 전환하는 데 성공한 기업들은 어느 날 갑자기 조직의 방향을 선포하고 그러한 큰 변화를 이루어낸 것이 아니다. 이들 조직의 성공은 변화를 어느 정도의 폭으로 실행할 것인지에 대한 변화 전략을 수립하고 그에 따라 끊임없는 커뮤니케이션, 교육, 그리고 제도나 시스템적인 지원 등을 통해 구성원들이 새로운 마인드와 행동을 내재화할 수 있도록 지속적으로 변화관리를 수행해온 결과다.

:: 변화관리 전략: 단계적 방식과 빅뱅 방식

변화에는 시간과 노력과 비용 그리고 인력 등 많은 자원이 소요되게 마련이다. 특히 구성원들이 변화에 대해서 저항할 수 있다. 따라서 변화에 민첩한 애자일 조직으로 어떻게 이행할 것인지에 대한 방향성을 설정하는 것이 중요하다. 전사적으로 도입할 것인지 아니면 부분적으로 도입할 것인지에 대한 변화의 폭과 얼마나 빨리 그러한 변화를 이루어낼 것인지 속도를 결정해야 한다.

　많은 기업들이 채택하고 있는 방식이 바로 단계적 도입 방법이다. 애자일 방식으로의 변화가 가장 효과적일 수 있는 연구개발, 상품개발, 마케팅 등 고객과의 접점에 위치한 업무기능이나 프로젝트에 우선적으로 도입을 하고 일정계획에 따라 애자일팀 도입의 수를 점차 점진적으로 늘려가는 방식이다. 이 방식의 장점은 비교적 성공 가능성이 높은 분야에 먼저 도입함으로써 조기에 성공을 달성할 수 있고 조직구성원들이 애자일 조직의 가치를 직접 볼 수 있도록 함으로써 변화에 대한 공감대를 형성할 수 있다는 것이다. 대기업으로써 애자일 방식을 선도적으로 도입했던 GE도 처음부터 전면적으로 패스트웍스 프로그램을 도입했던 것은 아니었다. GE에서 패스트웍스 프로그램은 2013년 1월에 처음 도입되었다. 이때 냉장고 신제품을 개발하는 팀에 가장 먼저 적용되었다. 이를 통해 신제품을 개발하는 시간과 비용의 50% 정도가 단축되는 성과를 낼 수 있었고 이러한 성공에 힘입어서 다른 비즈니스 조직까지 확대 적용한 것이다.

　빅뱅Big Bang 방식은 애자일 방식을 전사에 걸쳐서 전면적이고 일시적으로 도입하는 것이다. 그만큼 경영 환경이나 경쟁구도의 변화가 애자일 조직으로의 빠른 변화를 요구하는 경우에 채택한다. 한 번에 급격한 변화를 이루어내야 하기 때문에 특히 경영진을 포함한 리더들의 변화 방향에 대한 콘센서스와 몰입이 중요하며 변화를 위한 교육이나 새로운 업무방식을 설명해주는 매뉴얼, 커뮤니케이션, 그리고 다양한 상황에 따른 사전 대응계획 등이 충분히 준비된 상태에서 실행해야 한다. 빅뱅 방식은 일시적으로 변화를 이룰 수 있다는 장점이 있는 반면에 리스크가 높기 때문에 애자일 조직으로의 변화를 추구하는 기업들 중에 이러한 방식을 채택하는 기업은 그리 많지 않다. 가장 대표적인 예외가 바로 ING의 사례다. 2015년 당시 네덜란드의 ING 그룹 헤드쿼터는 3,500명으로 구성되어 있었는데 마케팅, IT, 상품관리 등 기능 중심으로 구성된 조직을 기능횡단적으로 구성된 애자일 팀 구조로 전환했다.[12] 9명 이하로 구성된 스쿼드_{squad}가 350개 운영되면서 관련성이 높은 스쿼드를 묶은 13개의 트라이브_{Tribe}로 조직을 재구성했다. 그룹의 핵심인 헤드쿼터가 애자일 조직을 전면적 도입을 함으로써 자사의 글로벌 조직들에게 본보기를 보이기 위한 과감한 움직임을 보여준 사례다.

단계적 방식과 빅뱅 방식 모두 변화에 있어서 가장 중요한 것은 CEO와 이사회의 강력한 의지다. 애자일 방식이 기본적으로는 바텀업 방식이긴 하지만 특히 기존의 전통적 조직을 애자일 조직으로 변화시키는 데 있어서는 톱다운의 강력한 변화추진은 필수적이다. 조직 전문가인 프레데릭 라루_{Frederic Laloux}는 CEO와 이사회 모두가 자율적 조직의 관점을 가지고 변화를 지원하지 않는다면 변화에 시간과 노력을 쏟을 가치가 없다고 잘라 말한다.

:: 변화를 위한 교육: 전 계층 구성원을 대상으로 한 마인드와 스킬 교육

구성원들이 새로운 조직 모델에 효과적으로 적응하고 성과를 낼 수 있도록 마인드와 스킬을 지속적으로 교육하는 노력은 반드시 필요하다. 직원들이 변화에 저항하는 경우는 변화의 필요성을 바르게 인식하지 못하거나 변화가 성과에 어떠한 영향을 미치는지에 대해서 알지 못하는 경우가 대부분이기 때문이다.[14]

조직 운영방식이나 일하는 방식을 변화시킨 기업들은 리더를 포함한 전 계층의 구성원을 대상으로 하는 교육에 투자를 아끼지 않았다. 가령 자포스는 12개월간 400여 명의 직원이 3일간의 홀라크라시 훈련 프로그램을 수료하도록 했다. 린스타트업 방식에서 아이디어를 빌려와서 자사에 적합한 일하는 방식인 패스트웍스를 고안하여 도입했던 GE의 경우에도 변화관리 교육에 많은 힘을 쏟았다. GE에는 예전 잭 웰치 시대부터 강조되어 오던 식스시그마Six Sigma 방법론이 이미 조직문화적으로 확고하게 자리를 잡고 있었다. 그러다 보니 새로운 업무방식인 패스트웍스를 도입하기 위해서 구성원들의 마인드 변화가 필요했다. GE는 2013년에 상위 500명의 리더들에게 패스트웍스를 먼저 교육했다. 2014년에는 3,000명의 리더들을 교육시켰고 다음에는 이렇게 교육을 받은 리더들이 각 사업장을 돌며 새로운 업무방식을 소개하는 로드쇼를 진행하는 방식으로 시니어 리더들을 교육시켰다.[15] 2009년에 이미 애자일 방식으로의 변화를 시도했던 금융 서비스 기업인 인튜이트Intuit 또한 모든 계층의 리더들에게 애자일 방법론을 신속하게 교육하는 것을 변화의 성공요인으로 꼽고 있다.[16]

이렇게 애자일 조직으로의 변화에서 리더들을 먼저 교육시키는 것은 그만큼 리더들이 애자일 방식을 올바르게 이해하고 애자일 방식으로의 변화를 이끄는 챔피언이 되어야 하기 때문이다. 만약 애자일팀을 도입했더라도 임원들이 애자일 방식을 잘못 이해하고 행동한다면 애자일팀은 원래 목적했던 효과를 거두기 어렵다. 가령 우선순위도 없이 모든 과제들을 짧은 시간안에 신속히 해결하도록 팀을 몰아붙이는 것, 애자일팀에 대해 보고를 더 자주 요구하는 것, 그리고 팀의 의견을 경청하기보다는 더 많은 말을 하고 때로는 팀의 의사결정을 뒤집어 엎는 행동 등은 애자일 방식으로의 변화를 더욱 어렵게 할 수 있다. 이와 관련해서 재미있는 일화가 있다. 마이크로소프트의 개발조직이 애자일 방식을 새롭게 도입해서 소프트웨어를 개발할 초기에 임원들은 애자일이라는 새로운 방식을 적용하는 데 부담을 느껴 소프트웨어 품질을 점검하는 안정화 스프린트 단계를 더 추가해서 운영했다고 한다.[17] 하지만 품질 점검을 강화한 것이 오히려 소프트웨어의 결함인 버그를 더 증가시키는 결과를 낳고 말았다. 개발자들이 어차피 내가 아닌 누군가가 점검을 할 것이라는 생각에 스스로 품질에 대한 점검 책임을 크게 느끼지 못했던 것이다.

변화관리 교육에서 한 가지 더 중요한 것은 담당하는 직무를 막론하고 전사의 모든 구성원이 애자일 방식에 대해서 이해해야 한다는 것이다. 단계적인 전략으로 애자일 조직을 도입한다고 해서 애자일 방식으로 당장 일하게 되는 일부 구성원들만 교육해서는 안 된다. 애자일 방식이나 애자일팀이 잘 작동하기 위해서는 나머지 조직들과의 협업이 중요하기 때문이다. 예를 들어 조직에서 가장 보수적인 역할을 담당하는 재무담당 직원들이 애자일 방식에 대해 충분하게 이해하지 못한다면 연초에 계획되지 않았던 새로운 투자나 프로젝트 진행이나 제품사양의 변경 등 역동적인 업무 변화에서 긴밀한 협업을 이끌어내기 힘들 것이다. 전자기기 및 자동차 부품사인 보쉬Bosch의 경우 신사업 비즈니스 조직에 애자일 방식을 부분적으로 도입하면서도 나머지 조직과의 전사적 협력이 일어날 수 있도록 애자일 가치agile values는 전사적으로 전구성원을 대상으로 전파했다.[18] 고객관리 소프트웨어 기업인 세일스포스Salesforce 또한 2006년에 애자일 방식을 도입하면서 전체 팀을 대상으로 2시간의 교육훈련을 했다.[19]

:: 애자일 코치의 육성: 내부 변화 옹호자를 확보한다

우리가 통상적으로 변화관리에 접근할 때 가장 큰 장애요인으로 가장 먼저 머리에 떠오르는 것이 바로 변화에 저항하는 구성원들이다. 하지만 변화관리 전문가들은 조직의 변화를 시도할 때 변화에 저항하는 사람들에 초점을 두지 말고 변화를 옹호하는 사람들에게 집중하라고 조언한다. 변화관리에는 20-50-30 룰이 있다. 변화 시에 구성원의 30%는 변화에 적극적으로 저항하는 그룹이고 20%는 변화노력을 지지하고 열성적으로 변화에 동참하는 사람들이다. 나머지 50%는 변화에 찬성하지도 반대하지도 않고 기다리면서 지켜보는 중립적인 집단이다. 보통 조직에서는 변화의 지지자들을 변화의 모멘텀으로 해서 지지세력을 구축하기보다는 변화에 저항하는 사람들의 비판이나 부정적 반응에 대응하려는 경향이 더 많다. 그러다 보면 결과적으로 변화해야 할지 말아야 할지의 신호를 기다리는 중립세력들이 변화저항세력의 영향을 받을 가능성이 높아지게 된다. 따라서 특히 변화의 초기에는 변화를 지지하는 사람들의 적극적인 참여와 관심을 잘 이끌어낼 필요가 있다.

변화에 민첩한 조직으로의 변화를 시도한 기업들 모두가 이러한 변화 챔피언들을 변화 초기에 발굴해 조직 내 변화를 지원하는 코치로 훈련시키고 있다. 자포스는 홀라크라시 조직으로의 변화 시기에 약

90명 정도의 직원들을 홀라크라시 공인 퍼실리테이터로 양성했다. GE의 경우는 전사적으로 패스트웍스 방법론이 정착되고 확산되도록 지원하는 역할을 담당하는 패스트웍스 코치를 우선적으로 양성했다.

보통 애자일팀 도입 초반에는 애자일 방식에 대한 이해가 부족하기 때문에 내부의 IT 부서에서 이미 애자일 방식을 경험해본 구성원이 애자일 코치를 담당할 수도 있고 또는 외부로부터 잘 훈련된 애자일 코치나 스크럼 코치를 활용할 수 있다. 하지만 애자일팀의 자기조직화의 원칙대로 내부 인력들 스스로가 본인들의 조직환경과 일하는 방식에 잘 맞는 코치로 개발될 수도 있다. 결국 실제 애자일팀을 이끌어가면서 팀원들이 애자일 방식으로 업무를 수행하는데 많은 영향을 끼치는 프로덕트 오너나 프로젝트 매니저 등이 이러한 코치의 역할을 수행해 나머지 구성원들이 변화에 적응할 수 있도록 유도해야 한다.

:: 협업도구 등 시스템적 지원: 팀학습 중심의 새로운 업무방식을 지원한다

변화에 민첩한 조직 모델에서 다루지는 않았지만, 슬랙 등과 같은 협업용 커뮤니케이션 도구나 시스템도 변화에 민첩한 조직으로 변화할 때 매우 중요한 영향을 미친다. 조직 내에서 정보의 흐름을 보다 빠르게 하고 필요한 정보에 쉽게 접근할 수 있고 업무의 진척 상황을 모든 구성원이 함께 투명하게 공유하는 것이 중요하기 때문이다. 이러한 협업 시스템들은 여러 종류가 있지만 일반적으로는 이메일보다도 빠른 즉시적 소통을 위한 업무용 메신저 기능과 업무에 필요한 정보를 투명하게 공유할 수 있는 자료 검색 및 공유, 업무의 진행상황을 공유하고 문제를 해결할 수 있는 일정관리, 이슈 트래킹 기능 등 팀

내 협업을 위한 소통을 지원한다. 이러한 협업 시스템은 유연 근무에 따라 팀원들이 지리적으로 떨어져서 일할 수도 있는 가상팀virtual team 의 협업을 지원하는 기능도 한다.

이러한 도구들은 범용적인 시스템들로써 언제든지 외부로부터 확보하여 사용할 수 있지만, 그것을 운영하는 사람들의 마인드에 따라 이러한 효과적인 협업 도구가 자칫 지시나 통제의 도구가 될 수도 있다는 점을 명심해야 한다. 애자일 방법론의 지지자들이 업무를 수행함에 있어서 도구, 절차, 프로세스 보다 사람이 무엇보다 우선한다고 강조하는 이유이기도 하다.

:: 사무실 공간 재배치: 유연한 협업 환경을 조성한다

최근 많은 기업들이 개인사무실을 없애고 자신의 자리가 지정되어 있지 않은 공유 오피스 방식의 업무 환경을 채택하는 이유는 바로 구성원들 간의 소통과 협업을 촉진하기 위해서다. 이러한 업무 환경 변화의 일환으로 대개 임원의 개인사무실조차 폐지하는 경우도 많다. 이는 수평적인 조직문화를 조성하는 데도 중요한 역할을 하고 있다.

하지만 완전한 개방형 오피스는 소음으로 인해 구성원들의 업무 집중력을 방해할 뿐만 아니라 스트레스를 높이고 생산성도 떨어뜨린다는 연구결과도 있다. 자기 선택권을 주는 오피스 공간이 중요하다고 알려져 있는데 소파, 카페, 책상이나 전화 부스 등 원하고 싶은 장소에서 자유롭게 일할 수 있는 환경을 제공하는 것이 중요하다는 것이다.[20]

애자일팀의 경우 팀이 자유롭게 이합집산하면서 팀 중심으로 협업할 수 있는 환경을 조성해주어야 하기 때문에 업무나 프로젝트에 따

벨브 소프트웨어사의 사무공간

(출처: https://stuartisett.photoshelter.com/image/I0000AD5BxnL8c20; Valve Software, 2012, Handbook for New Employees)

라서 레이아웃이 유연하게 변화할 수 있는 열린 사무공간을 제공하는 것도 중요하다. 애자일팀에서는 인스턴트 메신저나 이메일을 사용하기보다는 직접적인 대면 대화를 필요할 때마다 즉시 할 수 있는 환경이 중요하다. 이를 위해서는 팀별 구역을 정해서 레이아웃을 유연하게 할 수 있는 공간 디자인도 필요하다.

소프트웨어기업인 밸브Valve는 직원들이 가고 싶은 곳 어디라도 쉽게 갈 수 있도록 바퀴 달린 책상을 직원들에게 제공하고 있다.[21] 이 회사에서 팀은 구성원들에 의해서 제안되거나 자발적으로 구성되는데 충분한 수의 사람이 해당 모임으로 책상을 끌고 모이면 새로운 프로젝트가 시작된다. 직원들은 바퀴 달린 책상을 쉽게 옮겨서 팀을 구성할 수 있으며 책상은 높낮이 조절이 가능해서 서서 일할 수 있는 환경도 제공한다. 신규 직원들을 위한 직원 핸드북에도 책상을 옮기고 콘센트를 연결해서 업무를 수행하는 방법을 소개하고 있다.

거버넌스 미팅: 새로운 조직이 궤도상에 유지하도록 한다

변화를 시도했으면 조직이 처음으로 다시 회귀하지 않고 기대했던 변화의 상태를 유지하고 있는지, 그리고 실행상의 문제는 없는지에 대해서 지속적으로 모니터링하는 메커니즘이 필요하다. 이는 매트릭스 조직을 운영하는 회사들이 매트릭스 조직이 원활하게 운영되고 있는지를 지속적으로 모니터링하고 점검하는 전담 역할guardian role을 두는 것과 비슷한 조치다.

홀라크라시를 도입한 자포스에서는 매월 홀라크라시가 잘 작동하는지를 점검하는 거버넌스 미팅을 시행하고 있다. 이 미팅에서는 홀라크라시 조직의 기본 단위가 되는 서클의 역할을 정의하거나 필요한 경우 이를 수정하거나 폐지하고 책임과 권한을 분배하거나 재배분하는 기능을 담당한다. 이러한 거버넌스 미팅을 통해서 조직 내의 성공 사례를 전사에 전파하는 기능도 할 수 있다. 이러한 거버넌스에 더해서 애자일 조직방식의 효과를 점검할 수 있는 다양한 지표들을 관리하는 활동도 필요하다. 가령, 제품 개발과 출시기간 단축, 품질향상, 직원몰입도 향상, 고객만족도 향상 등의 지표를 설정하고 진행 상황을 지속적으로 점검함으로써 신속한 성공을 통해 변화의 자신감을 얻고 실행상에 발생할 수 있는 문제를 즉시 해결하며 변화의 노력이 과거로 회귀하지 않고 본 궤도에 유지될 수 있도록 하는 노력이 필요하다.

그 누구도 가보지 않은 여정을 시작하라

이 책에서 소개한 변화에 민첩한 조직에 대한 설명과 사례들은 변화에 민첩한 조직을 갖추기 위한 하나의 가이드는 될 수 있지만 그것 자체가 정답은 아니라는 점에 유의해야 한다. 혁신적인 기업들은 지금 이 순간에도 현재 수준에 만족하지 않고 새로운 고민을 하고 있을 것이기 때문이다. 변화에 민첩하게 대응하는 능력이 우리 조직에 왜 필요한지에 대한 근본적인 질문이나 목적의식도 없이 애자일팀이나 애자일 방법론과 같은 수단이나 외형적 모습에만 주의를 기울이면 안 된다. 우리가 달성하고자 하는 것은 애자일 방식의 도입 자체가 아니라 더 신속한 의사결정과 제품개발의 효율성을 향상시켜 고객이 만족할 수 있는 제품이나 서비스를 적기에 제공하는 것이다. 달성하고자 하는 목적이 분명하다면 그 수단이 무엇이 되든 상관없다.

변화에 민첩한 조직으로의 이행에 성공한 기업들이 보여주는 것은 만병통치약과 같은 해결책이나 정답이 아니다. 그 기업들은 변화를 단번에 이루어낸 것도 아니다. 마이크로소프트와 같은 기업도 애자일 방식을 도입해서 정착시키는 데 7년 이상이 걸렸다.[22] 변화에 민첩한 조직들은 그 누구도 해보지 않았던 새로운 것을 시도할 수 있는 용기와 그러한 시도가 성공할 때까지 계속적으로 밀어붙이는 끈기가 다른 기업들과 달랐다. 또한 그 과정에서 리더 혼자 변화를 이끌어가기보다는 구성원들과 함께 지속적으로 토론하고 소통하며 최적의 대안을 찾는 노력을 게을리하지 않았다. 바로 이것이 변화에 민첩한 조직이 보여주는 진정한 모습이 아닐까 한다.

- 변화에 민첩한 조직이 왜 필요한지에 대한 공감대를 전 구성원들에게 충분히 형성했는가? 모든 계층의 리더들에게 새로운 마인드를 형성하는 교육이나 워크숍을 먼저 실시하였는가?

- 조직 내 임원과 중간관리자들이 변화에 민첩한 조직으로 변화하는 데 체인지 에이전트로 변화를 적극 주도하고 있는가?

- 애자일 방식과 조직을 도입함에 있어 애자일 방식으로 변화를 관리하고 있는가? 아니면 전통적인 변화관리 방식을 적용하고 있는가?

나오며

이 책을 쓰면서 갑자기 들었던 생각이 있다. 우리나라 사람들은 무엇이든 빨리 빨리 하는 문화로 전세계에 알려져 있다. 그런데 왜 우리나라에는 대표적인 애자일 조직 사례가 없을까 하는 의문이다. 그 정답은 필자의 친구가 알려주었다. "우리나라 기업의 애자일은 독재 방식의 애자일이다."

그렇다. 필자가 국내 여러 기업들의 조직과 리더십을 진단해보면서 느꼈던 것은 우리 기업의 리더나 구성원들은 일단 방향이 정해지면 일사불란하게 실행하는 추진력은 정말 가히 세계 제일이라는 것이다. 그렇다면 방향이 중요할 텐데 앞으로의 방향은 누가 어떻게 제시할 것인가? 한 번 정해진 방향과 목표만을 향해 신속하게 실행하는 것은 애자일 방식이 아니다. 애자일 조직의 관점에서 보면 우리나라의 기업들의 조직운영 방식에는 특히 '자율'과 구성원들의 적극적인 '참여'가 빠져 있다. 애자일 조직을 구축하기 위해서는 구성원들이 업무를 계획하고 실행하는 데 있어서 자율성을 발휘할 수 있도록 충분한 권한과 능력을 부여해야 하고 중요한 의사결정이나 아이디어 수립에 구성원들이 적극적으로 참여할 수 있는 환경을 조성해야 한다.

글을 마치며 드는 생각은 애자일 조직으로 변화하기 위해서는 리더들의 역할이 특히 중요하다는 것이다. 전통적인 조직에서 리더는 조직의 방향을 제시하고 업무에 대한 모든 해답을 가지고 있다. 하지만 앞으로의 환경에서는 그렇게 해서도 안 되고 그렇게 할 수도 없다. 시장의 미세한 움직임이나 고객 니즈의 변화를 가장 먼저 감지하는 것은 리더가 아니라 바로 일선의 구성원들이다. 구성원들이 자율적으로 의사결정을 해서 고객의 요구에 신속하게 대응하고 반복적이고 루틴한 업무 수행이 아니라 새로운 것을 시도하고 실험하는 방식으로 일하도록 돕는 것이 리더가 할 일이다. 또한 리더들은 구성원들보다 먼저 변화에 민첩한 조직의 필요성을 스스로 인식하고 롤모델이 되어서 구성원들의 마인드나 행동의 변화를 이끌어야 한다.

앞으로는 조직의 운영능력이 경쟁우위가 될 것이다. 전문인력이나 생산설비나 첨단의 IT 시스템 등은 범용재이며 전세계 어디서든 돈만 있으면 확보할 수 있다. 하지만 변화에 신속하게 적응하고 지속적인 혁신을 이루어내는 조직의 능력은 외부에서 확보할 수 없다. 직접 부딪혀보고 경험하지 않으면 조직과 구성원들에게 변화능력이 체화되기 어렵다. 전에 해본 적이 없는 변화지만 과감한 시도가 절실히 필요한 이유다.

가장 늦었다고 생각할 때가 가장 빠를 때다. 지금이 바로 우리 조직이 변화에 민첩하게 적응할 능력을 갖추기 위한 노력을 시작할 때이다. 애자일 방식으로 변화를 시도해보자. 작은 시도라도 좋다. 우리 조직이 해볼 수 있는 원칙이나 방법을 찾아서 우선 실행해보고 우리 조직만의 애자일 조직을 지속적으로 만들어가기를 바란다.

참고문헌

1.

1. 마크 W. 존슨 (2011) 혁신은 왜 경계밖에서 이루어지는가. 이진원 옮김. 토네이도

2. Perkin, N. & Abraham, P. (2017) Building the Agile Business Through Digital Transformation. Kogan Page

3. 리타 군터 맥그레이스 (2014) 경쟁우위의 종말. 정선양, 김경희 옮김. 경문사

4. Wikipedia, There are known knowns. (https://en.wikipedia.org/wiki/There_are_known_knowns)

5. Kim, S. D. (2012) Characterizing Unknown Unknowns. Paper presented at PMI® Global Congress 2012—North America, Vancouver, British Columbia, Canada: Pearson, K. (2015) Strategy Under Uncertainty. Wharton School Executive Education Lecture Note

6. Hamel, G. (2002) Leading the Revolution: How to Thrive in Turbulent Times by Making Innovation a Way of Life. Harvard Business School Press

7. Courtney, H., Kirkland, J. & Viguerie, P. (1997) Strategy Under Uncertainty. Harvard Business Review

8. 이브 도즈, 미코 코소넨 (2008) 신속 전략 게임. 이건 옮김. 비즈니스맵

9. 리타 군터 맥그레이스 (2014) 경쟁우위의 종말. 정선양, 김경희 옮김. 경문사

10. Takeuchi, H. & Nonaka, I. (1986) The New New Product Development Game. Harvard Business Review. January-February

11. 제프 서덜랜드 (2015) 스타트업처럼 생각하라. 김원호 옮김. 알에이치코리아

12. 오노 다이이치 (2004) 도요타 생산방식. 김현영 옮김. 미래사

13. Agile Manifesto (https://agilemanifesto.org)

14. Masterson, M. (2008) Ready, Fire, Aim: Zero to $100 Million in No Time Flat. Wiley

15. Haeckel, S. (1999) Adaptive Enterprise: Creating and Leading Sense-And-Respond Organizations. Harvard Business School Press

2.

1. Satell, G. (2014) A Look Back at Why Blockbuster Really Failed And Why It Didn't Have To. Forbes

2. O'Reilly, C. A. & Tushman, M. L. (2015) Lead and Disrupt: How to Solve the Innovator's Dilemma. Stanford Business Books

3. Antioco, J. (2011) Blockbuster's Former CEO on Sparring with an Activist Shareholder. Harvard Business Review. April

4. O'Reilly, C. A. & Tushman, M. L. (2015) Lead and Disrupt: How to Solve the Innovator's Dilemma. Stanford Business Books

5. Haeckel, S. (1999) Adaptive Enterprise: Creating and Leading Sense-And-Respond Organizations. Harvard Business School Press

6. Brandenburger, A. (2019) Strategy Needs Creativity. An Analytic Framework Alone Won't Reinvent Your Business. Harvard Business Review. March-April

7. Denning, S. (2018) The Age of Agile: How Smart Companies Are Transforming the Way Work Gets Done. Amacom

8. 이브 도즈, 미코 코소넨 (2008) 신속 전략 게임. 이건 옮김. 비즈니스맵

9. O'Reilly, C. A. & Tushman, M. L. (2015) Lead and Disrupt: How to Solve the Innovator's Dilemma. Stanford Business Books

10. Gilbert, C. G (2005) Unbundling the Structure of Inertia: Resource Versus Routine Rigidity. Academy of Management Journal. Vol. 48, No. 5, 741-763

11. Antioco, J. (2011) Blockbuster's Former CEO on Sparring with an Activist Shareholder. Harvard Business Review. April

12. Anthony, S. D., Gilbert, C. G. & Johnson, M. W. (2017) Dual Transformation: How to Reposition Today's Business While Creating the Future. Harvard Business Review Press; O'Reilly, C. A. & Tushman, M. L. (2015) Lead and Disrupt: How to Solve the Innovator's Dilemma. Stanford Business Books

13. Lawler E. E. & Worley, C. (2006) Built to Change: How to Achieve Sustained Organizational Effectiveness. Jossey-Bass

14. Anthony, S. D., Gilbert, C. G. & Johnson, M. W. (2017) Dual Transformation: How to Reposition Today's Business While Creating the Future. Harvard Business Review Press

15. Galbraith, J. R. (2002) Designing Organizations: An Executive Guide To Strategy, Structure, and Process. Jossey-Bass

16. Agile Manifesto (https://agilemanifesto.org)

3.

1. Bernstein, E., Bunch, J., Canner, N. & Lee, M. (2016) Beyond the Holacracy Hype. Harvard Business Review

2. Lohr, S. (1987) Making Cars the Volvo Way. The New York Times. June 23

3. Kessler, S. (2017) GE has a version of self-management that is much like Zappos' Holacracy - and it works. Quartz. June 6

4. Hamel, G. (2011) First, Let's Fire All the Managers. Harvard Business Review. Dec

5. 브라이언 J. 로버트슨 (2017) 홀라크라시. 홍승현 옮김. 흐름출판

6. Bernstein, E., Bunch, J., Canner, N. & Lee, M. (2016) Beyond the Holacracy Hype. Harvard Business Review

7. Doyle, A. (2016) Management and Organization at Medium. Medium. Mar 4

8. 리처드 해크만 (2006) 성공적인 팀의 5가지 조건. 최동석, 김종완 옮김. 교보문고

9. Galbraith, J. R. (2002) Designing Organizations: An Executive Guide to Strategy, Structure, and Process. Jossey-Bass; 제이 갤브레이스 (2005) 조직설계방법론. 김현주 · 정재상 공역. 시그마인사이트

10. 존 로스만 (2017) 아마존 웨이. 김정혜 옮김. 와이즈맵

11. Lawler E. E. & Worley, C. (2006) Built to Change: How to Achieve Sustained Organizational Effectiveness. Jossey-Bass

12. Bernstein, E., Bunch, J., Canner, N. & Lee, M. (2016) Beyond the Holacracy Hype. Harvard Business Review

13. Lawler E. E. & Worley, C. (2006) Built to Change: How to Achieve Sustained Organizational Effectiveness. Jossey-Bass

14. Lawler E. E. & Worley, C. (2006) Built to Change: How to Achieve Sustained Organizational Effectiveness. Jossey-Bass

15. Kotter, J. P. (2014), Accelerate Change: Building Strategic Agility for a Faster-Moving World. Harvard Business Review Press

16. O'Reilly, C. A. & Tushman, M. L. (2015) Lead and Disrupt: How to Solve the Innovator's Dilemma. Stanford Business Books; Anthony, S. D., Gilbert, C. G. & Johnson, M. W. (2017) Dual Transformation: How to Reposition Today's Business While Creating the Future. Harvard Business Review Press; 황종덕, 정진우, 조철희 (2015) 양손잡이 조직의 비밀. 프리이코노미북스

17. Lawler E. E. & Worley, C. (2006) Built to Change: How to Achieve Sustained Organizational Effectiveness. Jossey-Bass

18. Galbraith, J. R. (2002) Designing Organizations: An Executive Guide to Strategy, Structure, and Process. Jossey-Bass; 제이 갤브레이스 (2005) 조직설계방법론. 김현주 · 정재상 공역. 시그마인사이트

19. Hamel, G. & Zanini, M. (2018) The End of Bureaucracy. Harvard Business Review; Frynas, J. G., Mol, M. J. & Mellahi, K. (2018) Management Innovation Mode in China: Haier's Rendanheyi. California Management Review. Fall

20. Haier (2017) Haier Rendanheyi Management Model in Stanford University. Haier Homepage (http://www.haier.net/en/about_haier/news/201703/t20170328_345989)

21. Valve Software (2012) Handbook for New Employees. Valve Software Homepage

22. Mankins, M. & Garton, E. (2017) Time, Talent, Energy: Overcome Organizational Drag and Unleash Your Team's Productive Power. Harvard Business Review Press; Barton, D. Carey, D. & Charan, R. (2018) One Bank's Agile Team Experiment: How ING Revamped its Retail Operation. Harvard Business Review. Mar-Apr

23. Forcano, R. (2018) HR goes Agile: a case study in BBVA. BBVA Homepage. Jun 28

24. Denning, S. (2018) The Age of Agile: How Smart Companies Are Transforming the Way Work Gets Done. Amacom

25. O'Reilly, C. A. & Tushman, M. L. (2015) Lead and Disrupt: How to Solve the Innovator's Dilemma. Stanford Business Books

26. 리타 군터 맥그레이스 (2014) 경쟁우위의 종말. 정선양, 김경희 옮김. 경문사

27. Jack DeJohnette Youtube - RETURN - Solo Piano Recording (https://www.youtube.com/watch?v=xWXdAcA_aEo&t=169s)

28. Prestige Records Facebook

4.

1. Hicks, J. (2012) Research, No Motion: How the BlackBerry CEOs Lost An Empire. The Verge. February 21.; Lev-Ram, M. (2013) RIM: What the hell happened? Fortune. May 30; Tobak, S. (2012) Leadership Lessons from BlackBerry's Demise. CBS News. April 2

2. Niamh, S. (2012) RIM's Corporate Culture Could Be Toughest Battle for New Hires. Star Business Journal. May 9

3. Silcoff, S., Mcnish, J. & Ladurantaye, S. (2013) How Blackberry Blew It: The Inside Story. The Globe and Mail. Sep 27

4. 시드니 핑켈스타인 (2009) 실패에서 배우는 성공의 법칙. 하정필 옮김. 황금가지

5. 리타 군터 맥그레이스 (2014) 경쟁우위의 종말. 정선양, 김경희 옮김. 경문사

6. Page, S. E. (2017) The Diversity Bonus: How Great Teams Pay Off in the Knowledge Economy. Princeton University Press

7. Harvey, J. B. (1974). "The Abilene Paradox: The Management of Agreement". Organizational Dynamics. 3: 63–80.

8. 캐스 R. 선스타인, 리드 헤이스터 (2014) 와이저. 이시은 옮김. 위즈덤하우스

9. 린다 힐, 그레그 브랜도, 에밀리 트루러브, 켄트 라인백 (2014) 혁신의 설계자. 이은주 옮김. 북스톤

10. 제이크 냅, 존 제라츠키, 브레이든 코위츠 (2016) 스프린트: 세상에서 가장 혁신적인 기업 구글벤처스의 기획실행 프로세스. 박우정 옮김. 김영사

11. 패티 맥코드 (2018) 파워풀. 허란, 추가영 옮김. 한국경제신문; 빌 캐포더글리, 린 잭슨 (2010) 픽사웨이. 쌤앤파커스

12. 캐스 R. 선스타인, 리드 헤이스터 (2014) 와이저. 이시은 옮김. 위즈덤하우스

13. 패티 맥코드 (2018) 파워풀. 허란, 추가영 옮김. 한국경제신문

14. 키스 소여 (2008) 그룹 지니어스. 이호준 옮김. 북섬

15. 빌 캐포더글리, 린 잭슨 (2010) 픽사웨이. 쌤앤파커스

16. 에드 캣멀, 에이미 월러스 (2014) 창의성을 지휘하라. 와이즈베리

17. Catmull, E. (2008) How Pixar Fosters Collective Creativity. Harvard Business Review. Sep

18. Spotify Homepage (2018) Fika Isn't Just a Phenomenon, It's Our Daily Pause. (https://newsroom.spotify.com/2018-11-12/more-than-coffee-talk-fika-isnt-just-a-phenomenon-its-our-daily-pause/)

19. 프데데릭 라루 (2016) 조직의 재창조. 박래효 옮김. 생각사랑

20. 패티 맥코드 (2018) 파워풀. 허란, 추가영 옮김. 한국경제신문

21. 존 로스만 (2017) 아마존 웨이. 김정혜 옮김. 와이즈맵

22. Leonard, D. & Swap, W. (1999) When Sparks Fly: Igniting Creativity in Groups. Harvard Business School Press

23. 제이크 냅, 존 제라츠키, 브레이든 코위츠 (2016) 스프린트: 세상에서 가장 혁신적인 기업 구글벤처스의 기획실행 프로세스. 박우정 옮김. 김영사

24. Denning, S. (2018) The Age of Agile: How Smart Companies Are Transforming the Way Work Gets Done. Amacom

25. 패티 맥코드 (2018) 파워풀. 허란, 추가영 옮김. 한국경제신문

26. Leonard, D. & Swap, W. (1999) When Sparks Fly: Igniting Creativity in Groups. Harvard Business School Press

27. 패티 맥코드 (2018) 파워풀. 허란, 추가영 옮김. 한국경제신문

28. Leonard, D. & Swap, W. (1999) When Sparks Fly: Igniting Creativity in Groups. Harvard Business School Press

29. Tompkins, T. C. & Rhodes, K. (2012). Groupthink and the ladder of inference: Increasing effective decision making. The Journal of Human Resource and Adult Learning, 8(2), 84.

30. Sunstein, C. R. (2015) Amazon is Right that Disagreement Results in Better Decisions. Harvard Business Review.

5.

1. Cohen, W. M. & Levinthal, D. A. (1990) Absorptive Capacity: A New Perspective on Learning and Innovation. Administrative Science Quarterly 35:128-152

2. 린다 힐, 그레그 브랜도, 에밀리 트루러브, 켄트 라인백 (2014) 혁신의 설계자. 이은주 옮김. 북스톤

3. 패티 맥코드 (2018) 파워풀. 허란, 추가영 옮김. 한국경제신문

4. Ries, E. (2011) The Lean Startup: How Constant Innovation Creates Radically Successful Businesses. Portfolio Penguin

5. 에이미 에드먼드슨 (2015) 티밍. 오지연, 임 제니퍼 옮김. 정혜; Edmondson, A. C. (2019) The Fearless Organization: Creating Psychological Safety in the Workplace for Learning, Innovation, and Growth. John Wiley & Sons.

6. 에이미 에드먼드슨 (2015) 티밍. 오지연, 임 제니퍼 옮김. 정혜

7. Catmull, E. (2008) How Pixar Fosters Collective Creativity. Harvard Business Review. Sep

8. Valve Software (2012) Handbook for New Employees

9. Mintzberg, H. (2015) Enough Leadership. Time for Communityship. Henry Mintzberg's Blog (http://www.mintzberg.org/blog/communityship);Mintzberg,H.(2009)RebuildingCompaniesasCommunities. HarvardBusinessReviewJuly-August.

10. Block, P. (2008) Community: The Structure of Belonging. Berrett-Koehler Publishers

11. 로저 코너스, 톰 스미스, 크레이그 히크만 (2008) 오즈의 원칙. 권혁 · 이도진 옮김. 돋을새김

12. Edmondson, A. C. (2019) The Fearless Organization: Creating Psychological Safety in the Workplace for Learning, Innovation, and Growth. John Wiley & Sons

13. 에이미 에드먼드슨 (2015) 티밍. 오지연, 임 제니퍼 옮김. 정혜

14. 에이미 에드먼드슨 (2015) 티밍. 오지연, 임 제니퍼 옮김. 정혜

15. 데이비드 버커스 (2016) 경영의 이동. 장진원 역. 한국경제신문

16. Day, G. S. & Moorman, C. (2010) Strategy from the Outside In: Profiting From Customer Value. McGraw Hill

17. 패티 맥코드 (2018) 파워풀. 허란, 추가영 옮김. 한국경제신문

18. Pisano, G. P. (2019) The Hard Truth About Innovative Cultures. Harvard Business Review. January–February

19. Gothelf, J & Seiden, J. (2017) Sense & Respond: How Successful Organizations Listen to Customers and Create New Products Continuously. Harvard Business Review Press

20. Takeuchi, H. & Nonaka, I. (1986) The New New Product Development Game. Harvard Business Review. January–February

6.

1. Seifter, H. (2001) The Conductor-less Orchestra. Leader to Leader. 21: 38-44; 존 카젠바흐, 지아 칸 (2011) 경영, 비공식 조직에 주목하라. 심영기, 장인형 옮김. 틔움

2. Hamel, G. (2008) The Future of Management. Harvard Business Press

3. 데이비드 버커스 (2016) 경영의 이동. 장진원 역. 한국경제신문

4. Gothelf, J & Seiden, J. (2017) Sense & Respond: How Successful Organizations Listen to Customers and Create New Products Continuously. Harvard Business Review Press

5. Takeuchi, H. & Nonaka, I. (1986) The New New Product Development Game. Harvard Business Review. Jan-Feb

6. Dotlich, D. L., Cairo, P. C. & Rhinesmith, S. H. (2006) Head, Hecit & Gut: How the World's Best Companies Develop Complete Leaders. Jossy-Bass

7. Day, G. S. (1999) Market Driven Organization. Free Press

8. Peper, E. (2017) Why Business Leaders Need to Read More Science Fiction. Harvard Business Review

9. Hayward, S. (2018) The Agile Leader. How to Create an Agile Business in the Digital Age. Kogan Page.

10. O'Reilly, C. A. & Tushman, M. L. (2015) Lead and Disrupt: How to Solve the Innovator's Dilemma. Stanford Business Books

11. Netflix homepage (https://jobs.netflix.com/culture)

12. 셰릴 샌드버그,애덤 그랜트(2017)옵션 B. 안기순 옮김. 와이즈베리

7.

1. Cappelli, P. & Tavis, A. (2018) HR Goes Agile. Harvard Business Review. Mar-Apr

2. Hamel, G. (2012) What Matters Now: How to Win in a World of Relentless Change, Ferocious Competition, and Unstoppable Innovation. Jossey-Bass

3. Ryan, R. M. & Deci, E. L. (2000) Self-Determination Theory and the Facilitation of Intrinsic Motivation, Social Development, and Well-Being. American Psychologist. Jan

4. 에드워드 L. 데시, 리처드 플래스트 (2011) 마음의 작동법. 이상원 옮김. 에코의서재

5. 다니엘 핑크 (2011) 드라이브: 창조적인 사람들을 움직이는 자발적 동기부여의 힘. 김주환 옮김. 청림출판

6. Goler, L., Gale, J., Harrington, B. & Grant, A. (2018) The 3 Things Employees Really Want: Career,

Community, Cause. Harvard Business Review. Feb

7. 패티 맥코드 (2018) 파워풀. 허란, 추가영 옮김. 한국경제신문

8. 리타 군터 맥그레이스 (2014) 경쟁우위의 종말. 정선양, 김경희 옮김. 경문사

9. Cappelli, P. & Tavis, A. (2018) HR Goes Agile. Harvard Business Review. Mar-Apr

10. Cappelli, P. & Tavis, A. (2018) HR Goes Agile. Harvard Business Review. Mar-Apr

11. Benko, C. & Anderson, M. (2010) The Corporate Lattice: Achieving High Performance in the Changing World of Work. Harvard Business School Press

12. Kegan, R. & Lahey, L. L. (2016) An Everyone Culture: Becoming a Deliberately Developmental Organization. Harvard Business Review Press

13. Donovan, J. & Benko, C. (2016) AT&T's Talent Overhaul. Harvard Business Review. Oct

14. King, S. & Ockels, C. (2016) How PwC and The Washington Post Are Finding and Hiring External Talent. Harvard Business Review

15. 다이앤 멀케이 (2017) 긱 이코노미. 이지민 옮김. 더난출판

16. King, S. & Ockels, C. (2016) How PwC and The Washington Post Are Finding and Hiring External Talent. Harvard Business Review

17. King, S. & Ockels, C. (2016) How PwC and The Washington Post Are Finding and Hiring External Talent. Harvard Business Review

18. 데이비드 버커스 (2016) 경영의 이동. 장진원 역. 한국경제신문

19. McCord, P. (2014) How Netflix Reinvented HR. Harvard Business Review. Jan-Feb

8.

1. Thomas, J. Not Sure About Uncertainty (https://www.ministryoftesting.com/dojo/lessons/not-sure-about-uncertainty)

2. James Clear. First Principles: Elon Musk on the Power of Thinking for Yourself (https://jamesclear.com/first-principles)

3. 이코노미조선. 사상 최대 실적 도요타, 임원 수 절반 줄인 파격 조직 개편. 2019. 1.6.

4. Barton, D., Carey, D. & Charan, R. (2018) One Bank's Agile Team Experiment. Harvard Business Review. March-April

5. 비제이 고빈다라잔,크리스 트림블(2013)리버스 이노베이션. 이은경 옮김. 정혜

6. Katzenbach, J. R. & Smith, D. K. (1993) The Wisdom of Teams. Harvard Business Press

7. Edmondson, A. C. (2019) The Fearless Organization: Creating Psychological Safety in the Workplace for Learning, Innovation, and Growth. John Wiley & Sons

8. Dweck, C. (2007) Mindset: The New Psychology of Success. Ballantine Books

9. 패티 맥코드 (2018) 파워풀. 허란, 추가영 옮김. 한국경제신문

10. Bernstein, E. (2016) Beyond the Holacracy Hype. Harvard Business Review

11. McCord, P. (2014) How Netflix Reinvented HR. Harvard Business Review. Jan-Feb

12. Rigby, D. K., Sutherland, J. & Noble, A. (2018) Agile at Scale. Harvard Business Review. May-June

13. 프레데릭 라루 (2016) 조직의 재창조. 박래효 옮김. 생각사랑

14. Lawler E. E. & Worley, C. (2006) Built to Change: How to Achieve Sustained Organizational Effectiveness. Jossey-Bass

15. 황종덕, 정진우, 조철희 (2015) 양손잡이 조직의 비밀. 프리이코노미북스

16. Cappelli, P. & Tavis, A. (2018) HR Goes Agile. Harvard Business Review. Mar-Apr

17. Denning, S. (2018) The Age of Agile: How Smart Companies Are Transforming the Way Work Gets Done. Amacom

18. Rigby, D. K., Sutherland, J. & Noble, A. (2018) Agile at Scale. Harvard Business Review. May-June

19. Denning, S. (2018) The Age of Agile: How Smart Companies Are Transforming the Way Work Gets Done. Amacom

20. 데이비드 버커스, 장진원 역 (2016) 경영의 이동. 한국경제신문

21. 데이비드 버커스, 장진원 역 (2016) 경영의 이동. 한국경제신문

22. Denning, S. (2018) The Age of Agile: How Smart Companies Are Transforming the Way Work Gets Done. Amacom

변화에 민첩한 기업이 되는 5가지 원칙

애자일 컴퍼니

초판 1쇄 인쇄 2019년 9월 23일
초판 1쇄 발행 2019년 9월 30일

지은이 정재상
펴낸이 안현주

경영총괄 장치혁 **기획** 서강석
디자인 표지 최승협 본문 장덕종
마케팅영업팀장 안현영

펴낸곳 클라우드나인　　**출판등록** 2013년 12월 12일(제2013-101호)
주소 우) 121-898 서울시 마포구 월드컵북로 4길 82(동교동) 신흥빌딩 6층
전화 02-332-8939　**팩스** 02-6008-8938
이메일 c9book@naver.com

값 16,000원
ISBN 979-11-89430-37-5　03320